GRP

Forêts de Haute-Normandie

Pays de Bray et de Lyons
Vallées de l'Andelle, de la Béthune, de l'Yères et de la Bresle
Itinéraires de week-end

GRP n°1 Le Royaume de Pistres (50 km)
GRP n°2 Le Pays de Madame Bovary (66 km)
GRP n°3 De l'Héronchelles à l'Andelle (56 km)
GRP n°4 Panorama sur la Boutonnière (4A 23 km - 4B 27 km - 4C 35 km)
GRP n°5 Du Sorson à la Varenne (66 km)
GRP n°6 La Forêt d'Eawy (6A 20 km - 6B 40 km)
GRP n°7 De l'Eaulne à la Béthune (55 km)
GRP n°8 Le Chemin Vert du Petit-Caux (66 km)
GRP n°9 Entre Terre et Mer (25 km)
GRP n°10 Le Bois du Triage (63 km)
GRP n°11 Massif de la Haute-Forêt (61 km)
GRP n°12 La Haute-Forêt de Guimerville (56 km)
GRP n°13 La Marche de Normandie (62 km)
N° 14 GR 25 Du Crevon au Robec (78 km)
GRP n°15 Les fermes fortifiées (58 km)
GRP n°16 La Vallée de la Béthune (62 km)
GRP n°17 La Boucle des Sources (42 km)
GRP n°18 Liaison de Gaillefontaine à Aumale (21 km)
Boucle n°20 Circuit de la Fontaine-Guérard (19 km)
Boucle n°21 Circuit du Bois de Bacqueville (25 km)
Boucle n°19 Circuit de Longboel (23 km)
Boucle n°22 Circuit du Val Bagnard (20 km)

Fédération **F**rançaise de la **R**andonnée **P**édestre
association reconnue d'utilité publique
9, rue Geoffroy-Marie
75009 PARIS

Sommaire

- 4   Tableau des ressources
- 7   Idées rando
- 9   Infos pratiques
- 9   Réalisation
- 18   Région traversée

Les itinéraires

- 23   GRP n° 1 Le Royaume de Pistres
- 31   GRP n° 2 Le Pays de Madame Bovary
- 41   GRP n° 3 De l'Héronchelles à l'Andelle
- 47   GRP n° 4A La Boutonnière (Argueil)
- 51   GRP n° 4B
- 57   GRP n° 4C
- 61   GRP n° 5 Du Sorson à la Varenne
- 73   GRP n° 6A La Forêt d'Eawy (1 jour)
- 79   GRP n° 6B La Forêt d'Eawy (2 jours)
- 83   GRP n° 7 De l'Eaulne à la Béthune
- 91   GRP n° 8 Le Chemin Vert du Petit-Caux
- 101   GRP n° 9 Entre terre et mer
- 107   GRP n° 10 Le Bois du Triage
- 115   GRP n° 11 Le Massif de la Haute-Forêt
- 125   GRP n° 12 La Haute-Forêt de Guimerville
- 133   GRP n° 13 La Marche de Normandie
- 145   GR 25 (n° 14) Du Crevon au Robec
- 155   GRP n° 15 Les fermes fortifiées
- 167   GRP n° 16 La vallée de la Béthune
- 177   GRP n° 17 La boucle des sources
- 187   GRP n° 18 Liaison Gaillefontaine - Aumale
- 191   Boucle n° 19 Circuit de Longbœl
- 193   Boucle n° 20 Circuit de la Fontaine-Guérard
- 197   Boucle n° 21 Circuit du Bois de Bacqueville
- 199   Boucle n° 22 Circuit du Val Bagnard

Découverte

- 48   Le relief de la "Boutonnière"
- 54   Légendes et anecdotes
- 55   Le patois brayon
- 62   La végétation
- 66   La poterie de Martincamp
- 66   Recettes du Pays de Bray
- 74   La forêt domaniale d'Eawy
- 76   "Les petits métiers d'Eawy"
- 102   Le Tréport
- 103   La ville d'Eu
- 116   La forêt d'Eu
- 134   La forêt domaniale de Lyons
- 156   Les principaux éléments du patrimoine architectural
- 160   L'histoire du Pays de Bray
- 169   Patrimoine
- 178   Les faïences des Forges
- 194   Château de Bonnemare
- 194   L'abbaye de la Fontaine-Guérard
- 200   Index des noms de lieux

Couverture : Hôtel Dieu à Eu. Photo Office du tourisme d'Eu.

Chemin aux couleurs d'Automne. Photo ONF / Jean-Paul Adam.

Tableau des ressources

km	LOCALITÉS		Pages	🏠	🛏	🎫	⛺	🛒	🍴	🚌	🚆
	LE ROYAUME DE PISTRES	*GRP 1*									
	FRANQUEVILLE-SAINT-PIERRE		23	•		•	•	•	•	•	
8	LA NEUVILLE-CHANT-D'OISEL		23						•		
12	PONT-SAINT-PIERRE		25	•	•			•	•	•	
12	ALIZAY		27		•		•	•	•	•	•
	LE PAYS DE MADAME BOVARY	*GRP 2*									
17	AUZOUVILLE-SUR-RY		33					•	•		
7	RY		33	•				•	•	•	
6	VASCŒUIL		35	•					•	•	
12	CHARLEVAL		37	•	•		•	•	•		
	DE L'HÉRONCHELLES À L'ANDELLE	*GRP 3*									
	RY		41	•				•	•	•	
6	VASCŒUIL		41	•					•	•	
11	NOLLÉVAL		43					•		•	
11	ARGUEIL		43		•			•	•		
	LA BOUTONNIÈRE	*GRP 4A*									
23	ARGUEIL		47		•			•	•		
		GRP 4B									
27	FORGES-LES-EAUX (en boucle)		51	•	•	•	•	•	•	•	•
		GRP 4C									
11	ARGUEIL		57		•			•	•		
24	FORGES-LES-EAUX		57	•	•	•	•	•	•	•	•
	DU SORSON A LA VARENNE	*GRP 5*									
	BUCHY		61	•	•			•	•	•	
16	SAINT-SAËNS		61	•	•		•	•	•	•	
13	BULLY		65							•	•
19	SOMMERY		69	•		•		•	•		•
	LA FORÊT D'EAWY	*GRP 6A ET 6B*									
20	LES GRANDES-VENTES (en boucle)		73-79	•		•	•	•	•	•	
	DE L'EAULNE A LA BÉTHUNE	*GRP 7*									
	MARTIN-ÉGLISE		83		•			•	•	•	
12	ENVERMEU		83		•			•	•	•	
16	NOTRE-DAME D'ALIERMONT		85						•		
21	SAINT-AUBIN-LE-CAUF		87		•						•
2	ARQUES-LA-BATAILLE		89		•			•	•	•	
	LE CHEMIN VERT DU PETIT CAUX	*GRP 8*									
	CRIEL-SUR-MER		91	•	•	•	•	•	•	•	
11	PENLY		91							•	
15	MARTIN-ÉGLISE		95		•			•	•	•	
12	ENVERMEU		97		•			•	•	•	
	ENTRE TERRE ET MER	*GRP 9*									
	LE TRÉPORT		101	•	•	•	•	•	•	•	•

Suite du tableau (et du circuit) : page ci-contre ▶

Tableau des ressources

km	LOCALITÉS	RESSOURCES	Pages	Gîte	Chambre	Hôtel	Camping	Ravit.	Rest.	Car	Gare
8	CRIEL-SUR-MER		101	•		•	•	•	•	•	•
13	EU		105	•	•	•	•	•	•	•	•
LE BOIS DU TRIAGE		**GRP 10**									
	EU		107	•	•	•	•	•	•	•	•
14	BOUVAINCOURT-SUR-BRESLE		107	•		•		•	•	•	
14	GAMACHES		109		•	•	•	•	•	•	
MASSIF DE LA HAUTE FORÊT		**GRP 11**									
	GAMACHES		115	•		•	•	•	•	•	•
14	BLANGY-SUR-BRESLE		115		•	•	•	•	•	•	•
11	PIERRECOURT		119					•			
16	GRANDCOURT		121					•		•	•
LA-HTE-FORÊT DE GUIMERVILLE		**GRP 12**									
	AUMALE		125	•	•	•	•	•	•	•	•
18	FOUCARMONT		127			•			•	•	
LA MARCHE DE NORMANDIE		**GRP 13**									
	NEUF-MARCHÉ		133	•				•	•	•	
20	BEAUVOIR-EN-LYONS		137						•	•	
12	NOLLÉVAL		139	•				•	•		
DU CREVON AU ROBEC		**GR 25**									
	FRANQUEVILLE-ST-PIERRE		145	•		•	•	•	•	•	
16	AUZOUVILLE-SUR-RY		145	•				•	•	•	
7	RY		147	•				•	•	•	
8	BLAINVILLE-CREVON		147					•	•		
19	FONTAINE-LE-BOURG		149			•		•	•	•	
20	DARNÉTAL		151	•	•	•	•	•	•	•	
LES FERMES FORTIFIÉES		**GRP 15**									
	NEUFCHÂTEL-EN-BRAY		155	•	•	•	•	•	•	•	•
26	FREULLEVILLE		159	•							
15	LONDINIÈRES		163	•	•	•		•	•	•	
LA VALLÉE DE BÉTHUNE		**GRP 16**									
	NEUFCHÂTEL-EN-BRAY		167	•	•	•	•	•	•	•	•
31	FORGES-LES-EAUX		173	•	•	•	•	•	•	•	•
LA BOUCLE DES SOURCES		**GRP 17**									
	FORGES-LES-EAUX		177	•	•	•	•	•	•	•	•
17	GAILLEFONTAINE		181	•	•	•		•	•	•	
10	GRUMESNIL		183							•	•

🏠 Gîte d'étape   ✕ Restaurant   🚌 Car   [i] Office de tourisme *(N.B. : ce pictogramme ne figure que dans le descriptif)*

🛏 Chambre d'hôte   🛒 Ravitaillement   🚆 Gare SNCF

🏢 Hôtel   ⛺ Camping   ☕ Café *(N.B. : ce pictogramme ne figure que dans le descriptif)*

La Fédération Française de la Randonnée Pédestre
c'est aussi…

1600 clubs et associations prêts à vous faire découvrir la France par les sentiers balisés.
Leurs animateurs passionnés sauront vous guider sur les plus beaux chemins de votre région.
Ces associations proposent des sorties programmées «à la carte» toute l'année. C'est un lieu de rencontre où l'on peut randonner comme on aime et en toute sécurité grâce à la licence FFRP.
Elles participent à l'entretien et à l'aménagement des chemins.

Le 3615 RANDO (2,23 F/mn) pour connaître :
- les associations proches de chez vous,
- les randonnées prévues dans les régions,
- la mise à jour des topo-guides,
- les petites annonces.

Le Centre d'information Sentiers et Randonnée :
- des conseils pour organiser vos randonnées,
- des informations sur les associations FFRP en France.

Centre d'Information Sentiers et Randonnée
64, rue de Gergovie 75014 PARIS
Tél. : (16-1) 45 45 31 02

Fédération **F**rançaise de la **R**andonnée **P**édestre

Idées rando

Un jour

Panorama sur la Boutonnière

- Argueil - La Ferté-Saint-Samson - Argueil : 23 km
Voir pp. 47-57.
- Forges-les-Eaux - La Ferté-Saint-Samson - Forges-les-Eaux : 27 km
Voir pp. 51, 53, 57.

La forêt d'Eawy

Les Grandes Ventes - Freulleville - Les Grandes Ventes : 20 km
Voir p. 77.

Entre terre et mer

Le Tréport - Criel-sur-Mer - Eu - Le Tréport : 25 km
Voir pp. 101-113.

Deux jours

Le Royaume de Pistres

1. Franqueville-Saint-Pierre - Pont-Saint-Pierre : 20 km
2. Pont-Saint-Pierre - Franqueville-Saint-Pierre : 30 km
Voir pp. 23-39.

La boucle des Sources

1. Forges-les-Eaux - Gaillefontaine : 17 km
2. Gaillefontaine - Forges-les-Eaux : 25 km
Voir pp. 177-185.

Trois jours

Le Pays de Madame Bovary

1. Franqueville-Saint-Pierre-Auzouvillle-sur-Ry : 17 km
2. Auzouville-sur-Ry - Charleval : 26 km
3. Charleval - Franqueville-Saint-Pierre : 23 km
Voir pp. 31-39.

Le Chemin Vert du Petit-Caux

1. Criel-sur-Mer - Belleville-sur-Mer : 20 km
2. Belleville-sur-Mer - Envermeu : 18 km
3. Envermeu - Criel-sur-Mer : 22 km
Voir pp. 91-99.

Massif de la Haute-Forêt

1. Gamaches - Blangy-sur-Bresle : 14 km
2. Blangy-sur-Bresle - Grandcourt : 27 km
3. Grandcourt - Gamaches : 20 km
Voir pp. 115-123.

Les fermes fortifiées

1. Neufchâtel-en-Bray - Freulleville : 31 km
2. Freulleville - Londinières : 15 km
3. Londinères - Neufchâtel-en-Bray : 16 km
Voir pp. 155-165.

Après les topo-guides des sentiers de randonnée, la FFRP crée la Rando Carte !

Avec la Rando Carte, vous contribuez directement à la protection des 120 000 km de chemins créés et entretenus par 6 000 bénévoles.

De plus, la Rando Carte vous permet de bénéficier de multiples avantages dont une assurance conçue et adaptée pour vos besoins de randonneur.

Alors, pour la sauvegarde du "patrimoine sentiers" et votre sécurité, équipez-vous dès maintenant de votre Rando Carte !

Pour en savoir plus, procurez-vous le bulletin d'adhésion auprès de notre centre d'information : 64 rue de Gergovie 75014 Paris Tél. 16 1. 45 45 31 02 - Fax 16 1. 43 95 68 07

Fédération **F**rançaise de la **R**andonnée **P**édestre

Infos pratiques

Le guide et son utilisation

Ce topo-guide décrit 21 itinéraires en boucle de 1 à 3 jours dans l'Est de la Seine-Maritime, représentant 1 000 km. Des départs sont conseillés dans chaque boucle.

La description des itinéraires est présentée en regard de la reproduction de la carte IGN correspondante où le tracé du sentier est porté en rouge. En règle générale, les cartes sont orientées Nord-Sud, dans le cas contraire, la direction du Nord est indiquée par une flèche rouge.
Sur les cartes et dans la description des itinéraires, à côté de certains points de passage, sont mentionnés des repères chiffrés ; ils permettent de situer ces lieux avec plus de précision.

Un plan de situation (dans le rabat de couverture) permet de localiser les itinéraires.

Les temps de marche indiqués dans ce guide correspondent à une moyenne, sans pause ni arrêt, accomplie à une vitesse de 4 km/h. Ces moyennes sont à adapter en fonction des capacités physiques et du chargement de chacun.

Un tableau des ressources (pp. 4-5) recense une grande partie des ressources utiles aux randonneurs (ravitaillement, restaurants, transports etc.).
Des suggestions, à la rubrique Idée rando (p. 7) sont proposées à titre indicatif.

Réalisation.

Ce topo-guide est l'aboutissement d'un travail collectif, réalisé par les bénévoles des Comités départementaux de la Seine-Maritime et de l'Eure.
Les renseignements pour cette édition ont été fournis par les Commissions départementales des Sentiers : M. Peschard pour l'Eure, M. et Mme Quimbetz et M. R. Leroy pour la Seine-Maritime, par l'ONF ainsi que les IBE (Infatigables de la Bonne Entente d'Eu).
Ce topoguide est publié avec le concours financier des Conseils généraux de la Seine-Maritime et de l'Eure, de Gaz de France Haute-Normandie, du SIVOM d'Eu et de l'Association culturelle et touristique du Pays de Bray.
Cet ouvrage a utilisé comme base de travail le précédent topoguide réalisé par l'ancienne délégation conduite par M. Pilet.
Il convient de remercier Mmes Derouard et Blanlot des Comités départementaux de tourisme de Seine-Maritime et de l'Eure.
Le balisage et l'entretien des itinéraires sont réalisés par les bénévoles de la FFRP et les associations de réinsertion.
La FFRP remercie également toutes les personnes qui ont fourni les textes culturels.

Coordination générale : Dominique Gengembre. **Secrétariat de rédaction :** Philippe Lambert. **Cartographie, fabrication :** Olivier Cariot, Christiane Fantola, Lionel Mor, Jérôme Bazin, Fabien Phelippot, Nicolas Vincent.

Balisage et itinéraire

La couleur du balisage est indiquée dans la description des itinéraires.
Les 17 boucles sont balisées en jaune et rouge pour la plupart, sauf la n°1 et la n°14 qui sont balisées en partie en blanc et rouge.

Le parcours correspond à la description qui est faite dans le topo-guide. Toutefois, dans le cas de modifications d'itinéraire, il faut suivre le nouveau balisage qui ne correspond plus alors à la description. Ces modifications sont publiées, quand elles ont une certaine importance sur le Minitel de la FFRP *3615 Rando.*

Les renseignements fournis dans le topo-guide, ainsi que les jalonnements et balisages, n'ont qu'une valeur indicative, destinée à permettre au randonneur de trouver plus aisément son chemin. La responsabilité de la FFRP ne saurait donc être engagée.
Le randonneur parcourt l'itinéraire décrit, qui utilise le plus souvent des voies publiques, sous sa propre responsabilité.
Il reste seul responsable non seulement des accidents dont il pourrait être victime, mais aussi des torts qu'il pourrait causer à autrui, tels que pollution, feux de forêt, dégradations, etc.

Certains itinéraires utilisent des voies privées : le passage n'a été autorisé par le propriétaire que pour la randonnée pédestre exclusivement.

C'est au randonneur d'apprécier si ses capacités physiques et les conditions du moment (intempéries, circulation, état du sol...) lui permettent d'entreprendre la randonnée, comme il le ferait sur n'importe quel itinéraire ni décrit ni balisé et de prendre les précautions correspondant à la description qui est faite dans le topo-guide.
De ce qui précède, il résulte que le randonneur a intérêt à être bien assuré. La FFRP et ses associations délivrent une licence incluant une telle assurance.

Equipement, difficultés, période conseillée

Il est conseillé de lire le *Guide pratique du Randonneur* (éd. FFRP) qui contient de nombreux renseignements utiles.

Par temps pluvieux, de nombreux chemins sont fort glissants et beaucoup de passages deviennent boueux. Il est indispensable de se chausser et de se vêtir en conséquence.

Les sentiers sont entretenus et ne présentent guère de difficulté.
Les itinéraires décrits dans ce topo-guide peuvent être parcourus en toutes saisons. Cependant ils sont particulièrement agréables au printemps et à l'automne. Le bocage brayon conjugue au fil des saisons des "camaïeux" de verts et de bruns.

Cartographie

Les cartes IGN reproduites dans ce topo-guide sont au 1 : 50 000. Cependant, les cartes suivantes sont utiles :

• Cartes IGN au 1 : 25 000 n° 2007 E, 2008 O, 2008 E, 2108 O, 2109 E, 2008 OT,

2109 O, 2109 E, 2010 O, 2010 E, 2110 O, 2110 E, 2011 O, 2011 E, 2111 O, 2111 E, 2111 OT, 2012 O, 2012 E.

• Carte IGN au 1 :100 000 n°3, 7 et 8
• Carte Michelin au 1 : 200 000 n°52 et 55.

La FFRP ne vend pas de cartes. Pour les cartes IGN, s'adresser à l'Institut géographique national, *espace IGN*, 107, rue de la Boétie, 75008 Paris, tél. 43 98 85 00, ou aux agents de vente régionaux de l'IGN, ainsi que dans les librairies et les papeteries figurant sur la liste dressée par l'IGN.

Recommandations

Attention ! les chemins sont aussi empruntés par des engins agricoles.

Les parcours à travers les régions boisées sont à emprunter avec prudence en période de chasse au bois (mi-septembre à fin février). Se renseigner auprès de la Fédération départementale des chasseurs.

En ce qui concerne les forêts domaniales, se renseigner auprès de l'ONF (voir «Adresses utiles»).

En pays d'élevage, quelques barrières peuvent se trouver sur le chemin, pensez à bien les refermer.

Les chemins peuvent être clos par un fil de fer ou une ficelle. Il s'agit d'un guide pour les troupeaux, respectez-les.

Tenez vos chiens en laisse.

Respectez les propriétés privées, demandez l'autorisation de passage auprès du propriétaire.

Aux endroits où il est nécessaire de quitter le chemin pour marcher dans le champ voisin, respectez les cultures et les troupeaux.

Attention ! à partir du **18 octobre 1996, la numérotation téléphonique change.** Tous les numéros de l'Eure (qui commencent par 32) et de la Seine-Maritime (qui commencent par 35) devront être précédés de l'indicatif 02 ; ceux de la Somme (qui commencent par 22) devront être précédés de l'indicatif 03.

Hébergements

Hôtels
Liste complète disponible auprès des CDT de Seine-Maritime, de l'Eure et de la Somme.
Balladhôtel : tél. (01) 43 71 13 09.

Chambres d'hôtes et gîtes
• Seine-Maritime : Service réservation : Association départementale pour le Tourisme en Espace Rural, tél. 35 60 73 34.
• Eure : renseignements : Association départementale du Tourisme en milieu rural, tél. 32 39 53 38.
• Somme : Relais Départemental des Gîtes de la Somme, tél. 22 92 26 39.

Camping
Renseignements auprès des CDT de la Seine-Maritime, de l'Eure et de la Somme.

■ Sur le GRP n° 1
Le Royaume de Pistres

Gîtes de groupe
• Le Manoir (27460) : Base régionale de plein air et de loisirs (réservation obligatoire) tél. 32 59 13 13.
• Pont-Saint-Pierre (27360) : M. Valogne, tél. 35 79 94 19.

Gîtes d'étape
- Romilly-sur-Andelle (27610) : M. Demaegt, service réservation, tél. 32 49 77 16.

Chambres d'hôte
- Pont-St-Pierre (27360) : M Bocquet - Serv Rés., tél. 32 39 53 38.

Hôtels
- Pont-Saint-Pierre (27360) : La Bonne Marmite***, tél. 32 49 70 25.
- Franqueville-Saint-Pierre (76520) : plusieurs hôtels.
- Boos (76520) : Le Relais de Boos, tél. 35 79 04 46.

■ Sur le GRP n° 2
Le Pays de Madame Bovary

Chambres d'hôte
- Auzouville-sur-Ry (76116) : Mme Paul Cousin, tél. 35 23 40 74.
M. Raymond Leconte, tél. 35 23 40 76
- Saint-Denis-le-Thiboult (76116) : M. André Verhaeghe, tél. 35 23 40 37
M. Jean-Claude Fourmeau-Lainé, tél. 35 23 66 63
- Ry (76116) : M. Renaud Aubry, tél. 35 23 64 81
- Boos (76520) : Mme Armelle Jouan, tél. 35 80 33 10
- Grainville (27380) : M. Philippe Ammeux, tél. 32 49 09 53
- Touffreville (27440) : M. Daniel Herman, tél. 32 49 17 37

Hôtels
- Franqueville-Saint-Pierre (76120) : voir GRP n° 1
- Boos (76520) : voir GRP n° 1
- Charleval (27380) : Auberge de l'Ecurie, tél. 32 49 30 73

■ Sur le GRP n° 3
De l'Héronchelles à l'Andelle

Gîte d'étape
- La Feuillie (76220) : Club du Landel, tél. 35 90 81 96.

Chambres d'hôtes
- Rouvray-Catillon (76440) : Mme Anne Beaurepaire, tél. 35 90 72 36.
- Saint-Lucien (76780) : M. Keith Mills, tél. 35 90 51 95.

Hôtel
- La Feuillie (76220) : Hôtel du Nord, tél. 35 90 80 10.

■ Sur le GRP n° 4
Panorama sur la Boutonnière

Gîtes de groupe
- Forges-les-Eaux (76440) : Le Chasse Marée, tél. 35 90 50 87.
- Mauquenchy (76440) : Ferme des Loisirs, tél. 35 90 58 22.

Chambres d'hôtes
- Rouvray-Catillon (76440) : Mme Anne Beaurepaire, tél. 35 90 72 36.
- Saint-Lucien (76780) : M. Keith Mills, tél. 35 90 51 95.
- Sommery (76440) : M. Patrice Pérrier, tél. 35 90 57 27.

Hôtels
- Forges-les-Eaux (76440) : plusieurs hôtels.

■ Sur le GRP n° 5
Du Sorson à la Varenne

Gîtes d'étape
- Mauquenchy (76440) : voir GRP n° 4
- Buchy (76750) : Maison familiale, tél. 35 34 40 44.

Chambres d'hôtes
- Saint-Saëns (76680) : M. Rémy Lemasle, tél. 35 34 52 21 ; Mme Annette Le Verne, tél. 35 32 99 33.
- Maucomble (76680) : M. Guy Maruitte, tél. 35 34 50 91.
- Sommery (76440) : voir GRP n°4
- Bosc-Roger-sur-Buchy (76750) : Mme Katia Préterre, tél. 35 34 29 70.
- Sainte-Croix-sur-Buchy (76750) : M Michel Delcroix, tél. 35 34 33 84.

- Ventes-Saint-Rémy (76680) : Les Ecuries de Saint-Rémy, tél. 35 34 50 46.

Hôtels
- Buchy (76750) : Auberge Bucheoise, tél. 34 34 41 22
- Neufchâtel-en-Bray (76270) : plusieurs hôtels.

■ Sur le GRP n° 6
Forêt d'Eawy

Gîte d'étape
- Les Grandes Ventes (76950) : Ferme de la Boisette, tél. 35 83 47 13.
- Pommeréval (76680) : Le Relais Hippique Tôtes-Auffay, tél. 35 93 09 05.

Chambres d'hôtes
- Bellencombre (76680) : M. Alain Delaire, tél. 35 93 90 16 ; Mme Marie-José Leteurtre, tél.35 93 95 45.
- Pommeréval (76680) : Mme Catherine Lerat, tél. 35 93 09 05.
- Ventes-Saint-Remy (76680) : voir GRP n° 5

Hôtels
- Pommereval (76680) : La Renommée, tél. 35 93 09 14.
- Les Grandes Ventes (76950) : Le Cerf, tél. 35 83 42 02.

■ Sur le GRP n° 7
De l'Eaulne à la Béthune

Gîte de groupe
- Saint-Aubin-le-Cauf (76510) : Maison de la Varenne, tél. 35 84 87 28.

Chambres d'hôtes
- Freulleville (76510) : Mme Laurie Barthelémy, tél. 35 04 27 78.
- Meulers (76510) : M. Dubois, tél. 35 83 45 70.
- Wanchy-Capval (76660) : M. Claude Tréhot, tél. 35 94 42 63.

Hôtels
- Martin-Eglise (76370) : Le Clos Robinson, tél. 35 84 19 27 ; Le Clos Normand, tél. 35 04 40 34.
- Arques-la-Bataille (76880) : Le Manoir d'Archelles, tél. 35 85 50 16.
- Saint-Nicolas-d'Aliermont (76510) : Hôtel du Commerce, tél. 35 85 80 06 ; Hôtel du Vieux Manoir, tél. 35 85 80 25.

■ Sur le GRP n°8
Le Chemin Vert du Petit-Caux

Gîtes de groupe
- Criel-sur-Mer (76910) : Château de Chantereine, tél. 35 50 18 46.
- Dieppe (76200) : Auberge de jeunesse, tél.35 84 85 73. Domaine des Roches, tél. 35 84 35 76.
- Bellengreville (76630) : Centre hippique, tél. 35 85 76 21.
- Intraville (76630) : Centre équestre, tél. 35 06 06 42.

Chambres d'hôtes
- Criel-sur-Mer (76910) : Mme Demouchy, tél. 35 86 70 28.
- Touffreville-sur-Eu (76910) : La Demeure de Litteville, tél. 35 50 93 04.
- Arques-la-Bataille (76880) : Villa Del Kantara, tél. 35 85 58 85.

Hôtels
- Martin-Eglise (76370) : voir GRP n° 7
- Neuville-lès-Dieppe (76370) : Hôtel de la Place, tél. 35 84 76 55.
- Criel-sur-Mer (76910) : Hôtel de Rouen, tél. 35 86 70 11.
- Rouxmesnil-Bouteilles (76370) : L'Eolienne, tél. 35 82 19.

■ Sur le GRP n° 9
Entre Terre et Mer

Gîtes de groupe
- Criel-sur-Mer (76910) : voir GRP n° 8
- Eu (76260) : Centre des Fontaines, tél. 35 86 05 03.
- Le Tréport (76470) : Auberge de jeunesse, tél. 35 86 23 47.

Chambres d'hôtes
- Criel-sur-Mer (76910) : voir GRP n° 8
- Toufreville-sur-Eu (76910) : voir GRP n° 8

- Eu (76260) : M. Devillepoix, tél. 35 86 09 69. M. Demarquet, tél. 35 50 91 91.
- Le Tréport (76470) : M. et Mme Carton, tél. 35 86 14 77.

Hôtels
- Criel-sur-Mer (76910) : voir GRP n° 8
- Eu (76260) : Le Picardie, tél. 35 86 06 67 ; l'Etoile, tél. 35 86 14 89
- Le Tréport (76470) : plusieurs hôtels.

■ Sur le GRP n° 10
Le Bois du Triage

Gîte de groupe
- Eu (76260) : voir GRP n° 9

Gîte d'étape
- Beauchamps (80770) : Mme Annick Malare de Thezy, tél. 22 30 92 23.

Chambres d'hôtes
- Eu (76260) : voir GRP n° 9
- Bouvaincourt-sur-Bresle (80220) : Mme Marcelle Deleersnyder, tél. 22 30 96 24 ; M. Michel Mandron, tél. 22 30 98 21.
- Bazinval (76340) : Mme Danielle Langlois, tél. 35 93 52 66.
- Guerville (76340) : Mme Dominique Mairesse, tél. 22 26 14 26.
- Melleville (76260) : Mme Nelly Garçonnet, tél. 35 50 81 65.
- Sept-Meules (76260) : Mme Arlette Tailleux, tél. 35 50 81 31.

Hôtels
- Eu (76260) : voir GRP n° 9
- Gamaches (80220) : Le Grand Cerf, tél. 22 30 95 52 ; Le Chalet, tél. 22 26 11 62..

■ Sur le GRP n° 11
Massif de la Haute-Forêt

Gîte de groupe
- Grandcourt (76660) : Mme Véronique Barrois-Larouze, tél. 35 94 70 90.

Chambres d'hôtes
- Sept-Meules (76260) : voir GRP n° 10
- Melleville (76260) : voir GRP n° 10
- Nesle-Normandeuse (76340) : Mme Denise Cannevière, tél. 35 94 03 25.
- Bazinval (76340) : voir GRP n° 10
- Guerville (76340) : voir GRP n° 10

Hôtels
- Blangy-sur-Bresle (76340) : plusieurs hôtels.
- Gamaches (80220) : voir GRP n°10

■ Sur le GRP n° 12
La Haute-Forêt de Guimerville

Gîtes de groupe
- Aumale (76380) : Mme Bernadette Nuttens, tél. 35 93 40 78.
- Morvillers-St-Saturnin (80590) Digeon : M et Mme Bruno Goisque, tél. 22 38 07 12.
- Faucaucourt-Hors-Nesle (80140) : Mme Elisabeth De Rocquigny, tél. 22 25 12 58.

Chambres d'hôtes
- Les Landes Vieilles et Neuves (76390) : Mme Jacqueline Simon, tél. 35 94 03 79.
- Le Caule Sainte-Beuve (76390) : Mme Ginette Vermotte, tél. 35 93 65 05.
- Nesle-Normandeuse (76340) : Madame Denise Cannevière, tél. 35 94 03 25.
- Le Mazis (80430) : Mme Onder De Linden, tél. 22 25 90 88.
- Morvillers-St-Saturnin (80590) Digeon (voir gîte de groupe).

Hôtels
- Aumale (76390) : plusieurs hôtels.
- Foucarmont (76340) : Le Grand Cerf, tél. 35 93 40 78.

■ Sur le GRP n° 13
La Marche de Normandie

Gîte d'étape
- Montroty (76220) : Mme Madeleine Bourdier, tél. 35 90 21 88.
- Bezancourt (76220) : M et Mme Antoine Trancart, tél. 35 90 16 42.
- La Feuillie (76220) : voir GRP n° 3

Chambre d'hôtes
- Bezancourt (76220) : voir gîte d'étape

• Saint-Lucien (76780) : voir GRP n°3

Hôtels
• Beauvoir-en-Lyons (76220) : Auberge des Pilotis, tél. 35 90 71 00.
• La Feuillie (76220) : voir GRP n° 3
• Bezancourt (76220) : Château du Landel***, tél. 35 90 16 01.
• Gournay-en-Bray (76220) : plusieurs hôtels.

■ Sur le GRP n° 14
Du Crevon au Robec

Chambres d'hôtes
• Auzouville-sur-Ry (76116) : voir GRP n° 2
• Fontaine-sous-Préaux (76160) : M. Virgile Petit, tél. 35 34 70 64.
• Ry (76116): voir GRP n° 2
• Saint-André-sur-Cailly (76690) : M. Jean Boutry, tél. 35 34 71 28.

Hôtels
• Fontaine-le-Bourg (76690) : Auberge du Cailly, tél. 35 34 65 76.
• Saint-Martin-du-Vivier (76160) : La Bertelière, tél. 35 60 44 00.
•Franqueville-Saint-Pierre (76520) : voir GRP n° 1
• Mesnil-Esnard (76240) : Formule 1, tél. 35 79 86 87.

■ Sur le GRP n° 15
Les Fermes fortifiées

Gîtes de groupe
• Mesnières-en-Bray (76270) : Château de Mesnières-en-Bray, tél. 35 93 10 04.
• Londinières (76660) : Londinières Hébergement, tél. 35 94 45 33.
• Pommeréval (76680) : voir GRP n° 6

Chambres d'hôtes
• Pommeréval (76680) : voir GRP n° 6
• Mesnières-en-Bray (76270) : M. Oliver Gallagher, tél. 35 94 14 13.
• Freulleville (76510) : voir GRP n° 7
• Meulers (76510) : voir GRP n° 7
• Saint-Saëns (76680) : voir GRP n° 5
• Wanchy-Capval (76660) : voir GRP n° 7

Hôtels
• Londinières (76660) : Auberge du Pont, tél. 35 93 80 47.
• Pommeréval (76680) : voir GRP n° 6
• Saint-Nicolas-d'Aliermont (76510) : voir GRP n° 7
• Neufchâtel-en-Bray (76270) : voir GRP n° 5

■ Sur le GRP n° 16
La Vallée de la Béthune

Gîtes de groupe
• Forges-les-Eaux (76440) : voir GRP n° 4
• Mesnières-en-Bray (76270) : voir GRP n° 15
• Sommery (76440) : voir GRP n° 4

Chambres d'hôtes
• Nesle-Hodeng (76270) : Mme Annick Fauville, tél. 35 94 57 79.
• Rouvray-Catillon (76440) : voir GRP n° 4
• Saint-Saire (76270) : Mme Sylviane Havard, tél. 35 93 12 29.

Hôtels
• Neufchâtel-en-Bray (76270) : voir GRP n° 5
• Forges-les-Eaux (76440) : voir GRP n° 4

■ Sur le GRP n° 17
La Boucle des Sources

Gîtes de groupe
• Forges-les-Eaux (76440) : voir GRP n° 4
• Gaillefontaine (76870) : Gîte communal, tél. 35 90 95 11.

Chambres d'hôtes
• Gaillefontaine (76870) : Mme Isabelle Thuault-Assié, tél. 35 90 93 54.
• Sommery (76440) : voir GRP n° 4
• Rouvray-Catillon (76440) : voir GRP n° 4

Hôtels
• Forges-les-Eaux (76440) : voir GRP n° 4

■ Sur la boucle n° 19
Circuit de Longboel
Voir GRP n° 1

■ Sur la boucle n°20
Circuit de la Fontaine Guérard
Voir GRP n° 1

■ Sur la boucle n° 21
Circuit du Bois de Bacqueville

Chambres d'hôtes
• Grainville (27380) : M. Philippe Ammeux-Deprez, tél. 32 49 09 53.
• Nojeons-en-Vexin (27150) : M. Jules Deleu, tél. 32 55 71 03.

Hôtel
• Charleval (27380) : voir GRP n° 2

■ Sur la boucle n°22
Circuit du Val Bagnard

Chambre d'hôtes
• Touffreville (27440) : voir GRP n° 2

Hôtel
Lyons-la-Forêt (27480) : plusieurs hôtels.

Adresses utiles

• Comité départemental de la randonnée : 6 rue Couronné, 76420 Bihorel, tél. 35 38 15 37.

• **Comités départementaux de tourisme**

- Seine-Maritime : 6 rue Couronné, BP 60, 76420 Bihorel, tél. 35 59 26 26.
- Eure : boulevard Georges Chauvin, 27003 Evreux Cedex, tél. 32 31 51 51.
- Somme : 21 rue Ernest-Cauvin, 80000 Amiens, tél. 22 92 26 39.

• **Offices de tourisme**

- Dieppe (76204) : pont Jehan-Ango, BP 152, Cedex, 35 84 11 77.
- Eu (76260) : 41 rue P. Bignon, BP 82, 35 86 04 68.
- Forges-les-Eaux (76440) : rue du Maréchal-Leclerc, tél. 35 90 52 10.
- Gournay-en-Bray (76220) : square Pierre-Petit, tél. 35 90 28 34.
- Neuchâtel-en-Bray (76270) : 6 place Notre-Dame, tél. 35 93 22 96.

- Le Tréport (76470) : quai Sadi-Carnot, BP 27, tél. 35 86 05 69.
- Aumale (76390) : rue Centrale, tél. 35 93 41 68.
- Blangy-sur-Bresle (76340) : 1 rue Checkroun, BP 12, tél. 35 93 52 48.
- Criel-sur-Mer (76910) : mairie, tél. 35 50 96 65.
- Lyons-la-Forêt (27480) : rue de l'Hôtel de Ville, tél. 35 49 31 63.

• **Syndicats d'initiative**

- Bellencombre (76680) : SI du Pays Normand, tél. 35 93 90 16.
- La Feuillie : (76220) : mairie, tél. 35 09 68 03.
- Londinières : (76660) : mairie, tél. 35 93 80 08.
- Ry (76116) : Les Trois Vallées, Maison de l'Abreuvoir, tél. 35 23 40 74.
- Saint-Saëns (76680) : mairie, BP 2, tél. 35 34 51 19.
- Gamaches (80220) : 46 rue Charles-de-Gaulle, tél. 22 26 16 79.

Accès à l'itinéraire

■ SNCF

• Rouen : renseignements, tél. 35 98 50 50.
• Le Tréport : renseignements, tél. 35 86 23 44.

• Ligne Paris-Rouen, arrêt à Pont-de-l'Arche.
• Ligne Paris-Serqueux, arrêts à Forges-les-Eaux et Serqueux.
• Ligne Gisors - Serqueux - Dieppe

(*autocars uniquement*) : arrêts à Neufchâtel-en-Bray, Mesnières-en-Bray, Saint-Vaast-d'Equiqueville, Dampierre-en-Bray, Arques-la-Bataille.
• Ligne Rouen-Amiens, arrêts à Serqueux, Montérolier-Buchy, Sommery, Morgny, Saint-Martin-du-Vivier.
• Ligne Paris-Nord-Le Tréport, arrêts à Aumale, Blangy-sur-Bresle, Longroy-Gamaches, Eu-la-Mouillette, Eu, Le Tréport.

■ Autocars

• Gare routière de Rouen : tél. 35 52 92 00.
• Gare routière de Dieppe : tél. 35 84 21 97.
• Gare routière du Tréport : tél. 35 86 13 34.

• Autocars CNA :
- ligne Rouen - Neufchâtel-en-Bray-Gamaches ;
- ligne Rouen - Buchy - Forges-les-Eaux -Aumale ;
- ligne Rouen- Gournay, arrêt La Feuillie ;
- ligne Dieppe - Les Grandes Ventes ;
- ligne Le Tréport - Dieppe - Rouen, arrêts Muchedent, St-Hellier, Bellecombre ;
- ligne Dieppe - Envermeu.

• Cars Denis : tél. 35 82 79 50, ligne Dieppe - Criel-sur-Mer.
• Courriers Automobiles Picards : tél. 35 8613 34.
- ligne Criel-sur-Mer - Eu - Le Tréport ;
- ligne Amiens - Gamaches.

• Transports urbains :
- ligne n° 13 Rouen - Franqueville-Saint-Pierre
- ligne n° 2 Rouen - Darnétal.

Bibliographie

• *Guide Bleu Normandie,* Hachette.
• *Guide Vert Normandie*, Michelin.
• d'Aboville (Christine), *Les colombiers.*
• de Beaurepaire (François), *Les noms des communes de la Seine-Maritime,* éd. A. J. Picard.
• Bunel (abbé) et Tourgard (abbé), *Géographie de la Seine-Inférieure,* éd. Bertout.
• Cochet (abbé), *La Seine-Inférieure.*
• Coffin (Michel), *Promenade au cœur du Pays de Bray,* SI de Forges-les-Eaux.
• Compas (Ray), *Le grand livre de la cuisine Normande,* éd. Charles Corlet.
• Malte-Brun (VA), *La Seine-Inférieure,* éd. du Bastion.
• *Promenades gourmandes en Pays de Bray,* éd. Médianes.

36 15 RANDO
36 15 RANDO
36 15 RANDO
2,23 F la minute

■ Pour trouver le GR qui passe à votre porte ou celui qui vous fera découvrir l'autre bout de la France.

■ Pour savoir où acheter vos topo-guides.

■ Pour mettre vos topo-guides à jour.

■ Pour trouver une formation à la randonnée ou une association de randonneurs avec qui partir sur les sentiers.

■ Pour connaître toute l'actualité de la randonnée.

La région

Port de plaisance du Tréport. *Photo SIVOM du canton d'Eu.*

Après avoir marché sur les hautes falaises entre Le Tréport et Dieppe, vous pénétrerez dans l'arrière-pays. Le choix des randonnées y est vaste : un maillage de chemins et sentiers permet de découvrir le Nord-Est de la Seine-Maritime.

Vous traverserez d'abord le Petit-Caux, les forêts d'Arques et du Triage d'Eu. Vous pourrez suivre son Chemin Vert, cette ancienne voie ferrée transformée en chemin de randonnée, et, en suivant les vallée de l'Yères, de la Béthune ou de la Bresle, vous entrerez dans le Pays de Bray.

Un bombement de couches sédimentaires a été creusé par un lent travail d'érosion, faisant apparaître en surface des terrains géologiques très anciens. Cet accident géologique, familièrement dénommé "Boutonnière", est l'élément central du Pays de Bray.

traversée

Au centre de cette dépression, Neufchâtel-en-Bray et son célèbre "petit cœur", Forges-les-Eaux et ses sources thermales chères aux "grands du passé" et, tout autour, une infinité de hameaux et villages charmants nichés dans un bocage riche en pâturages divisés par de grandes haies vives.

Pays d'élevage bovin, le Pays de Bray produit depuis des siècles du lait, de la crème, du beurre, de la viande et des fromages. Le fromage de Neufchâtel, en forme de "cœur", d'appellation d'origine contrôlée, est attesté depuis 1035. L'abeille noire, habituée à butiner la flore de la région, produit des miels différents suivant les saisons.

Le Tréport. *Photo Philippe Lambert.*

Maison à colombages. *Photo Jean-Pierre Leroux.*

De la région de Forges-les-Eaux - Gaillefontaine qui culmine à 240 mètres par endroits - partent vers la Seine les sources de l'Epte, de l'Andelle et du Thérain et vers la mer celle de la Béthune, de l'Yères et de l'Eaulne. On peut dire que le Pays de Bray est bordé à l'Ouest par la vallée de la Varenne, à l'Est par celle du Thérain. Il est cerné au Nord par la forêt d'Eawy et au Sud par la forêt de Lyons.

Au cours de vos randonnées, vous pourrez aussi vous laisser entraîner dans le passé en admirant les fermes fortifiées comme la Valouine, siège d'un ancien fief de 1602, les Tourpes où Henri IV rencontra Gabrielle d'Estrées et les nombreux manoirs du Pays de Bray. Sans oublier le château de Mesnières, du style Renaissance, unique représentant en Haute-Normandie des

Reconstitution d'une ancienne voie. *Photo Brigitte Lécallier.*

châteaux de la Loire, dont l'élégance vaut le détour.

Les puits brayons, couverts pour protéger la pureté de l'eau, les fours à pain, les colombiers jalonnent les parcours.

Et les forêts ! Vous apprécierez le calme des grands massifs forestiers d'Eu, d'Eawy, de Lyons. Futaies, cathédrales grandioses, larges allées ou sentiers étroits, elles vous offriront, outre la diversité des essences, le bonheur d'y apercevoir les grands animaux qui les peuplent.

Paule Quimbetz

Ferme de la Valouine. *Photo Claude Quimbetz.*

Ophrys insectifera (ophrys mouche). *Photo CDM / Jérôme Chaïb.*

Paysage du Pays de Bray. *Photo Jean-François Lange / Ed. Médianes.*

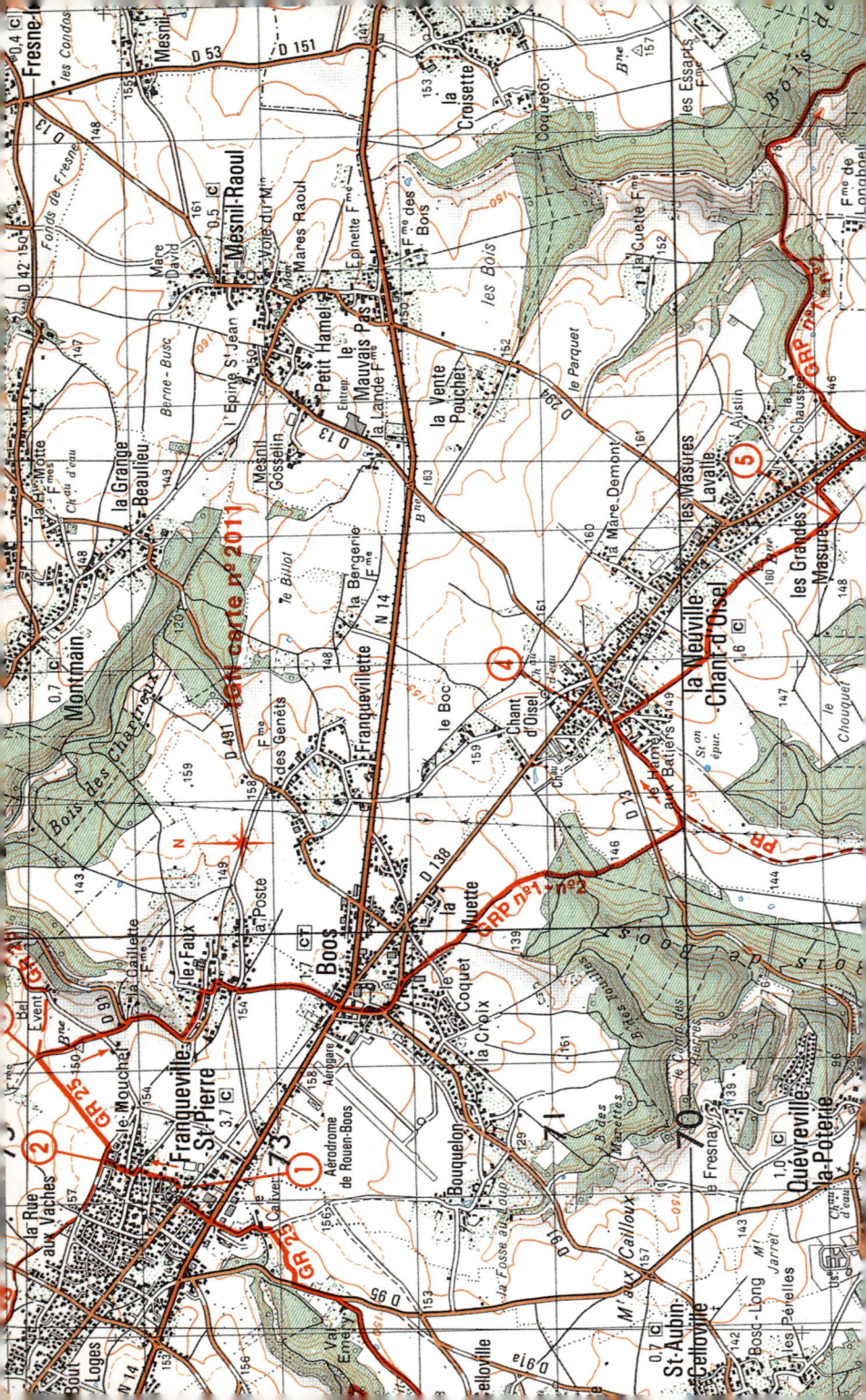

GRP n°1
Le Royaume de Pistres

Franqueville-Saint-Pierre

Transports urbains de Rouen, ligne n°13.

"Francavilla". Eglise Saint-Pierre du 17e, château du 17e.

① *Balisage blanc-rouge (GR 25) :* de l'église Saint-Pierre, s'engager à gauche dans une sente qui longe le mur du cimetière, tourner à droite puis à gauche et suivre l'allée du Mouchel. Tourner à gauche et aussitôt à droite pour s'engager dans une sente qui arrive dans la rue des Manets. Se diriger à gauche puis à droite, suivre les rues Charles-Péguy, de la Bergerie.

② *Jonction avec le GR 25 B :* tourner à droite dans la rue des Champs-Fleuris et s'engager à gauche dans un chemin de terre qui rejoint la route de la ferme Sans Souci.

③ *Balisage jaune-rouge :* tourner à droite, emprunter à droite la D 91 puis la première rue à gauche. Suivre à nouveau la D 91 et couper la N 14 pour entrer (Sud) dans

5 km • 1 h 15 • Boos

"Bothas", du scandinave "Both" (maison). Eglise Saint-Sauveur du 16e ; colombier octogonal de brique et pierre du 16e (un des plus beaux de France).

Continuer sur la D 91 ; au collège, tourner à gauche, passer devant le colombier, poursuivre en face sur la route se transformant en chemin herbeux qui traverse le bois de Boos. Couper la D 13 et rejoindre la route de la Côte du Montier. L'emprunter à gauche pour arriver à

3 km • 1 h • La Neuville-Chant-d'Oisel

"Cantus Avis" : présence d'une voie romaine reliant Rouen à Paris. Eglise Notre-Dame du 13e. Châteaux de Neuville et de Chant d'Oisel.

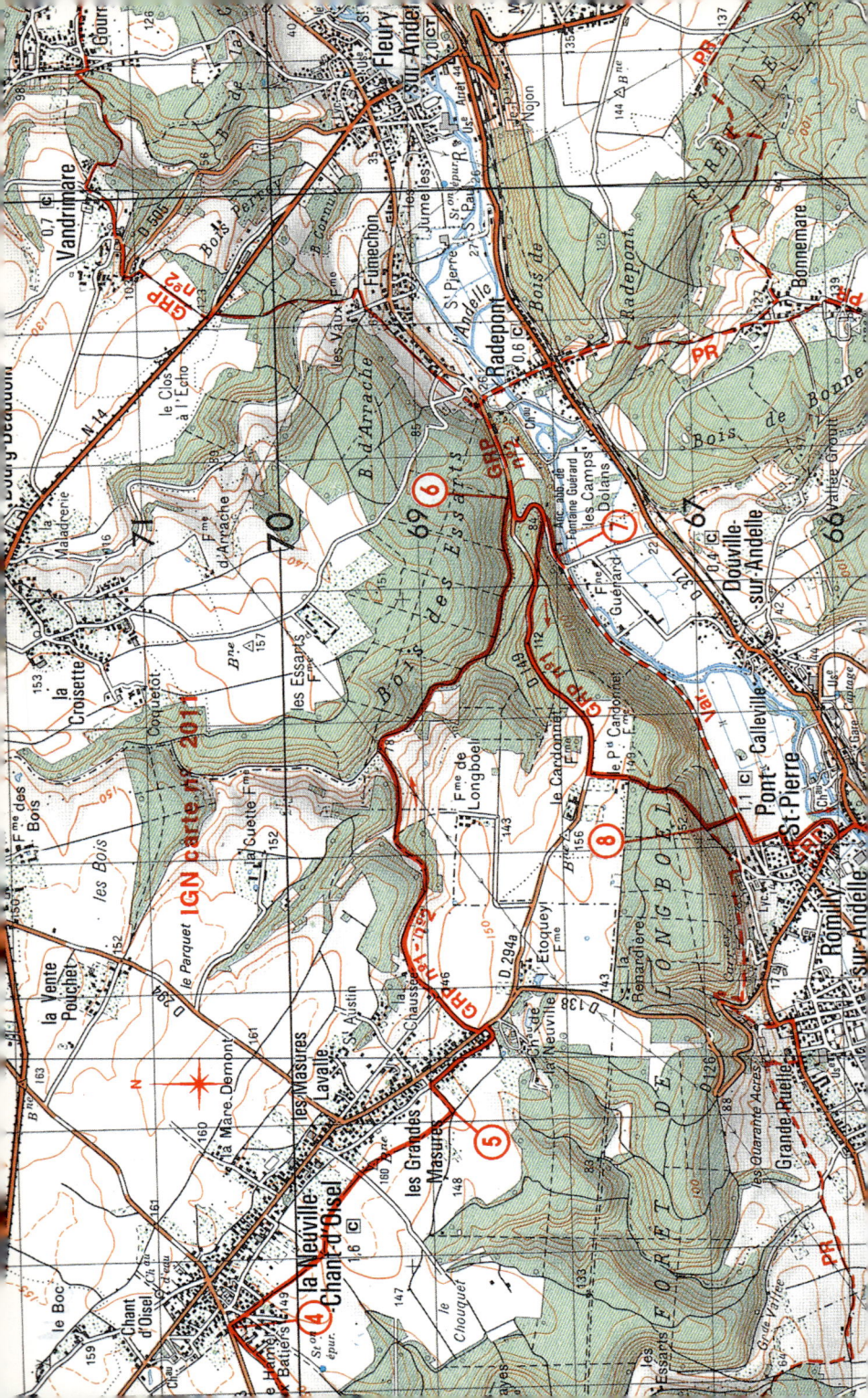

④ A l'intersection avec la D 13, suivre à droite la rue du Vivier se prolongeant en chemin de terre. Couper une route.

⑤ Emprunter à gauche le chemin suivant, puis à droite la rue des Jardins, passer devant le château de la Neuville, utiliser la D 294 à gauche, aussitôt à droite la Chaussée du Roi et, en suivant la rue de la Cuette, descendre dans un vallon au nom inquiétant de Fosse au Diable *(l'itinéraire passe ici dans l'Eure)*.

⑥ Tourner à droite et, à la fourche, poursuivre à gauche sur la route qui mène à l'ancienne abbaye de Fontaine Guérard.

Située sur la rive de l'Andelle, dans un cadre de verdure d'où se dégage une impression de calme et de sérénité, cette abbaye cistercienne du 12e de style gothique normand fut consacrée en 1218 ; ruines de l'ancienne abbatiale ; salle capitulaire, chapelle Saint-Michel du 15e élevée sur des caves voûtées.

⑦ Revenir sur ses pas, puis monter par le premier chemin à gauche sur environ 500 m ; bifurquer à droite et suivre à gauche la D 149.
Au lieudit Le Cardonnet, tourner à gauche, poursuivre par le chemin de terre.

⑧ A la station de pompage, descendre à gauche puis suivre la route à droite jusqu'à

12 km • 3 h • Pont-Saint-Pierre

Ce village faisait partie du Domaine des Ducs de Normandie. Henri IV séjourna dans le château actuel lors du siège de Pont-de-l'Arche. Château de Logempré du 15e. Eglise Saint-Nicolas du 12e.

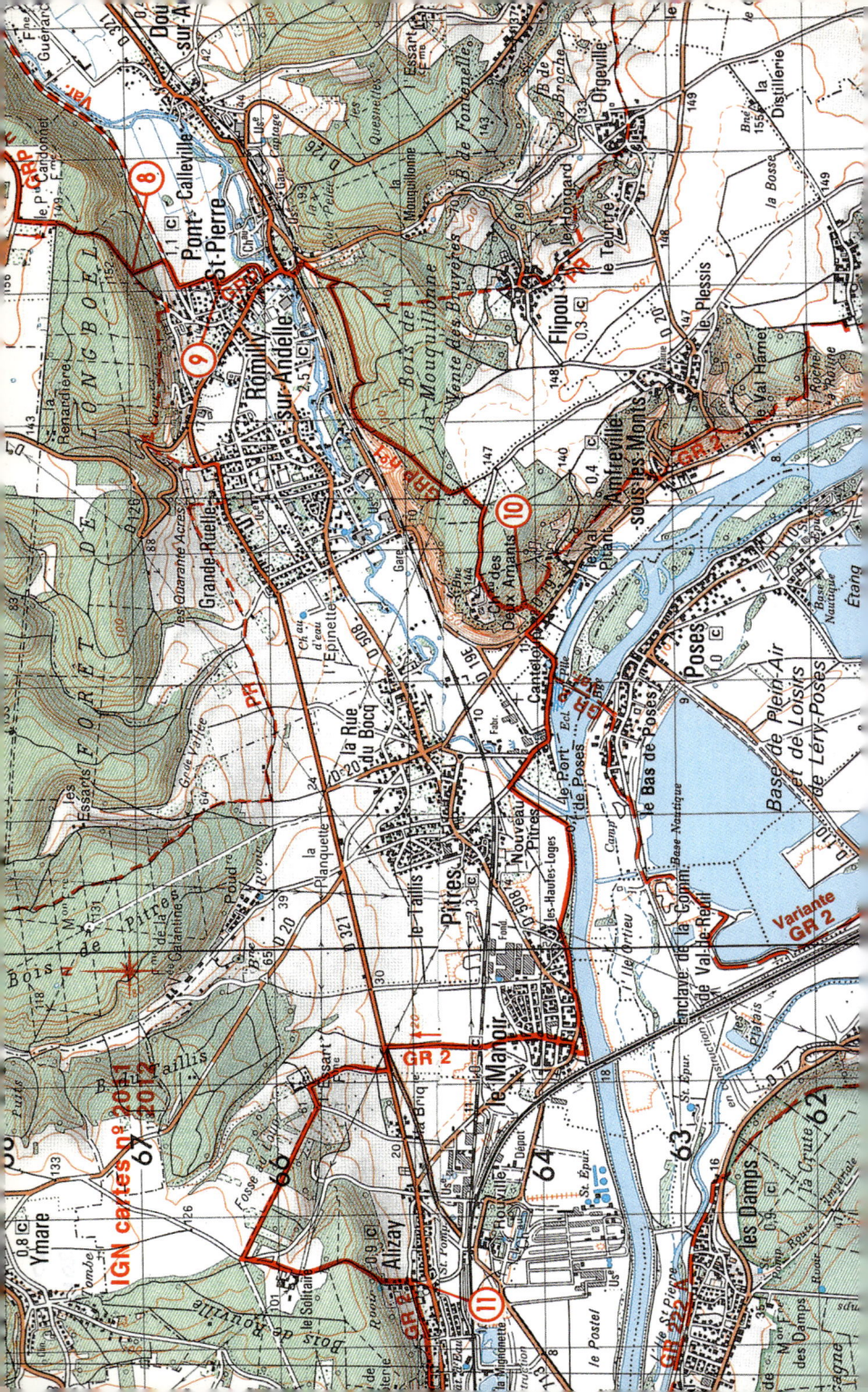

⑨ A l'entrée de Pont-Saint-Pierre, tourner à gauche et poursuivre par l'allée piétonnière qui franchit l'Andelle et se prolonge par l'avenue du Château. Dans la rue, tourner à gauche puis à droite, monter à gauche vers le bois de la Mouquillonne, traverser la voie de chemin de fer, poursuivre en montant en face puis à droite. A la fourche, prendre le chemin de droite et, en bas du sentier, tourner à gauche pour monter vers le château des Deux Amants *(table d'orientation, panorama sur la vallée de la Seine)*.

> La légende de la Côte des Deux Amants est rapportée au 12e siècle par Jeanne de France, première femme de lettres française. « Sous le règne de Charlemagne, Sire Robert de Canteloup, Roi des Pistriens, dominait la région. Il chérissait sa fille Callixte, merveille de grâce et ne voulait accorder sa main qu'à un seigneur de haut lignage. Raoul de Bonnemare, écuyer du Roi, était très épris de Callixte et son sentiment était partagé. Un jour, dans la forêt voisine, il survint au moment où la belle était attaquée par un sanglier et lui sauva la vie. Callixte, bouleversée, lui promit sa main et dit sa volonté à son père. Celui-ci se cabra, puis devant la volonté de sa fille qu'il aimait tant, mit une condition à l'union : que Raoul porte Callixte dans ses bras jusqu'en haut de la côte (45° !). Raoul n'hésite pas à relever le défi, mais parvenu en haut après un effort considérable, s'écroule, mort. A cette vue, la jeune fille expire à ses côtés. » La légende raconte que le Roi, inconsolable, accablé de peine, comprenant sa cruauté, fit enterrer les deux amants sur place, dans le même tombeau.

S'engager dans l'étroit sentier qui descend en serpentant la colline.

⑩ *Balisage blanc-rouge (GR 2)* : continuer à descendre, emprunter la D 19 à droite sur 100 m et poursuivre à gauche par la route conduisant aux écluses sur la Seine au lieudit Canteloup *(jonction avec la variante rive gauche du GR 2)*.
A l'extrémité Ouest des écluses, obliquer dans le deuxième chemin à droite, franchir l'Andelle, tourner à gauche et, plus loin, suivre la Seine pour atteindre Le Manoir. En vue de l'église, tourner à droite, s'engager à gauche dans la rue de l'Andelle. Couper la D 321, tourner à gauche en longeant les cultures, poursuivre par l'ancienne D 321, bifurquer dans la route à droite. Passer devant la ferme de l'Essart, monter jusqu'au bois de Rouville. Tourner à gauche dans le chemin de terre qui traverse le bois pour redescendre à

12 km • 3 h • Alizay

Eglise Saint-Germain du 12e ; dolmen, château de Rouville.

⑪ Prendre la première ruelle à droite, puis suivre à droite la rue de Garenne sur 150 m. Tourner à droite dans le chemin de Devise et gravir ensuite le sentier. Sur le plateau, parcourir 100 m, bifurquer à gauche et traverser une culture pour retrouver le chemin. Emprunter à gauche la voie goudronnée, couper les boucles de la route par deux raccourcis, passer sous le pont, tourner aussitôt à droite, traverser une prairie communale et grimper sur le talus pour rejoindre la N 15. Suivre la bordure herbeuse sur 500 m et s'engager à gauche en lisière du bois de la Sahatte.

⑫ *Départ du GR 25 (quitter le GR 2) :* prendre à droite un chemin de terre (Nord) pour entrer dans Les Authieux *(café, restaurant)*.
Emprunter la rue du Clos Mouchel qui se prolonge par un sentier, descendre ensuite sur la gauche à travers bois et continuer par un passage sans habitations. Après Port-Saint-Ouen *(hôtel, café, restaurant)*, se diriger vers la droite, traverser la N 15 et poursuivre par la côte Jore ; 250 m plus loin, tourner à droite dans un chemin creux jusqu'à

8,5 km • 2 h 15 • Gouy

Grotte paléolithique avec gravures de bovidés, oiseaux, équidés. Eglise du 12e. Colombier polygonal du 16e.

Emprunter à gauche la sente aux Dames qui se prolonge par un chemin descendant dans un vallon boisé, tourner ensuite à droite, rejoindre une route et l'emprunter tout droit (Nord) ; suivre une autre route à gauche pour s'engager ensuite à droite dans un sentier encaissé descendant vers le hameau de Saint-Adrien *(hôtel, restaurant, cars ; chapelle du 13e, lieu de pèlerinage, grottes où vécurent des ermites)*. Après 20 m sur la N 15 (Nord), monter à droite par le chemin des Roches et atteindre la lisière du bois de Roquefort.

⑬ *Départ du GR 25A, vers Rouen (voir topo-guide "La Seine en Normandie")*. Suivre à à droite (Nord-Est) le GR 25 en lisière du bois de Roquefort, descendre jusqu'à la D 291, l'emprunter à gauche sur 250 m et la quitter au premier carrefour pour remonter le vallon encaissé (Nord-Est). Continuer jusqu'au Fond de Brunval.

⑭ Monter à droite (Sud-Est) par un sentier. Aux dernières maisons de Celloville, emprunter la route à gauche (Nord-Est) ; au Val Emery, suivre à gauche la D 95 sur 400 m, s'engager à droite dans un chemin surplombant la route. Longer les clôtures, suivre la rue Calivet à droite puis à gauche. Couper la N 14 et poursuivre jusqu'à l'église de

10 km • 2 h 30 • Franqueville-Saint-Pierre

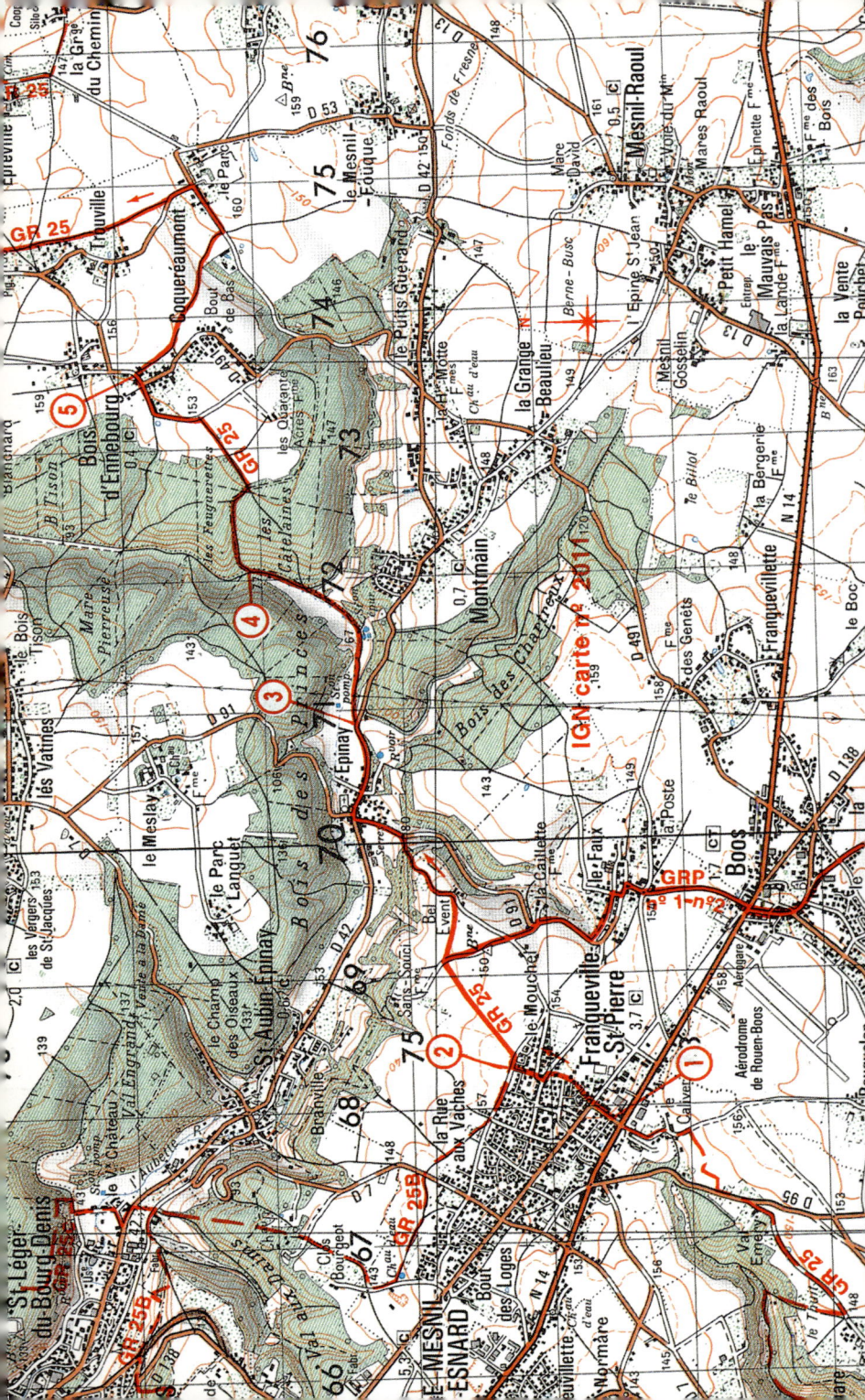

GRP n°2
Le Pays de Madame Bovary

Franqueville-Saint-Pierre

Transports urbains Rouen/Franqueville-Saint-Pierre, ligne n° 13.

"Francavilla". Eglise Saint-Pierre du 17e ; château du 17e.

① *Balisage blanc-rouge (GR 25)* : partir de l'église Saint-Pierre, s'engager à gauche dans une sente qui longe le mur du cimetière, tourne à droite puis à gauche et arrive dans l'allée du Mouchel. Se diriger à gauche et aussitôt à droite pour s'engager dans une sente débouchant dans la rue des Manets. Tourner à gauche puis à droite, suivre les rues Charles-Péguy, de la Bergerie.

② *Jonction avec le GR 25B :* tourner à droite dans la rue des Champs-Fleuris et s'engager à gauche dans un chemin de terre, couper la voie allant à la ferme Sans Souci et gagner (Est) la ferme Bel-Event. Longer à gauche (Nord) les clôtures, emprunter la D 91 à gauche jusqu'au bourg d'Epinay. Suivre à droite la D 42 sur 750 m.

③ Dans un virage, continuer tout droit (Est) par un chemin *(ancienne voie impériale)* qui suit le fond d'un vallon. Longer (Nord-Est) le bois des Câtelaines.

④ Au premier croisement, tourner à droite (Est) pour traverser le bois. Sur le plateau, emprunter une voie goudronnée à gauche. Au carrefour, dans le village de Bois-d'Ennebourg, utiliser à gauche la D 491.

⑤ Dans une courbe, poursuivre à droite par le premier chemin de plaine. Emprunter ensuite une voie goudronnée à gauche pour traverser

8 km • 2 h • Coqueréaumont

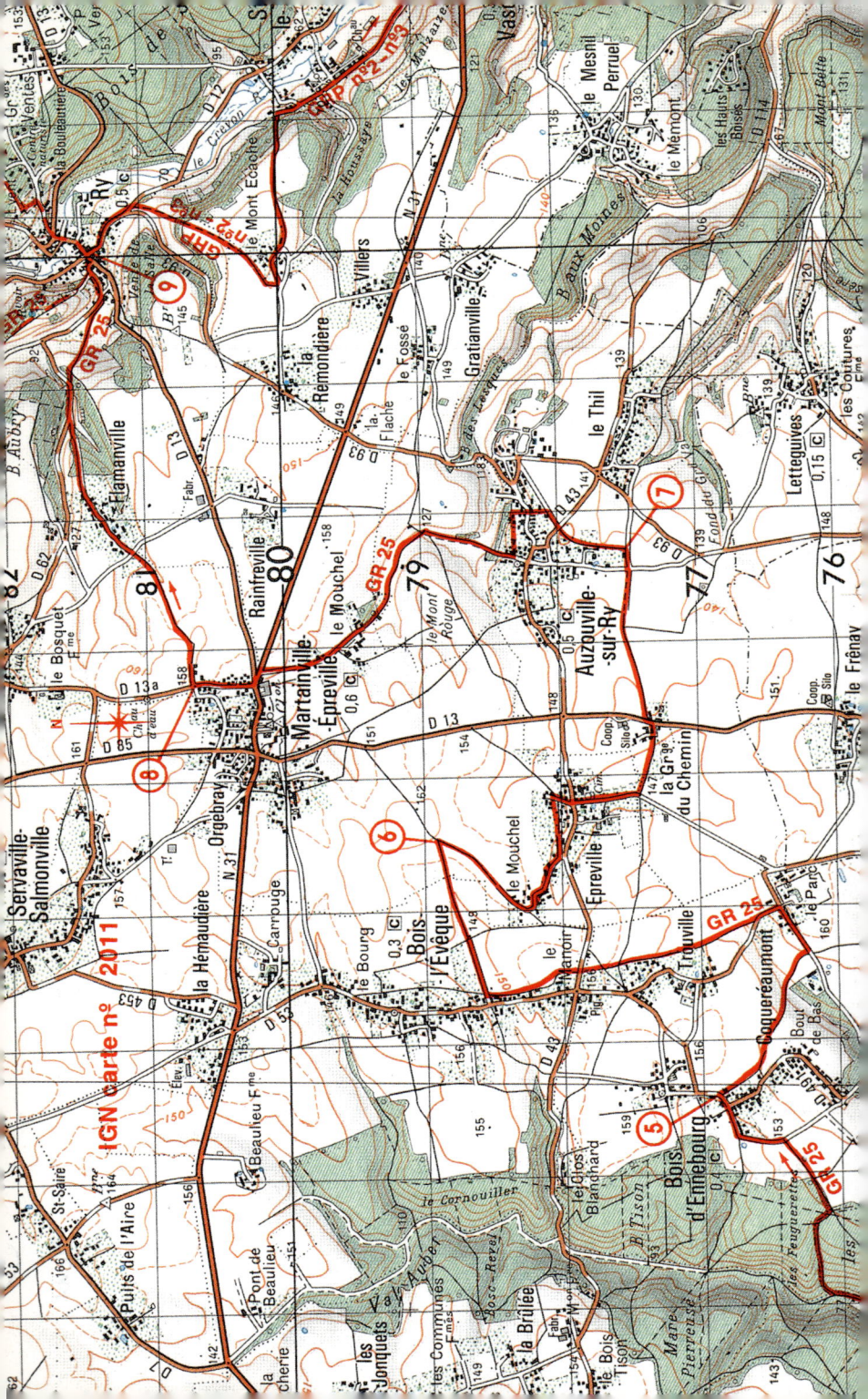

Suivre la D 53 sur 250 m (Nord-Est), prendre à droite un chemin de terre, traverser la D 43, emprunter en face un chemin herbeux. Tourner à droite dans une rue, poursuivre en face par un sentier herbeux, passer un premier croisement de chemins et continuer sur 700 m.

⑥ Tourner à droite ; dans le hameau du Mouchel, poursuivre par l'impasse de la Fontaine, tourner à gauche dans l'impasse du Coquetier se transformant en chemin herbeux. Suivre l'impasse du Buisson à droite, traverser la D 43, passer devant l'église et s'engager dans le premier chemin à gauche. A La Grange du Chemin, couper la D 13, poursuivre (Est) jusqu'à une route, continuer tout droit sur 200 m.

⑦ Prendre à gauche un chemin qui coupe la D 43 et aboutit par une succession de ruelles à

9 km • 2 h 15 • Auzouville-sur-Ry

"Osulvilla", ancien fief de l'abbaye de Saint-Ouen. Château des Lesques du 17e. Eglise Notre-Dame du 17e.

De l'église, emprunter une route empierrée (Nord) devenant chemin de terre. Obliquer dans le deuxième sentier à gauche (Nord-Est) et, par Le Mouchel, rejoindre le village de

3 km • 45 mn • Martainville-Epreville

Château du 15e. Musée départemental des Arts et Traditions Populaires.

A l'entrée du village, suivre la D 13A (Nord).

⑧ Au premier croisement, tourner à droite sur un chemin d'exploitation, traverser la petite route, emprunter la D 62 sur 150 m et descendre par un chemin jusqu'à l'église de

4 km • 1 h • Ry

"Ricum", viendrait de gué. Eglise Saint-Sulpice du 12e avec porche Renaissance en bois sculpté. Musée des Automates.

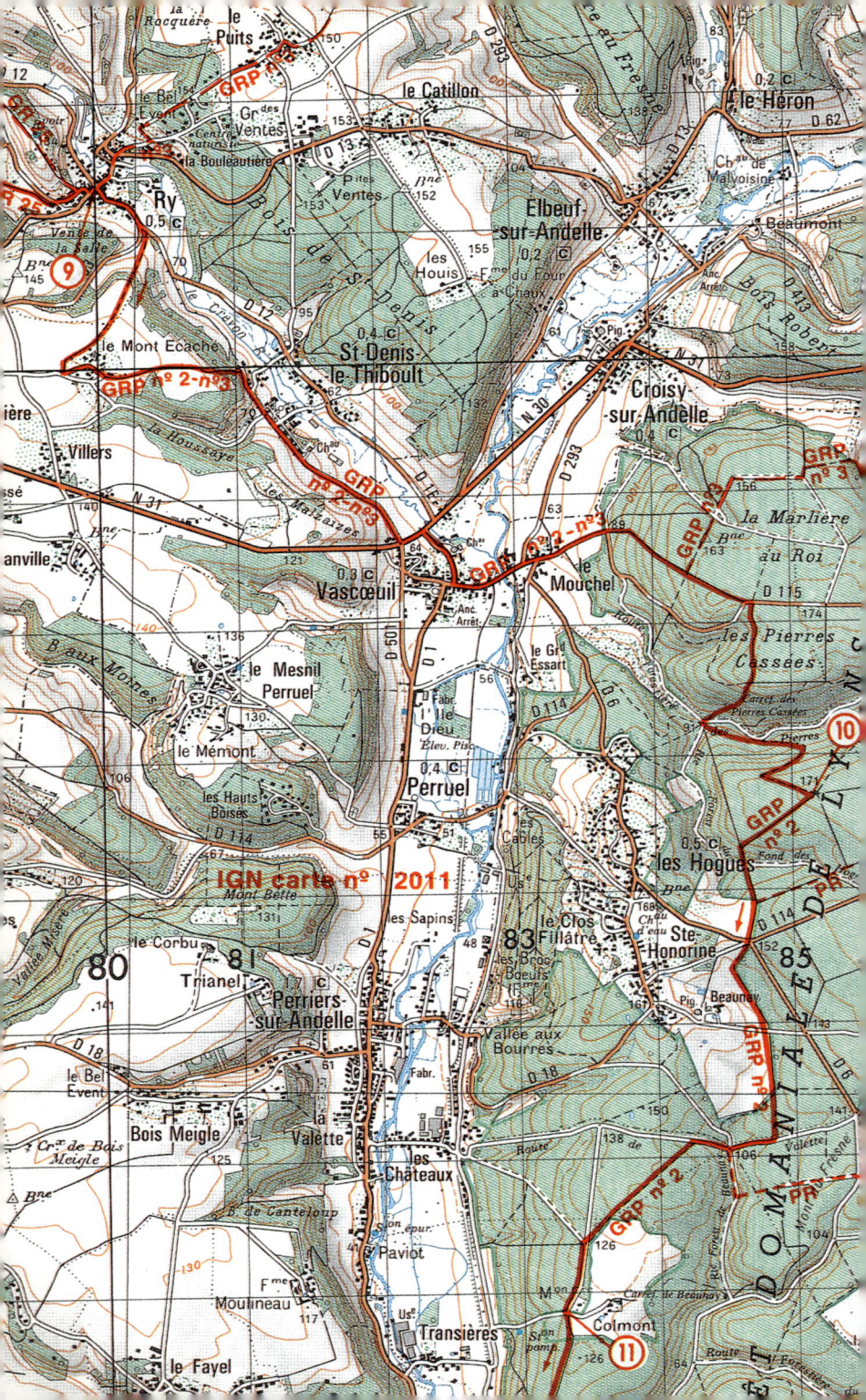

Né à Rouen en 1821, Gustave Flaubert devient élève au lycée Royal où il manifeste déjà une vocation d'écrivain en publiant des essais littéraires dans le journal scolaire Le Colibri. A vingt ans il suit des cours de droit à l'Université de Paris, mais les troubles nerveux qu'il ressentira toute sa vie l'obligent à abandonner ses études. Il s'installe à Croisset, près de Rouen, où il passera toute son existence.

En 1856, lorsque la Revue de Paris publie Madame Bovary, Flaubert a trente-cinq ans. Il y travaille depuis cinq ans. Quelques scènes du livre scandalisent la bourgeoisie bien pensante qui fait engager des poursuites contre l'écrivain. Le procès et l'acquittement en février 1857 contribuent largement au retentissement du roman qui paraît la même année. Gustave Flaubert meurt en 1880.

C'est à Ry que Gustave Flaubert situe Madame Bovary. La "maison du Docteur" est occupée aujourd'hui par la pharmacie.

⑨ *Quitter le GR 25 et suivre le balisage jaune-rouge* : descendre la rue longeant le mur de l'église, tourner à droite puis à gauche et suivre la rue Perrot. Au calvaire, monter à droite un chemin de terre jusqu'aux petites routes. Tourner à gauche dans la première pour s'engager ensuite à gauche dans un chemin de terre descendant vers un bois. Utiliser la route à droite, poursuivre tout droit, emprunter la N 31 à gauche et se diriger à droite vers le château de

6 km • 1 h 30 • Vascoeuil

Château de la Forestière du 14e. L'historien Michelet y séjourna et y écrivit une partie de son "Histoire de France". Eglise Saint-Martial du 11e.

Passer devant le château, tourner à gauche, franchir l'Andelle, suivre la D 115 jusqu'au virage et monter en face dans la forêt, continuer tout droit. Suivre la D 115 sur quelques mètres, tourner à droite et descendre vers le carrefour des Pierres Cassées. Traverser la route forestière et continuer à gauche par un chemin en larges lacets jusqu'à un carrefour de cinq chemins.

⑩ Tourner à droite (Sud-Ouest) puis à gauche pour descendre dans le vallon, traverser la route forestière, couper la D 114, continuer en face en lisière de forêt, suivre à droite la route forestière de la Valette et, après un carrefour, prendre à gauche (Sud-Ouest), un chemin qui mène à la route forestière. L'emprunter à gauche, passer à proximité de la

11 km • 2 h 45 • maison Forestière de Colmont

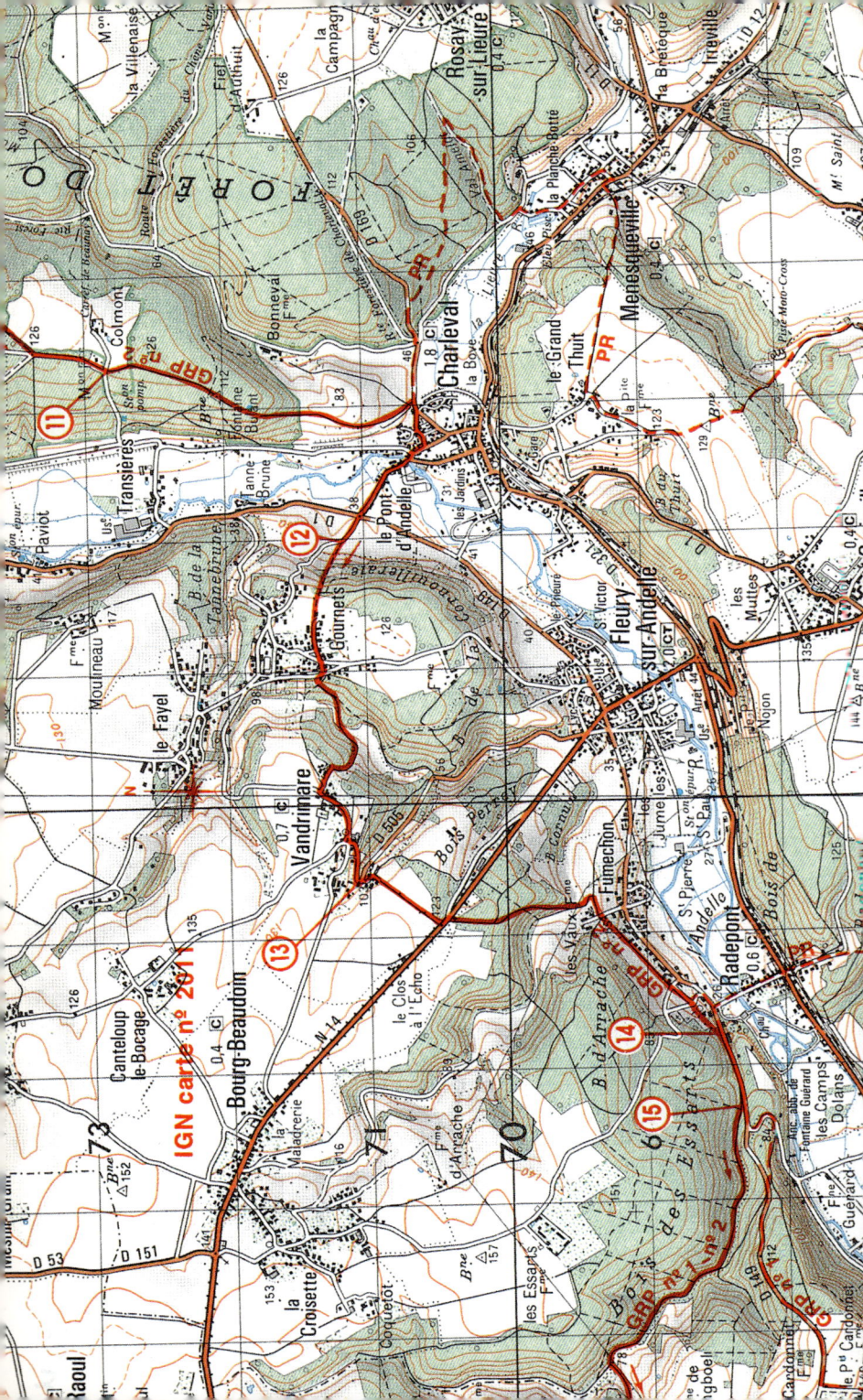

⑪ Continuer vers le Sud par un chemin qui mène à

2,5 km • 45 mn • Charleval

Eglise Saint-Denis avec chœur voûté, du 13e.
Le village appelé d'abord Noyon fut rebaptisé en l'honneur de Charles IX.

Emprunter la D 169 à droite, longer le cimetière à droite et franchir l'Andelle. Traverser la D 149.

⑫ Peu après, quitter la route et continuer par un chemin montant vers le hameau de Gournets ; traverser celui-ci pour descendre (Sud-Ouest) dans le bois. Monter ensuite vers le village de

4 km • 1 h • Vandrimare

Château de Vandrimare du 17e.

Suivre la route à gauche et après le château et l'église, descendre à gauche.

⑬ Dans le virage, emprunter le chemin qui monte vers un lotissement et continue à travers champs. Couper la N 14, poursuivre dans le bois, passer devant la ferme des Vaux et continuer jusqu'à l'église de

3,5 km • 50 mn • Radepont

IGN carte n° 4 2/11

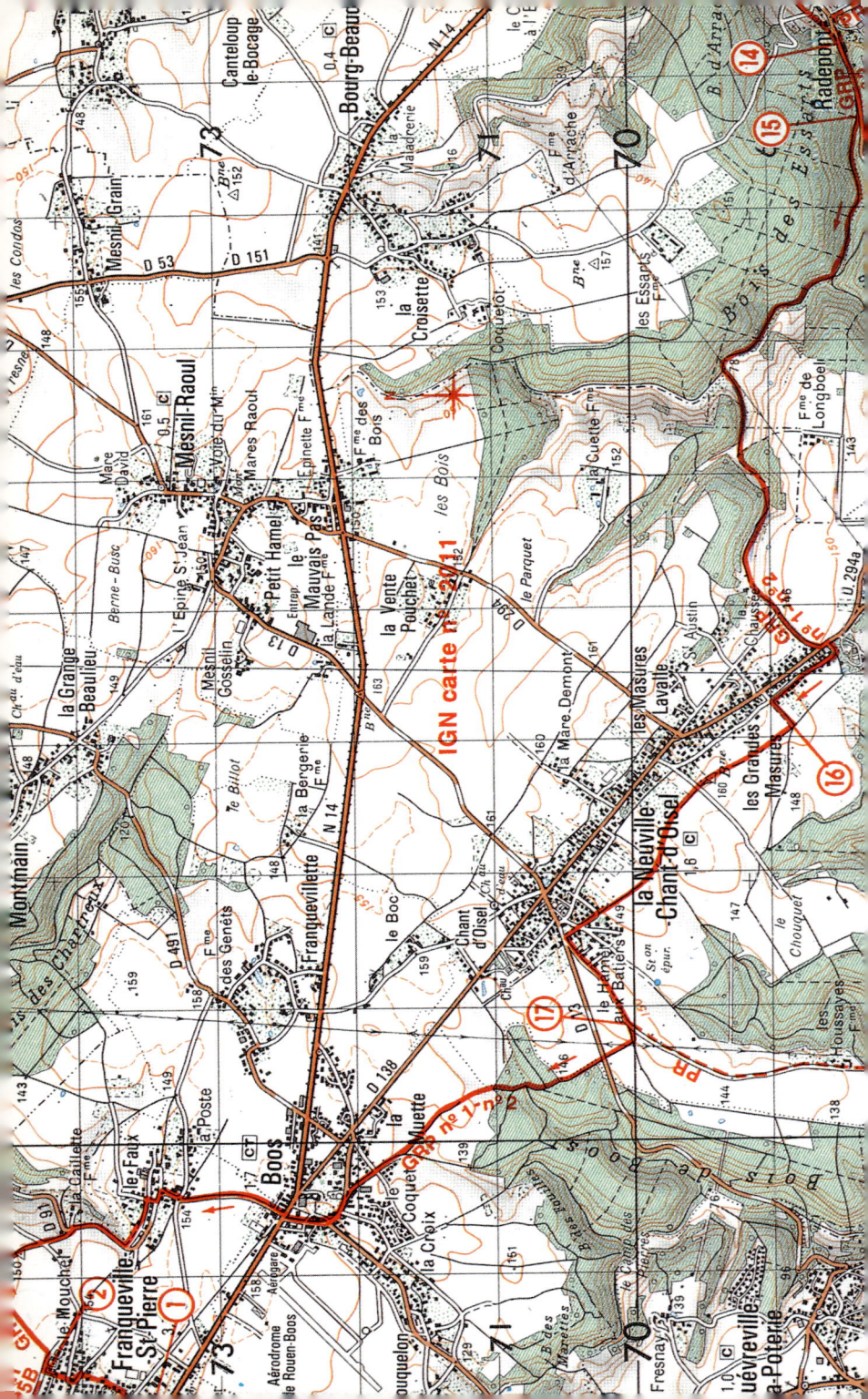

⑭ Emprunter la D 149 (Ouest) sur 200 m.

⑮ *Jonction avec le GRP n°1 :* suivre le chemin empierré à droite, remonter le vallon au nom inquiétant de Fosse au Diable, traverser la D 294, longer par la droite le château de la Neuville.
Ce château fut la propriété de Jacques Anquetil. Devant l'entrée du parc est érigée une stèle à la mémoire du Champion cycliste, cinq fois vainqueur du tour de France.

Suivre la rue des Jardins puis le premier chemin à gauche.

⑯ Prendre le chemin de droite qui mène à

6 km • 1 h 30 • La Neuville-Chant-d'Oisel

Emprunter la rue du Vivier. A l'intersection avec la D 13, tourner à gauche sur une route.

⑰ S'engager à droite dans un chemin de terre, couper la D 13, poursuivre en lisière du bois, pénétrer dans la forêt, puis cheminer parmi les cultures pour entrer dans

4 km • 1 h • Boos

> A 11 km de Rouen, c'est à Boos (prononcer Bô) que se situe l'aérodrome de Rouen.
> A côté de la maison des Religieuses de Saint-Amand de Rouen, datant du 13e siècle, on remarque en particulier le colombier du 16e, un des plus beaux édifices de ce genre avec sa magnifique décoration de briques et ses panneaux de faïence, ouvrage de l'atelier de Masséot Abaquesne.

Longer le colombier, tourner à gauche pour passer devant le collège, traverser la N 14, se diriger vers Le Faux, prendre la route de la ferme Sans Souci.

② *Jonction avec le GR 25 (balisage blanc-rouge) :* tourner à gauche et rejoindre

5 km • 1 h 15 • Franqueville-Saint-Pierre

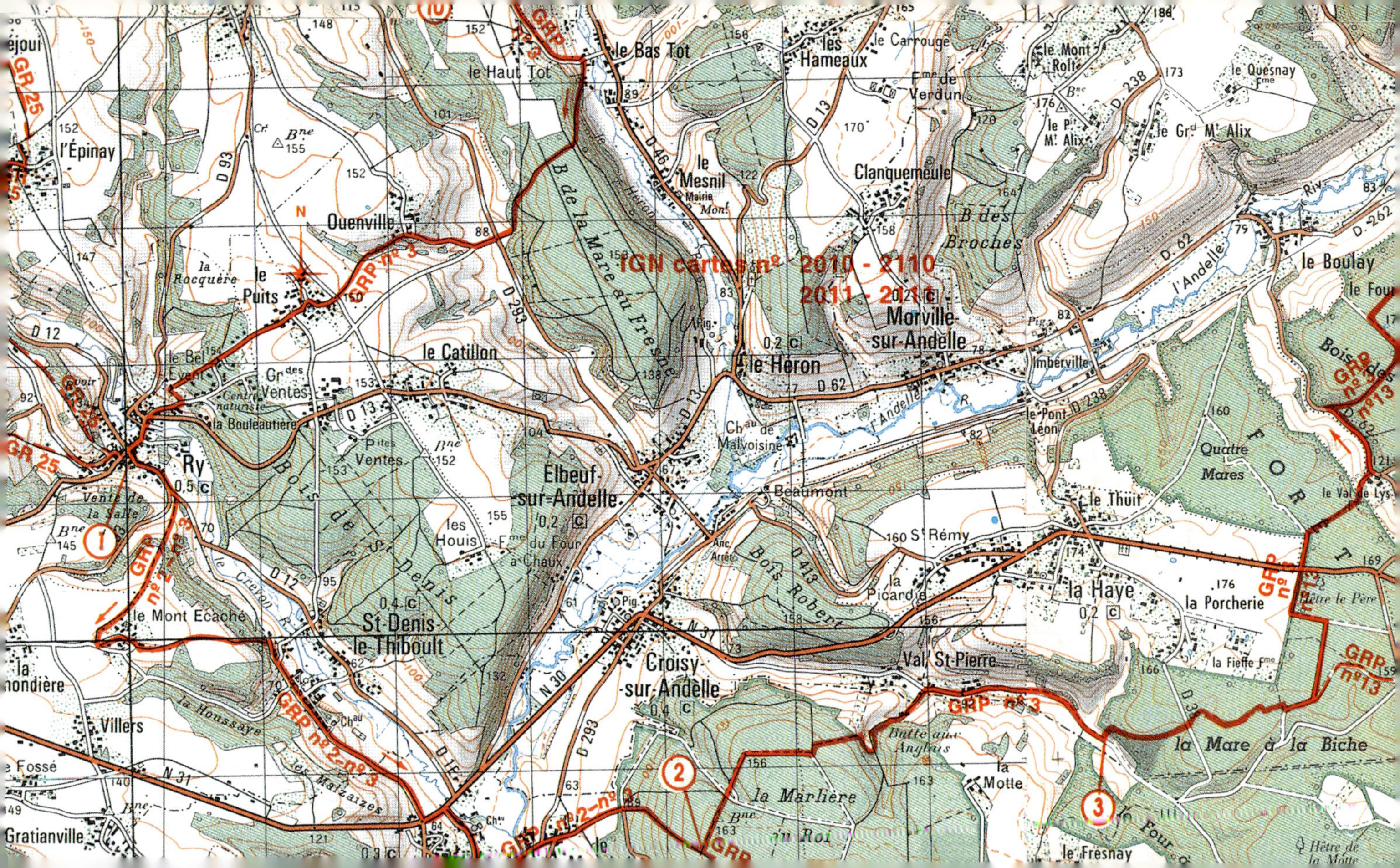
IGN cartes n° 2010 - 2110
2011 - 2111
Ry
Elbeuf-sur-Andelle
Croisy-sur-Andelle
St-Denis-le-Thiboult
Morville-sur-Andelle
le Héron
la Haye
le Catillon
Quenville
le Puits
la Rocquère
l'Épinay
le Bas Tot
le Haut Tot
le Mesnil
Clanquemeule
les Hameaux
le Carrouge
Fme de Verdun
le Mont Rolf
le Grd Mt Alix
le Pt Mt Alix
le Quesnay
le Boulay
Imberville
le Pont Léon
le Thuit
St Rémy
la Picardie
Val St-Pierre
Beaumont
Chau de Malvoisine
la Porcherie
la Fieffe Fme
Quatre Mares
FORÊT
la Mare à la Biche
le Fresnay
la Motte
Butte aux Anglais
la Marlière
Bois de St Denis
Bois Robert
B de la Mare au Fresne
B des Broches
Bois des
le Val de Lys
Hêtre le Père
Hêtre de la Motte
le Mont Ecaché
Villers
Gratianville
le Fossé
la Houssaye
les Malzaizes
le Crevon
les Houis
Fme du Four à Chaux
Pites Ventes
Grdes Ventes
Centre naturiste
la Bouleautière
le Bel Event
Vente de la Salle
l'Andelle
GRP n° 3
GRP n° 2-n° 3
GRP n° 13
GR 25
D 13
D 62
D 93
D 12
D 293
D 413
D 238
D 262
D 46
N 31
N 30
1
2
3

GRP n°3
De l'Héronchelles à l'Andelle

Ry

🛏️ 🛒 ✕ ☕ ℹ️ 🚌

"Ricum", viendrait de gué. Eglise Saint-Sulpice du 12e avec porche Renaissance de bois sculpté. Musée des automates.

① *Balisage jaune-rouge :* descendre la rue qui longe le mur de l'église, tourner à droite puis à gauche et suivre la rue Perrot. Au calvaire, monter à droite le chemin de terre jusqu'aux petites routes. Tourner à gauche dans la première, la suivre pour s'engager ensuite à gauche dans un chemin de terre qui descend vers le bois. A la route, tourner à droite, emprunter la N 31 à gauche, puis tourner à droite pour se diriger vers

6 km • 1 h 30 • Vascœuil

🛏️ 🛒 ✕ ☕

Château de la Forestière du 14e. L'historien Michelet y séjourna. C'est là qu'il écrivit une partie de son "Histoire de France". Eglise Saint-Martial du 11e.

Passer devant le château, tourner à gauche, franchir l'Andelle, suivre la D 115 jusqu'au virage et monter en face dans la forêt.

② *Jonction avec le GRP n°1 :* tourner à gauche (Nord-Est), continuer tout droit jusqu'à la route forestière, poursuivre à droite sur une route empierrée. Descendre à gauche et tout de suite à droite pour suivre le creux d'un vallon jusqu'au hameau du Val-Saint-Pierre et continuer à droite sur la route pendant 1,5 km.

③ A l'entrée de la forêt domaniale de Lyons, monter à gauche, contourner une carrière et traverser la D 38. Tourner à gauche, au carrefour suivant encore à gauche, suivre la lisière de la forêt, couper la N 31. Suivre à nouveau la lisière sur 100 m et traverser la ferme du Val-de-Lys en franchissant deux passe-clôture. Utiliser la D 62 à gauche sur 500 m et monter vers le Nord dans le bois des Ecouflières. A l'orée de la forêt, prendre le chemin de gauche, puis le premier sentier à droite jusqu'à route *(vue sur la vallée)*. Emprunter celle-ci à droite, puis au carrefour, à gauche. Dans le virage, prendre le chemin empierré à gauche et se diriger vers le carrefour de la D 262 et et de la D 921 à l'entrée de

B. Madelon
Bois de Sigy
Bethencourt
le Point du Jour
Monts de Sigy
les Nouroux
GRP nº 4C
Bosc-Asselin
Chât. d'eau
Bois le Borgne
le Fontenil
le Clos
Sigy-en-Bray
GRP nº 3-nº 4A
Clos Sage
Vallée de Misère
Arguei
Clairval
le M. Huleu
Terre des Pauvres
Bois du Pinacle
le Danneval
GRP nº 3-nº 4C
Mont Sauveur
Fry
Launay
la Folie
le Pinacle
la Vile Vente
la Mare Engrand
le Mesnil Lieubray
les Fils
Bois Guillaume
B. Tiquet
Clos Landon
GRP nº 3 nº 4C
la Hallotière
Bout de Bas
Normanville
Bois des Houx
la Forge le Rouget
St-Lucien
la Vente
GRP nº 13
B. du Parc
la Ferme
la Quesne
B. de Montagny
Montagny
la Bouvillière
le Mont Aimé
Vente aux Boule
le Quesnay
la Lande
les Terriers
le Grd Mt Alix
Nolléval
GRP nº 3-nº 13
la Mare Enragée
Beaumont
la Grippe
la Garenne
le Boulay
le Fours
GRP nº 3-nº 13
la Vente au Genêt
IGN cartes nº 2110 2111
de la Pointe
Bois des Ecouflières
entre-deux Landes
la Planche
le Camp Jean
Quatre Mares
les Ecouflières
la Grde Vente

11 km • 2 h • Nolléval

⛺ 🛒 ☕

Nom d'origine gallo-romaine qui signifiait "le péage de la vallée".
Eglise Saint-Aubin du 13e.

④ Suivre à droite la D 262, franchir le ruisseau et s'engager à gauche dans un chemin montant vers une pâture ; franchir un passe-clôture et traverser cette pâture en diagonale. Tout en haut, après avoir franchi un double passe-clôture, traverser à nouveau une pâture en diagonale vers la droite, passer une chicane, poursuivre à gauche en longeant une haie. Marcher le long de la lisière du bois puis tourner à droite pour suivre une longue allée forestière sur 1 km.

⑤ Juste avant le virage, tourner à gauche, vers l'orée de la forêt et continuer jusqu'au hameau de La Vente. Suivre la route en face ; au château d'eau, tourner à gauche ; 500 m plus loin, emprunter à droite le sentier herbeux bordé d'une haie. Tourner à gauche sur une route se prolongeant en chemin herbeux et descendre vers le Mesnil-Lieubray. Suivre à gauche la D 921 sur 100 m, puis un chemin à droite franchissant le ruisseau la Bièvredent *(pigeonnier de 1623, chapelle et grange dîmière)*. A Launay, emprunter la petite route à droite sur 350 m, puis s'engager à droite et traverser les labours en diagonale (Est) pour atteindre l'angle du talus. Longer le bas de celui-ci et tourner à gauche pour rejoindre

11 km • 3 h • Argueil

🏠 🛒 ☕

"Orgoil", nom d'origine celtique qui signifie : la clairière brillante.
Château du 16e. Eglise du 16e.

⑥ *Jonction avec le GRP n°4 :* prendre la direction Nord, s'engager à droite dans la voie piétonne franchissant la Roulée, se diriger à gauche pour gravir la colline des Monts de Sigy. Emprunter la D 41 à droite et, au carrefour, emprunter à gauche la D 9. Quitter Sigy *(abbatiale du 13e avec une tête de cheval du 11e incrustée dans un de ses murs en 1604)* par la D 13 (Nord) ; prendre le premier chemin de terre à gauche qui mène sur le plateau *(pigeonnier octogonal avec appareillage briques et cailloux, chapelle),* continuer sur la D 96 (Nord), passer le hameau de

6 km • 1 h 30 • Bosc-Asselin

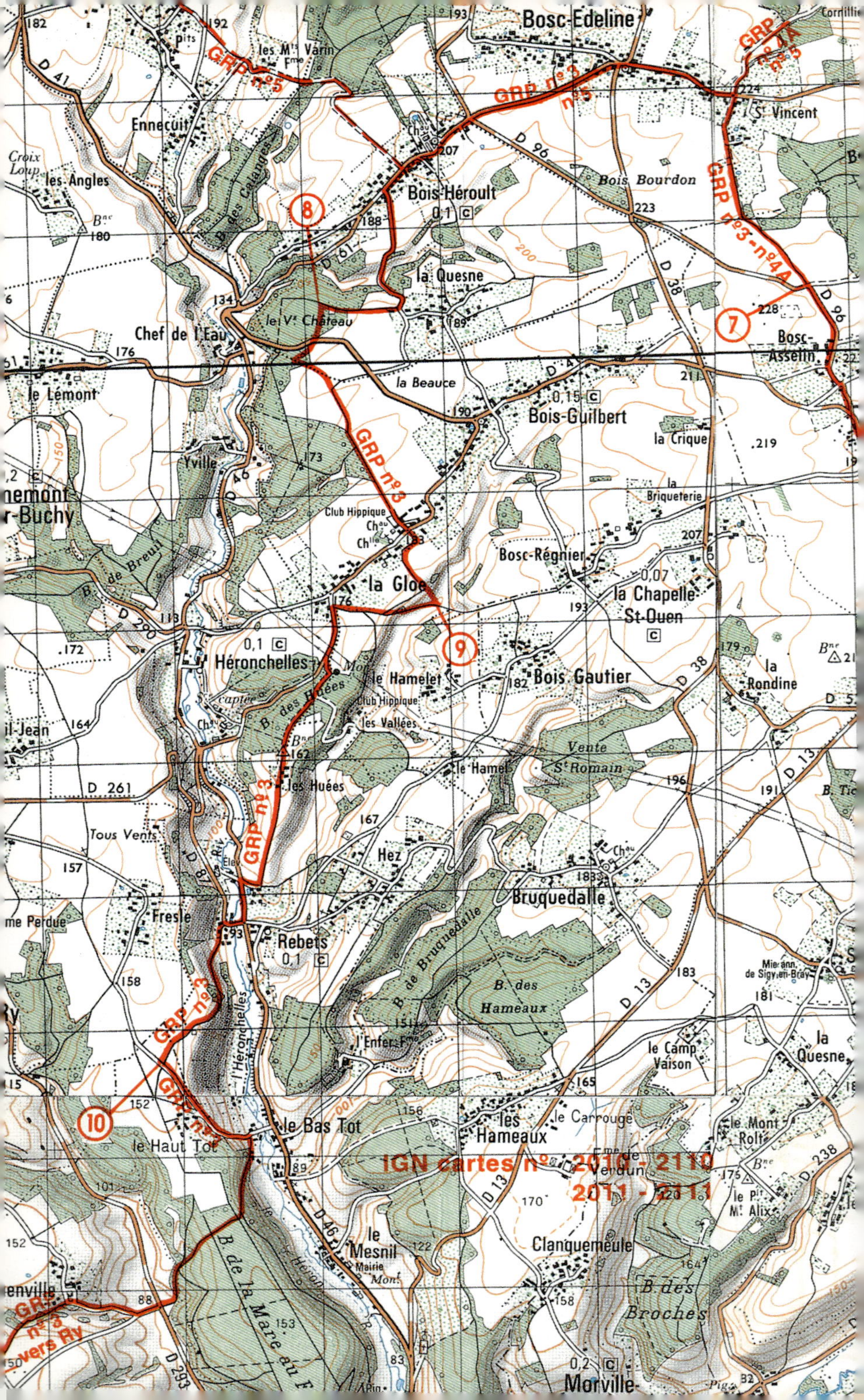
Bosc-Edeline
GRP n°5
GRP n°3 n°5
GRP n°4A n°5
St Vincent
Ennecuit
les Angles
Bois-Héroult
Bois Bourdon
GRP n°3-n°4A
la Quesne
le Vx Château
Chef de l'Eau
Bosc-Asselin
le Lemont
la Beauce
Bois-Guilbert
la Crique
Yville
GRP n°3
la Briqueterie
Club Hippique
Bosc-Régnier
la Gloe
la Chapelle-St-Ouen
Héronchelles
le Hamelet
Bois Gautier
la Rondine
les Vallées
Vente St Romain
le Hamel
les Huées
Tous Vents
Hez
Bruquedalle
Fresle
Rebets
B. de Bruquedalle
B. des Hameaux
l'Enfer Fme
le Camp Vaison
la Quesne
le Bas Tot
le Haut Tot
les Hameaux
le Carrouge
le Mont Rolt
IGN cartes n° 2010 - 2110
2011 - 2111
le Mesnil
Clanquemeule
B. de la Mare au F
B des Broches
GR n°3 vers Ry
Morville

⑦ Au premier virage, quitter la route pour traverser un champ cultivé en diagonale puis atteindre la corne du bois et poursuivre tout droit jusqu'à Saint-Vincent. Emprunter à gauche la D 61, couper la D 38 à Bosc-Edeline, puis la D 96 et atteindre

12 km • 1 h 30 • Bois-Héroult

Château, colombier.

Emprunter la D 61 ; 200 m plus loin, prendre une petite route à gauche. Avant les premières maisons de La Quesne, emprunter à droite un chemin herbeux.

⑧ 650 m plus loin, tourner à gauche, traverser la D 41, continuer en face et, à la sortie du bois, en haut de la cavée, poursuivre tout droit *(château, colombier de 1672).* Traverser la D 261 puis le parking et tourner à droite.

⑨ En bas du vallon, bifurquer à droite, emprunter la D 261 à gauche, la quitter pour monter à gauche vers le bois. Passer devant la stèle des "Diables Noirs" *(combattants d'un célèbre Maquis de la Résistance près de Ry, entièrement souterrain, imaginé et réalisé par les Frères Boulanger),* continuer tout droit, suivre à gauche la D 46, franchir l'Héronchelles. Utiliser à droite la D 87, repasser la rivière et monter en face dans un chemin herbeux.

⑩ Descendre la petite route à gauche, tourner à droite pour monter dans le bois de la Mare au Fresne *(vue sur la vallée de l'Héronchelles)* et redescendre, couper la D 293. Continuer en face ; 100 m plus loin, bifurquer à droite sur une petite route, laisser Ouenville sur la droite, monter par un chemin de terre, couper la route et continuer à monter. Entrer dans le bois, tourner à gauche, franchir le Crevon pour se diriger vers

17 km • 4 h • Ry

En Normandie, le colombier était l'apanage d'un fief. Le nombre de volatiles n'était pas limité et pouvait atteindre trois mille. Le territoire pour les nourrir devait être proportionnel, il était donc signe extérieur de richesse. Les abbés, qui étaient tous des seigneurs féodaux, ont fait élever des colombiers dans les cours des abbayes.
Les pigeons étaient fort appréciés car ils fournissaient la viande fraîche aux périodes délicates de l'année. Les paysans, par contre, n'appréciaient pas les ravages commis sur leurs récoltes. On trouve trace de nombreux procès intentés aux seigneurs mais également de sentences prononcées envers les paysans ayant tué des pigeons.
La nuit du 4 août 1789 voit l'abolition du droit de colombier.

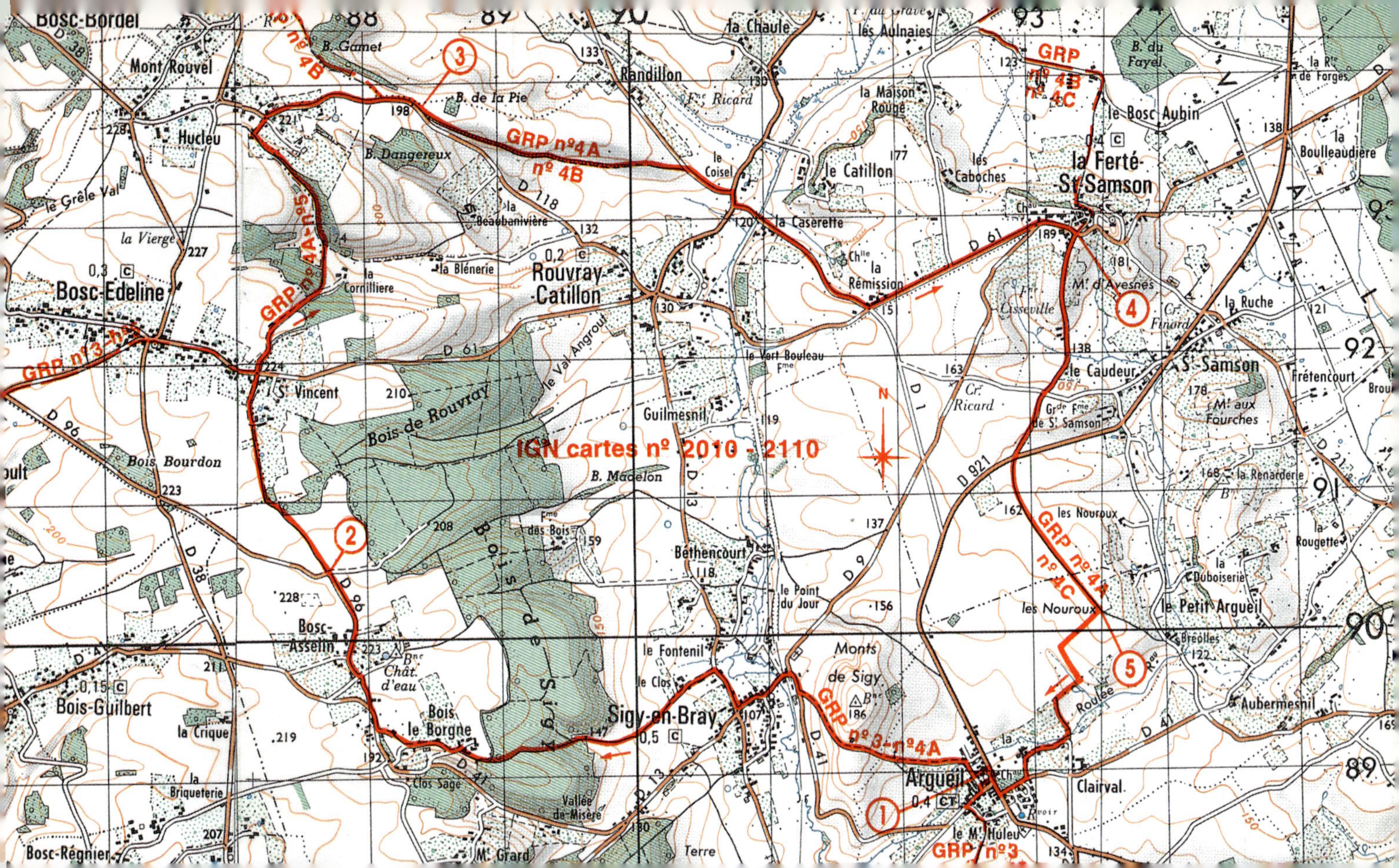

IGN cartes nº 2010 - 2110
GRP nº4A
nº 4B
GRP nº 4B
nº 4C
GRP nº 4A
nº 4C
GRP nº3 - nº4A
GRP nº3
GRP nº4A-nº5
GRP nº3
1
2
3
4
5
N
Bosc-Bordel
Mont Rouvel
Hucleu
Bosc-Edeline
Bois Bourdon
Bois-Guilbert
la Crique
Bosc-Régnier
la Briqueterie
Clos Sage
St Vincent
Bois de Rouvray
Rouvray-Catillon
B. Dangereux
B. de la Pie
B. Gamet
Randillon
la Chaule
les Aulnaies
la Maison Rouge
le Catillon
les Caboches
la Ferté-St Samson
le Bosc Aubin
B. du Fayel
la Boulleaudière
la Caserette
la Rémission
le Coisel
la Blénerie
la Cornilliere
la Vierge
le Grêle Val
la Beaubanivière
le Val Angrout
Guilmesnil
B. Macelon
le Vert Bouleau
Béthencourt
le Point du Jour
le Fontenil
le Clos
Sigy-en-Bray
Bois de Sigy
Bois le Borgne
Bosc-Asselin
Chât. d'eau
Vallée de Misère
Mt Grard
Terre
Monts de Sigy
Argueil
le Mt Huleu
Clairval
Aubermesnil
Bréolles
Roulée
les Nouroux
le Petit Argueil
la Duboiserie
la Rougette
la Renarderie
Mt aux Fourches
St Samson
Frétencourt
le Caudeur
Grde Fme de St Samson
Cr. Ricard
Mt d'Avesnes
Fme Cisseville
la Ruche
Cr. Finard
Fme des Bois
Fme Ricard
D 1
D 9
D 13
D 38
D 41
D 61
D 96
D 118
D 921

GRP n°4A
La Boutonnière (Argueil)

Argueil

🏠 🛒 ✕ ☕

"Orgoil" semble représenter le mot orgueil, dans le sens de lieu remarquable (Le plus petit chef-lieu de canton du département). Château du 16e. Eglise Saint-Maurice du 16e.

① **Balisage jaune-rouge :** partir de l'église (Ouest), emprunter à droite la voie piétonne, franchir la Roulée. Tourner à gauche, passer devant le calvaire, suivre la D 41 à droite, traverser **Sigy-en-Bray** *(ravitaillement, café, restaurant)* en passant sur l'Andelle et devant l'église Saint-Martin *(ancienne abbatiale du 13e avec une tête de cheval du 11e fixée sur un de ses murs en 1604).* Tourner à droite puis à gauche sur une route empierrée se prolongeant par un chemin de terre. A la fourche, poursuivre par le chemin de gauche, continuer tout droit, couper la route de la ferme *(colombier octogonal d'un bel appareillage briques et cailloux – ancienne chapelle – vieux puits fermé attestant de la présence d'une seigneurerie importante),* poursuivre à droite et encore à droite sur la D 41. Bifurquer à droite sur la D 96 *(gîte),* longer la hêtraie.

② Dans le virage, quitter la route et s'engager en face dans un chemin parmi les cultures en obliquant à gauche pour atteindre la corne du bois. Poursuivre par le chemin de terre qui se prolonge en petite route, couper la D 61 *(séparation du GRP n°3).* Continuer en face par la route, puis par un chemin. Tourner à droite, couper la route, poursuivre sur la D 118 *(panorama sur la Boutonnière du Pays de Bray).*

③ Après le virage, s'engager à gauche dans un chemin herbeux surplombant la route. A l'extrémité de celui-ci, tourner sur la route à droite, une deuxième fois à droite (Le Coisel) et aussitôt à gauche. Franchir l'Andelle. Au croisement, utiliser la D 61 à gauche pour arriver à **La Ferté-Saint-Samson** *(siège d'une vicomté, d'un bailliage et d'une Haute-Justice ; le gibet était situé sur le Mont aux Fourches, le dernier supplicié y fut pendu en 1769).*

④ Tourner à droite, suivre la petite route bocagère, passer un premier carrefour, couper la D 921 et poursuivre par un chemin de terre.

⑤ A la croisée des chemins (Les Nouroux), tourner à droite puis à gauche en longeant les clôtures. S'engager à droite dans la cavée, se diriger à gauche, franchir le gué et tourner à droite pour rejoindre

23 km • 6 h • Argueil

Paysage du Pays de Bray. *Photo Jean-François Lange / Editions Médianes.*

Le Pays de Bray établit un lien entre la Normandie et la Picardie ; il est traversé par la "route de la mer" qui mène de Paris à Dieppe. Si ce terroir se distingue aussi nettement, aux yeux du voyageur, du plateau picard et du plateau du Pays de Caux, c'est en raison d'un phénomène géologique de grande ampleur qui a commencé par la formation des Alpes, il y a douze millions d'années.

Un bombement de couches sédimentaires a été creusé par un lent travail d'érosion, faisant apparaître en surface des terrains géologiques très anciens, dont les fameuses argiles de Gault et du Barrémien. Cet accident géologique connu sous le nom d'anticlinal inversé (ou érodé) est familièrement dénommé "Boutonnière du Pays de Bray".

La Boutonnière, qui constitue l'élément central du pays, est une

Le relief de la "Boutonnière"

large dépression de deux à cinq kilomètres de large, limitée de part et d'autre par des escarpements plus ou moins échancrés (des *"cuestas"*).

Au sein de cette dépression, la "Vallée de Bray" qui abrite les trois villes (Gournay-en-Bray, Forges-les-Eaux, Neufchâtel-en-Bray) est une zone relativement plate, irriguée par un "chevelu" très dense de petits ruisseaux.
Elle est bordée au Nord-Est et à l'Est par le Haut-Bray, espace de collines aux sommets plats découpés de vallées encaissées, puis par la Vallée de la Bresle et au Sud-Ouest par la première

"terrasse", versant à pente douce ponctué au Sud d'Argueil de monts crayeux.

De chaque côté de la Boutonnière, les plateaux culminent à environ deux cents mètres d'altitude. Là commencent les grandes cultures du Caux, du Vexin et de la Picardie.

Texte fourni par l'A.C.T.P.B.

Randonneurs avec vue sur la Boutonnière du Pays de Bray.
Photo Claude Quimbetz.

Le Pays de Bray, trésor de la Normandie, aux portes de Rouen, Dieppe, Paris et des grandes métropoles du Nord présente une caractéristique géologique : « La Boutonnière », avec des paysages variés de bocages, forêts et vergers.

Les Forêts normandes d'Eawy, de Lyons et d'Eu figurent parmi les plus belles hêtraies d'Europe. Elles offrent la possibilité de magnifiques balades en toute tranquillité.

Le Pays de Bray à découvrir également au fil de ses châteaux et musées : châteaux de Mesnières et Merval, les fermes fortifiées, la ferme de Bray, les musées de Neufchâtel, Forges, Rosay et des Grandes Ventes.
Le Pays de Bray gourmand privilégiant les saveurs du terroir dont certaines se distinguent par leur Appellation d'Origine Contrôlée : le Calvados et le fromage de Neufchâtel. Citons aussi les hôteliers-restaurateurs « Bray Gourmand » et les agriculteurs « Bray Fermiers ».
Bref, le Pays de Bray réserve un souffle d'air frais et vivifiant aux amateurs de pleine nature.

PAYS DE BRAY
normand tout simplement

Renseignements :

Pays d'Accueil touristique « Pays de Bray », 1, place Charles-de-Gaulle, 76440 Forges-les-Eaux, tél. 35 90 40 45, fax. 35 09 93 12.

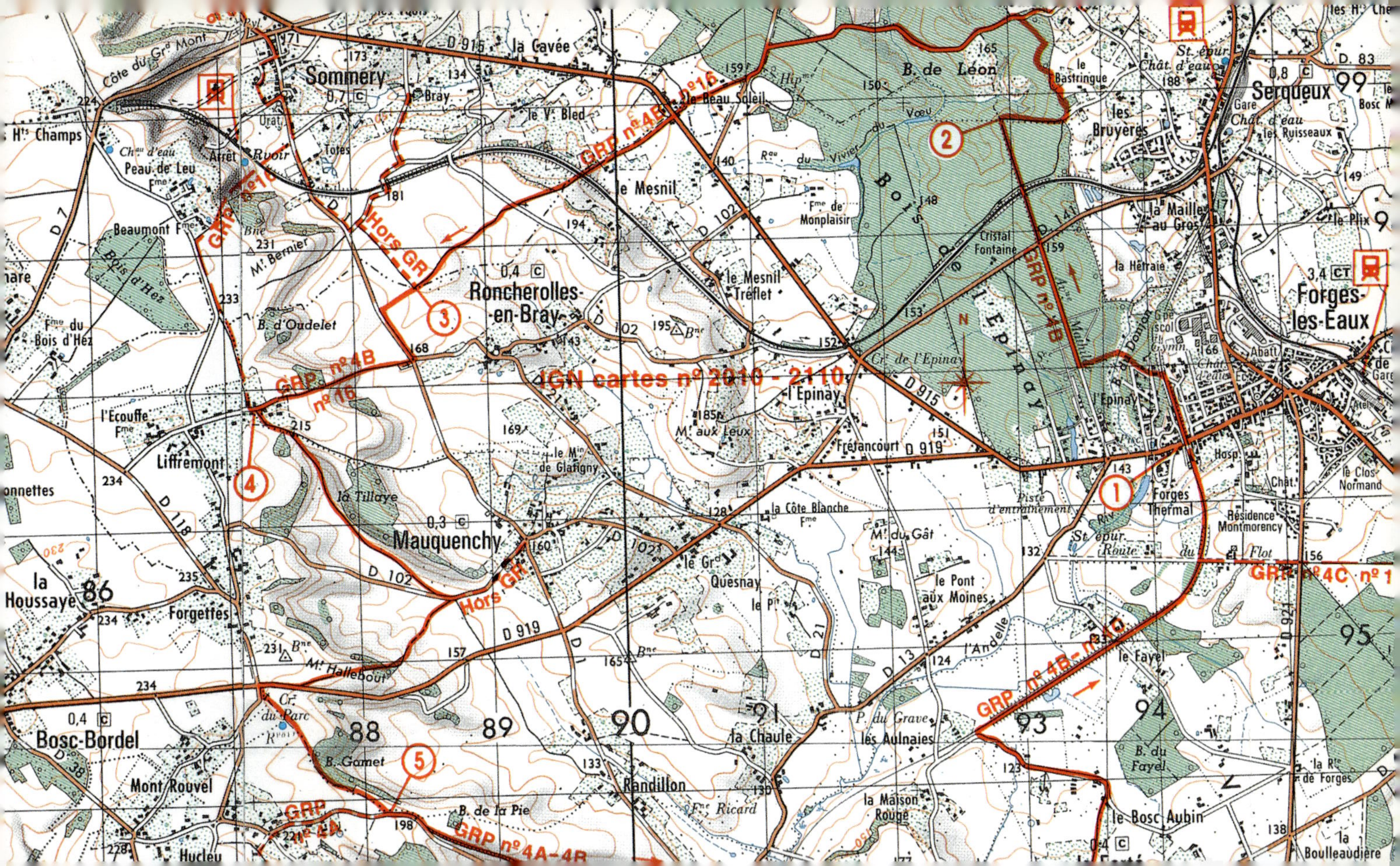

IGN cartes nº 2010 - 2110
Sommery
la Cavée
le Vᵉ Bled
Bray
H^ts Champs
Peau de Leu
Beaumont Fᵐᵉ
Bois d'Hez
Fᵐᵉ du Bois d'Hez
Mᵗ Bernier
B. d'Oudelet
le Mesnil
le Mesnil Tréflet
Roncherolles-en-Bray
Hors GR
GRP nº 4B
nº 16
le Beau Soleil
B. de Léon
Bois de l'Epinay
Cristal Fontaine
Fᵐᵉ de Monplaisir
l'Epinay
Fréfancourt
Mᵗ aux Leux
le Mⁱⁿ de Glafigny
la Tillaye
Mauquenchy
l'Ecouffe Fᵐᵉ
Liffremont
la Houssaye
Forgettes
Mᵗ Hallebout
Bosc-Bordel
Mont Rouvel
B. Gamet
B. de la Pie
GRP nº 4A-4B
Hucleu
Randillon
la Chaule
les Aulnaies
la Maison Rouge
le Bosc Aubin
la Boulleaudière
B. du Fayel
le Fayel
GRP nº 4C nº 1
Forges Thermal
Résidence Montmorency
le Clos Normand
Forges-les-Eaux
Serqueux
les Bruyères
le Bastringue
la Maille au Gros
la Hétraie
le Plix
la Côte Blanche Fᵐᵉ
Mᵗ du Gât
le Pont aux Moines
le Grᵈ Quesnay
l'Andelle
D 915
D 919
D 102
D 118
D 13
D 21

GRP n°4B

Forges-les-Eaux

> Porte monumentale (venant du couvent des Carmélites de Gisors, transposée ici, en 1954, par Jacques Hébertot des Théâtres du même nom). Sentier écologique de "la Chevrette" dans le bois de l'Epinay.
> Située sur un coteau, à 175 m d'altitude, entre les sources de l'Epte et de l'Andelle, au centre du Pays de Bray, Forges semble avoir tiré son nom des forges gallo-romaines, industrie dont on retrouve des traces dans les noms de lieux environnants.
> Les eaux de Forges ont été découvertes en 1573 par le chevalier de la Varenne. Louis XIII et Anne d'Autriche avec Richelieu vinrent à Forges en 1632 ; la reine, qui n'avait pas d'enfant après dix-huit ans de mariage, était venue demander aux eaux de Forges un remède contre la stérilité ; six ans après, elle mit au monde le futur Louis XIV. Les trois sources de Forges se nomment encore, en souvenir de cette visite : la Royale, la Reinette, la Cardinale.

① *Balisage jaune-rouge* : départ de l'ancienne gare thermale *(gîte)*. Emprunter l'ancienne voie ferrée (Nord) sur 800 m, monter à gauche, poursuivre par la rue de la Grande-Demoiselle et descendre en face dans le bois. Passer entre les deux lacs, remonter en face dans la forêt, suivre à droite l'avenue Mathilde, couper la D 141 et franchir la voie ferrée.

② Tourner à droite. Avant l'orée du bois, bifurquer vers le Nord, puis tourner à gauche sur la petite route *(à 200 m, piste de lancement de V.I de 1944)*. Emprunter la D 102 à gauche, longer l'ancien hippodrome, obliquer à droite sur une petite route empierrée et descendre en face dans un chemin herbeux. Tourner à gauche, couper la D 915, continuer sur le chemin empierré, traverser la voie ferrée, couper la petite route et s'engager dans la cavée.

③ Atteindre une intersection de chemins.

> **Hors GR : 20 mn • Ferme de Bray**
>
> *Domaine agricole avec demeure du 16e, maison de maître du 18e, moulin à roue à augets sur le Sorson, four à pain, pigeonnier, cave voûtée et pressoir complet à longue étreinte de 1802.*

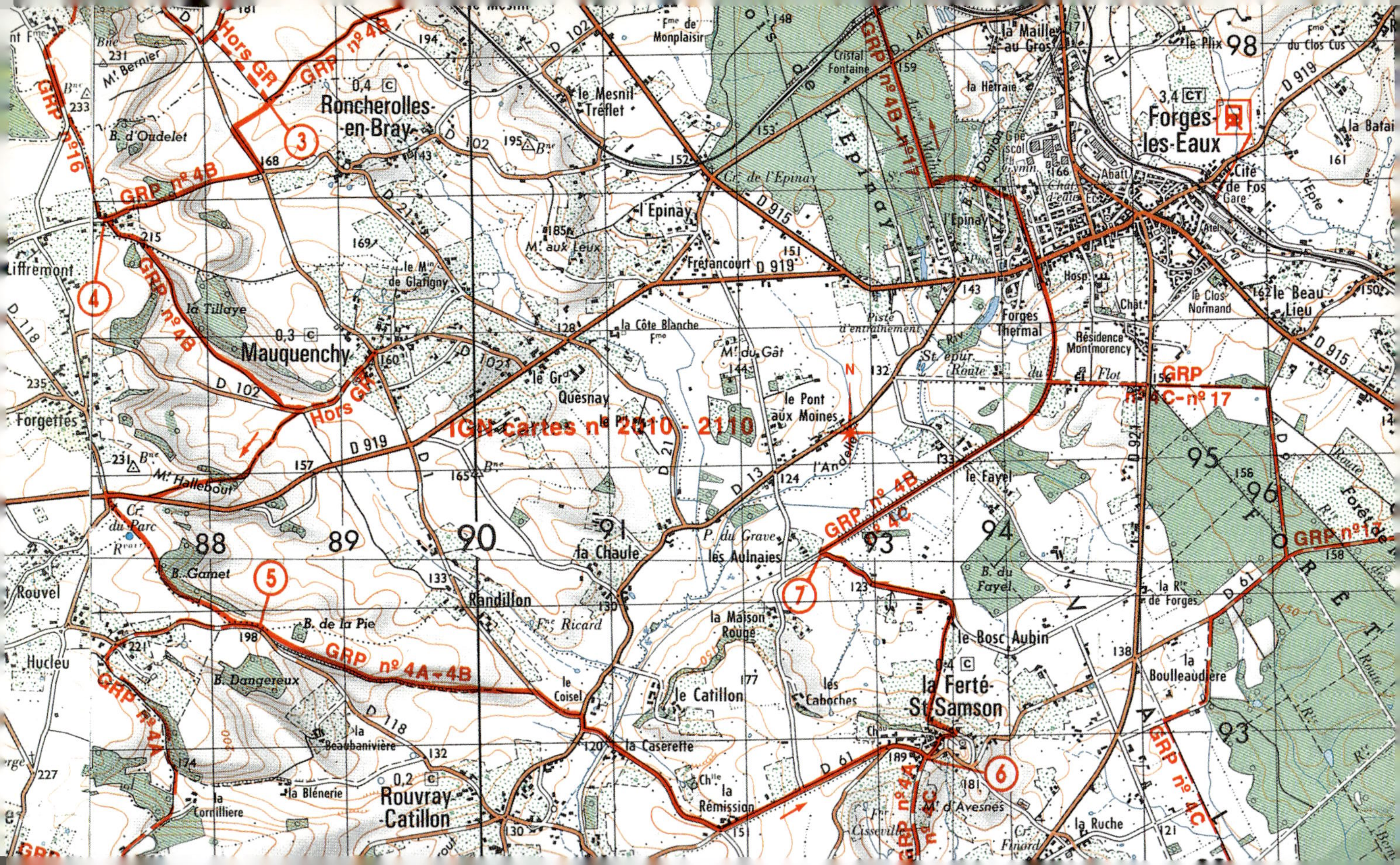

Forges-les-Eaux
Forêt de l'Epinay
la Ferté-St-Samson
Roncherolles-en-Bray
Mauquenchy
Rouvray-Catillon
GRP nº 4B - nº 17
GRP nº 4C - nº 17
GRP nº 4B
GRP nº 4A - 4B
GRP nº 4A
GRP nº 4C
GRP nº 16
GRP nº 17
Hors GR
IGN cartes nº 2010 - 2110
Résidence Montmorency
Forges Thermal
le Pont aux Moines
la Chaule
le Catillon
la Rémission
Randillon
le Coisel
la Caserette
le Bosc Aubin
la Boulleaudière
la Ruche
Forgettes
Rouvel
Hucleu
Liffremont
le Mesnil-Tréflet
l'Epinay
Frétancourt
le Gd Quesnay
la Côte Blanche
la Maison Rouge
les Aulnaies
les Caboches
le Fayel
B. du Fayel
B. Gamet
B. Dangereux
B. de la Pie
B. d'Oudelet
la Tillaye
la Beaubanivière
la Blénerie
la Cornillière
D 915
D 919
D 921
D 102
D 118
D 61
D 13

③ A l'intersection de chemins, poursuivre en face puis emprunter la petite route à gauche. Au cimetière, tourner à droite pour monter le chemin empierré.

④ Bifurquer à gauche dans un chemin herbeux, poursuivre par le chemin de droite longeant les cultures, atteindre la

14 km • 3 h 30 • D 102

La suivre à gauche sur 100 m puis le premier chemin herbeux à droite. Longer l'orée du bois, y pénétrer à droite. Emprunter la D 919 à droite sur 200 m et tourner dans la première route à gauche. A la Croix du Parc *(petit oratoire érigé au plus haut point de la région réputé pour la guérison de la coqueluche)*, s'engager dans le chemin de terre et emprunter la petite route à gauche.

⑤ Après le virage, s'engager à gauche dans un chemin herbeux surplombant la route. Au terme de celui-ci, tourner sur la petite route à droite, une deuxième fois à droite (Le Coisel) et aussitôt à gauche. Franchir l'Andelle et, au croisement (La Rémission), utiliser la D 61 à gauche pour arriver à

8 km • 2 h • La Ferté-Saint-Samson

Siège d'une vicomté, d'un bailliage et d'une Haute-Justice ; le gibet était situé sur le Mont aux Fourches, le dernier supplicié y fut pendu en 1769.

⑥ *Jonction avec le GRP n°4C :* tourner à gauche pour monter vers la maison dite de Henri IV, descendre aussitôt en face et, en bas de la rue, bifurquer à gauche (Nord-Ouest). A la dernière maison, descendre à droite un petit chemin de terre en cavée, tourner à gauche sur la route.

⑦ Avant le virage, s'engager à droite dans un chemin herbeux rejoignant l'ancienne voie de chemin de fer. Poursuivre jusqu'à

5 km • 1 h 15 • Forges-les-Eaux

Argueil

A la fin du 17e, l'église fut détruite par un incendie. « Le vicaire d'Argueil, homme de courage, se jeta au milieu des flammes pour sauver de ses mains l'Eucharistie menacée ; les flammes s'ouvrirent devant lui, comme les eaux de la Mer Rouge devant Moïse, et il parvint à déposer, sain et sauf, le Saint Sacrement dans le presbytère, non encore atteint par l'incendie ; ce presbytère fut la seule maison d'Argueil qui resta debout après cet incendie qui consuma le bourg tout entier, alors bâti en bois ».

M. de la Mairie ;
Recherches historiques sur le Pays Normand.

Forges-les-Eaux

Au 17e siècle, de nombreuses personnalités vinrent de la Cour de Versailles pour prendre les eaux à Forges. A l'époque il n'y avait ni cartes routières ni poteaux indicateurs, et certains tournèrent en rond pendant des heures dans la forêt de Bray avant de trouver le chemin de Forges.

Gousset publia en 1607 un itinéraire de Paris à Forges, qui, pour le Pays de Bray, s'achève ainsi : « Neufmarché, faut laisser le chemin de Gournay à droite et prendre le chemin de gauche qui est le chemin des Beurriers du dit Forges, allant le long de la côte à main gauche, allant au village d'Ernemont, Avesne, Elbeuf, Brémontier et passer contre l'église, droit au moulin à vent de Bellozanne : de Bellozanne au Mesnil-la-Diablerie ; du Mesnil-la-Diablerie à Hodenger ; de Hodenger à Mésangueville. Comme l'on est passé faut prendre à main droite dans les bruyères et laisser le droit chemin de la main gauche qui va à Saint-Samson, et aller passer au Platier et aux Aulnaies, et de là à Forges ».

Légendes et anecdotes

Au 18e siècle, la mode à la Cour de Versailles était aux "bergeries" et certaines princesses, venant prendre les eaux à Forges, en profitaient pour aller voir dans la campagne environnante de vraies bergères et de vrais bergers.

« En juillet 1772, SAS Louise-Marie Adélaïde de Bourbon Penthièvre, épouse du duc de Chartres, Philippe-Egalité qui vota la mort du roi Louis XVI, et fut le père de Louis-Philippe, vint prendre les eaux de Forges. Elle sortit un jour pour la promenade dans son carrosse attelé de huit chevaux. A peine avait-elle laissé sur la droite la croix de l'Epinay, que la duchesse de Chartres voit devant son carrosse, à genoux sur le sol, une nombreuse famille de malheureux dans un complet dénuement. La princesse fut touchée par leur misère. Quelques lambeaux de vêtements les couvraient à peine ; elle leur fit donner des habits. Ils n'avaient pour se protéger contre les intempéries de l'air qu'une excavation pratiquée dans le sol ; elle leur fit bâtir une maison. Deux fois cette maison fut détruite par la foudre ; deux fois la princesse la fit reconstruire. Tout le monde reconnut là l'œuvre de la main providentielle, et "La Providence" fut désormais le nom de cette maison et des terres qui l'avoisinent. »

Abbé Delamare ;
Histoire de Roncherolles-en-Bray.

Sigy-en-Bray

Hameau de "Bethencourt", fief d'origine de la famille Bethencourt, célèbre en Espagne, au Portugal, en Amérique latine, suite à la conquête des Canaries en 1402 par Jean de Bethencourt.

Haucourt

Au-dessus de Gaillefontaine, Commanderie de Villedieu-la-Montagne où la Saint-Jean-Baptiste est célébrée le dernier dimanche de juin avec l'Ordre de Malte.

Le patois brayon

Existe-t'il un patois brayon ? Disons qu'il était plus semblable au patois picard qu'au patois cauchois et qu'il est en voie de disparition. La scolarité obligatoire en est sûrement la cause. Mais on trouve sur les marchés brayons encore quelques personnes qui en font un usage assez courant.

Le *C* doux et la double lettre *ss* se changent fréquemment en *ch* : *in capuchin, in nourrichon.*

Le *ch* est souvent remplacé par le *c* dur, *qu* ou *k* : *in quien.*

Les articles *le, la, de, de la* deviennent *el, del.*

Les mots en *eur* changent leur terminaison en *eux* : *in tricheux, in minteux.*

Ceux en *oi* se terminent en *ouère* : *in mouchouère.* Beaucoup de noms changeaient de genre dans le patois brayon. *"Un s'oie"* pour : une oie. *"La* froid est bien *gênante".* "Nous allons avoir *une* terrible orage". "C'est *une* manque de réflexion".

Les adjectifs féminins ne se forment pas comme en français. *"Blanque"* pour *blanche, "sèque"* pour *sèche, "vieuille"* pour *vieille, "malinne"* pour *maligne,* «*pourrite*» pour *pourrie.*

On dit *"mai"* ou *"mi"* pour moi, *"tai"* pour toi, *"vis"* pour vous, *"ç't'ila"* pour celui-là, *"c't'ela"* pour celle-là, *"cheux-là"* pour ceux-là. Le qui interrogatif devient *"qué".* Dans la conjugaison le *j* remplace le pronom nous. *"J'aimons, j'sommes j'allions, j'avions".*

Voici d'autres expressions caractéristiques *"j'ouaiche"* pour que j'aille, *"i feu que j' carriche"* pour : il faut que je charrie, *"j'ai sieus"* pour j'ai suivi.

On dit encore *"arter"* pour arrêter, des *"berdelles"* pour des bretelles, *"cha dépent"* pour peut-être, *"ocore"* pour encore.

Mais n'oublions pas que le patois ou langue vernaculaire, n'est jamais que la langue savante pratiquée plusieurs siècles plus tôt. Le français de nos villages, il y a cinquante ans, était le français qui se parlait même à la cour il y a trois ou quatre cents ans.

Michel Coffin ;
Promenades au cœur du Pays de Bray.

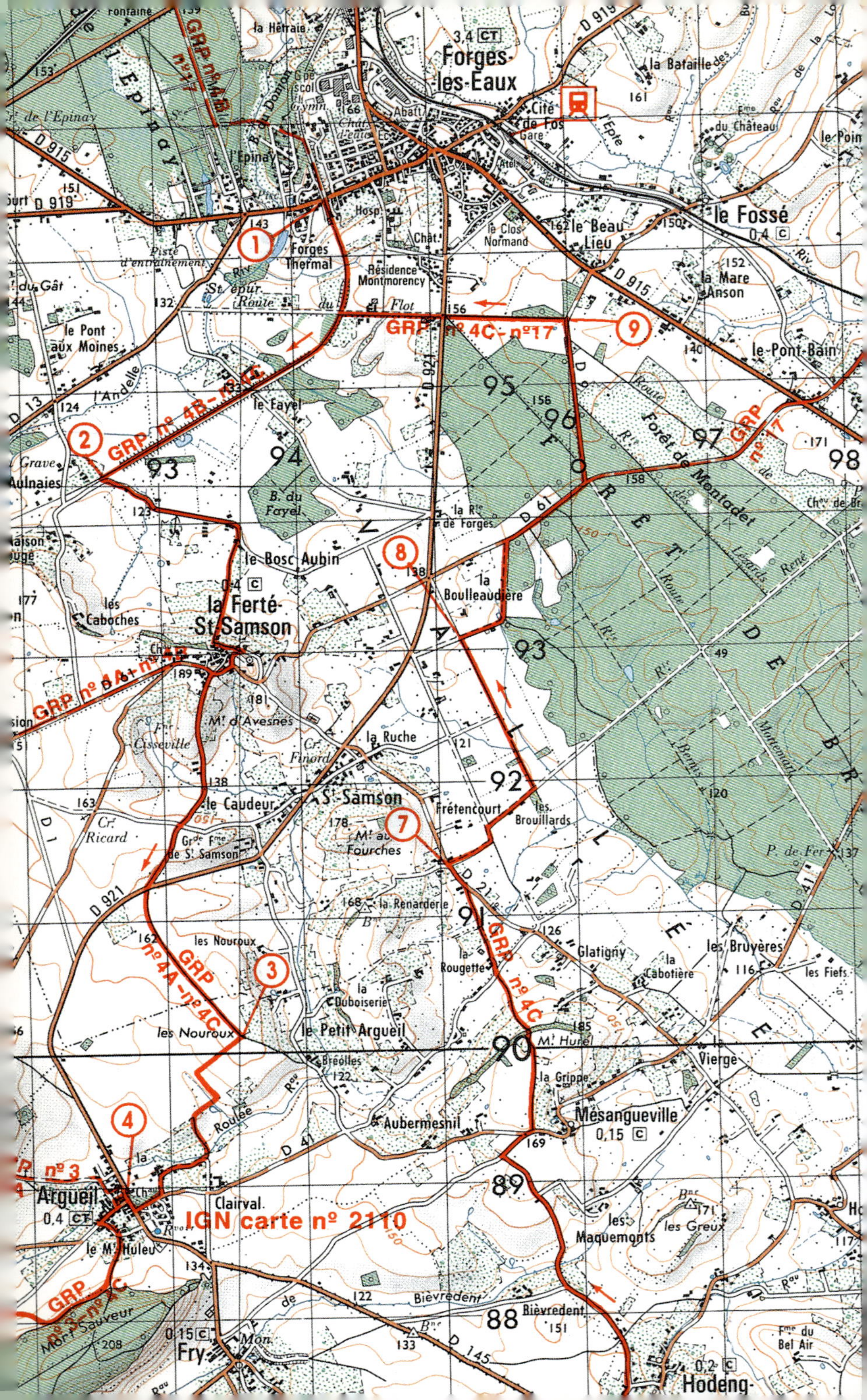
Forges-les-Eaux
la Hétraie
la Bataille
le Fossé
Forges Thermal
Résidence Montmorency
le Clos Normand
le Beau Lieu
la Mare Anson
le Pont-Bain
le Pont aux Moines
l'Andelle
le Fayel
B. du Fayel
Aulnaies
le Bosc Aubin
la Ferté-St Samson
les Caboches
la Boulleaudière
la Rue de Forges
Forêt de Montadet
FORÊT DE BRAY
la Ruche
St Samson
le Caudeur
Frétencourt
les Brouillards
Gde Fme de St Samson
Mt d'Avesnes
la Renarderie
la Rougette
Glatigny
la Cabotière
les Bruyères
les Fiefs
les Nouroux
la Duboiserie
le Petit Argueil
Mt Hurel
la Vierge
la Grippe
Mésangueville
Aubermesnil
Breolles
Argueil
Clairval
le Mt Huleu
les Maquemonts
les Greux
Bièvredent
Fry
Hodeng
Mont Sauveur
GRP nº 4C - nº17
GRP nº 4B - nº 4C
GRP nº 4A + nº 4B
GRP nº 4A - nº 4C
GRP nº 4C
GRP nº 17
GRP nº 3
GRP nº 3 - nº 4C
IGN carte nº 2110
1
2
3
4
7
8
9
D 915
D 919
D 921
D 61
D 41
D 145
D 13

GRP n°4C

Forges-les-Eaux

① *Balisage jaune-rouge :* emprunter l'ancienne voie ferrée vers le Sud, couper une route.

② Suivre à gauche la petite route ; dans le virage, monter le chemin herbeux en cavée, tourner à gauche puis à droite pour monter dans

6 km • 1 h 30 • La Ferté-Saint-Samson

Siège d'une vicomté, d'un bailliage et d'une Haute-Justice ; le gibet était situé sur le Mont aux Fourches, le dernier supplicié y fut pendu en 1769.

Couper la D 61, descendre par la petite route bocagère, passer un premier carrefour, traverser la D 921 et poursuivre par le chemin de terre.

③ A la croisée des chemins, tourner à droite puis à gauche en longeant les clôtures. S'engager à droite dans la cavée, tourner à gauche, passer le gué et tourner à droite pour rejoindre l'église d'

5 km • 1 h 15 • Argueil

"Orgoil" semble représenter le mot orgueil, dans le sens de lieu remarquable. (Le plus petit chef-lieu de canton du département). Château du 16e. Eglise Saint-Maurice du 16e.

④ *Jonction avec le GRP n°4A :* au fond de la place de l'église, tourner à gauche puis à droite. Monter la rue à gauche puis s'engager à droite dans un chemin de terre. Avant le bois du Mont Sauveur *(privé)*, obliquer à droite en marchant en bas du talus.

⑤ A la corne boisée, traverser les cultures en diagonale pour rejoindre la route, la suivre à gauche pour arriver à

2 km • 30 mn • Launay

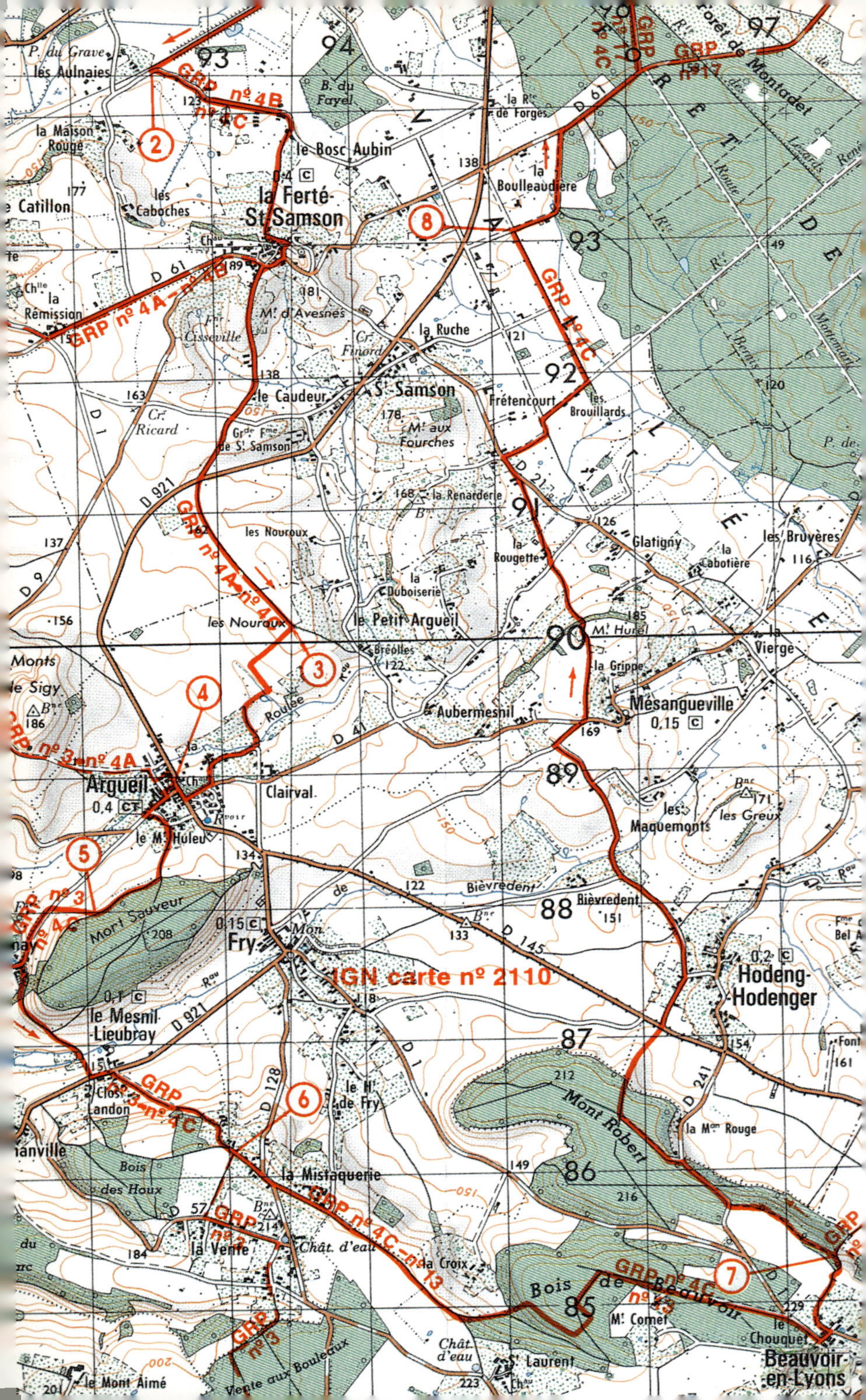
IGN carte nº 2110
GRP nº 4B
nº 4C
GRP nº 4A – nº 4B
GRP nº 4A – nº 4C
GRP nº 4C
GRP nº 17
GRP nº 3 – nº 4A
GRP nº 3
GRP nº 4C – nº 13
la Ferté-St Samson
St Samson
Argueil
Fry
Hodeng-Hodenger
Mésangueville
Beauvoir-en-Lyons
le Mesnil-Lieubray
la Vente
Forêt de Montadet
la Boulleaudière
le Bosc Aubin
les Aulnaies
la Maison Rouge
les Caboches
Catillon
la Rémission
le Caudeur
Frétencourt
les Brouillards
la Ruche
Glatigny
la Cabotière
les Bruyères
la Vierge
le Petit Argueil
Aubermesnil
Clairval
les Nouroux
les Maquemonts
les Greux
Bièvredent
Mont Sauveur
Mont Robert
la Mistaquerie
Bois des Houx
Bois de Beauvoir
Mt Comet
le Chouquet
St Laurent
la Croix
le Mont Aimé
Vente aux Bouleaux
la Mon Rouge
le Ht de Fry
Clos Landon
la Rougette
la Duboiserie
la Renarderie
Mt aux Fourches
Mt d'Avesnes
le Mt Huleu
la Grippe
Mt Hurel
Monts de Sigy
Mt Huleu
Gde Fme de St Samson
1
2
3
4
5
6
7
8

Avant le pont sur l'Andelle, descendre vers la rive. Monter le sentier *(vue sur la vallée)*, passer le gué sur la Bièvredent *(colombier de 1623, chapelle et grange dîmière)*. Utiliser la D 921 à gauche sur 50 m, traverser et gravir la petite route se transformant en chemin empierré. Continuer à monter dans le bois.

⑥ *Séparation, à droite, du GRP n°3 :* poursuivre sur la petite route. Traverser la D 128, emprunter la route puis le chemin de terre en face *(panorama sur la Boutonnière du Pays de Bray)*. Descendre dans le premier chemin à gauche ; en bas, gravir la laie à gauche puis le raidillon à gauche. Au carrefour des chemins, emprunter l'allée à gauche et aussitôt à droite, suivre à droite l'allée du Val-aux-Dames. Utiliser la D 1 à droite puis à gauche et s'engager à gauche dans un chemin empierré se prolongeant en chemin herbeux puis en cavée.

⑦ Bifurquer à gauche pour suivre la lisière du bois du Mont Robert, emprunter la D 241 à droite et, dans le virage, s'engager à gauche dans la voie forestière. Prendre le premier chemin à droite, traverser la D 145 et poursuivre en longeant

10 km • 2 h 30 • Hodeng-Hodenger

Eglise Saint-Denis d'Hodeng avec porche du 16e.

Continuer sur la route revêtue ; plus loin, emprunter la D 41 à droite et, à l'entrée de Mésangueville, suivre à gauche un chemin de terre. Couper une petite route, utiliser la D 21 à gauche.

⑧ Au carrefour, tourner à droite dans une petite route empierrée puis à gauche et aussitôt à droite. A la croisée des chemins, bifurquer à gauche et suivre le chemin herbeux en ligne droite sur 1,2 km. Emprunter une petite route empierrée à droite, utiliser la D 61 encore à droite puis la D 9 à gauche.

⑨ Dans le virage, emprunter un chemin herbeux à gauche, couper la D 921, suivre la route revêtue et reprendre à droite le tracé de l'ancienne voie ferrée pour regagner

12 km • 3 h • Forges-les-Eaux

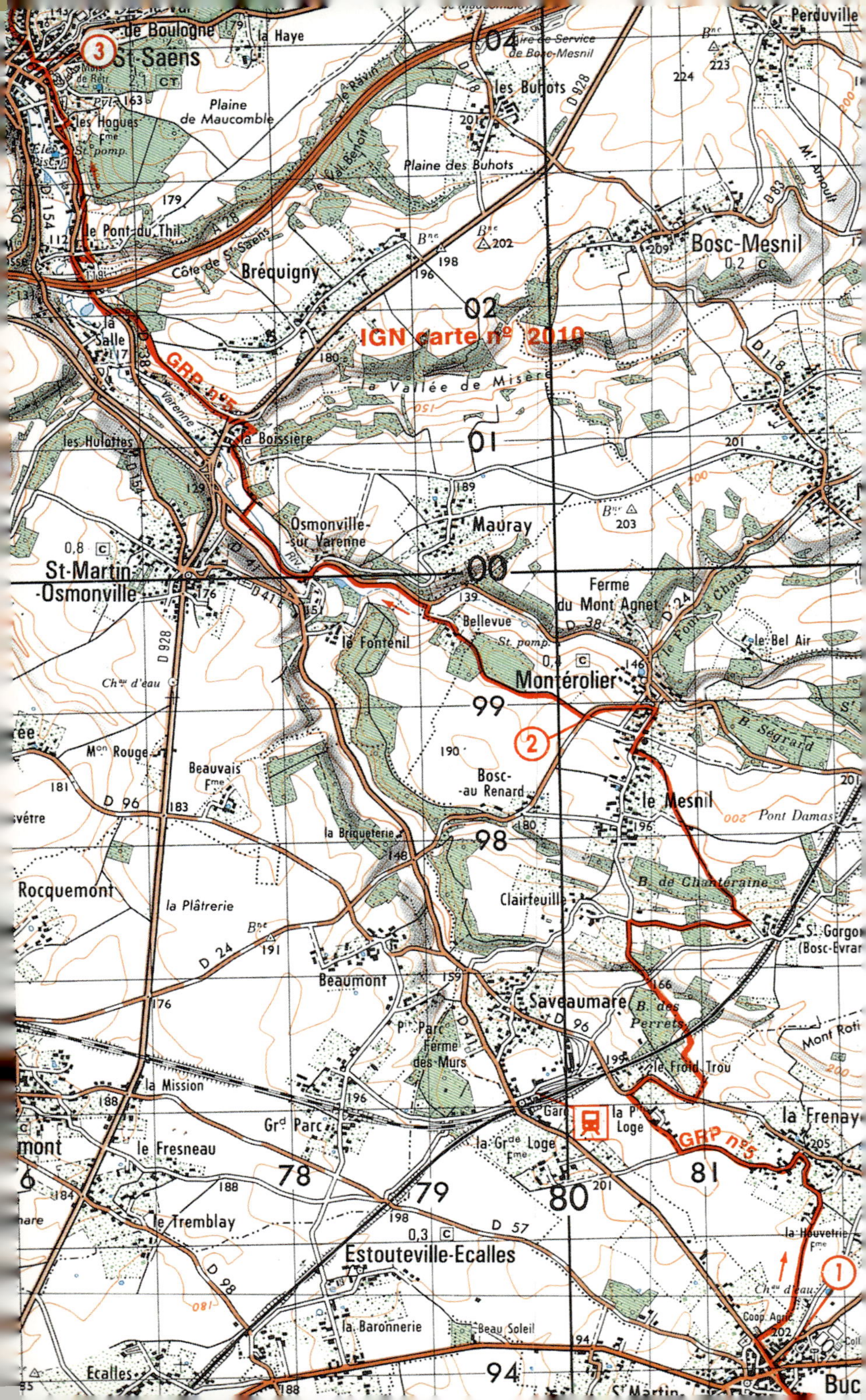

St-Saëns
de Boulogne
la Haye
Plaine de Maucomble
les Hogues
les Buhots
Plaine des Buhots
le Pont-du-Thil
Côte de St-Saëns
Bréquigny
Bosc-Mesnil
Perduville
IGN carte nº 2010
la Vallée de Misère
la Salle
GRP nº5
Varenne
la Boissière
les Hulottes
Osmonville-sur-Varenne
Mauray
St-Martin-Osmonville
Ferme du Mont Agnet
Bellevue
le Fontenil
Montérolier
le Bel Air
B. Ségrard
Mon Rouge
Beauvais Fme
Bosc-au Renard
le Mesnil
Pont Damas
la Briqueterie
Rocquemont
la Plâtrerie
Clairfeuille
B. de Chanteraine
St Gorgon (Bosc-Evrard)
Beaumont
Saveaumare
B. des Perrets
Mont Roti
le Froid Trou
la Mission
Grd Parc
Gare
la Pte Loge
la Frenay
le Fresneau
la Grde Loge Fme
le Tremblay
Estouteville-Ecalles
la Houvetrie Fme
Chau d'eau
Coop. Agric.
la Baronnerie
Beau Soleil
Ecalles
St Martin
Buc

GRP n°5
Du Sorson à la Varenne

Buchy

🏠 🏨 🛏 🛒 🍴 ☕ 🚌 *Gare SNCF à Montérolier-Buchy.*

"Bilcei". Motte féodale. Halles du 16e (IMH). Eglise Saint-Pierre et Saint-Paul du 16e.

① *Balisage jaune/rouge :* longer l'église en empruntant la D 41 (Nord-Nord-Ouest) et, avant la coopérative agricole, prendre à droite le chemin de terre. Au hameau de La Frenaye utiliser à gauche le chemin revêtu sur 1 km puis à droite le chemin passant par la ferme de la Petite Loge. La contourner sur sa droite en bordure du champ. *(A 10 mn à l'Ouest, gare de Montérolier-Buchy).* Tourner à droite sur la D 96 et, 400 m plus loin, s'engager à gauche dans un chemin longeant le bois des Perrets. Franchir la voie ferrée, couper une route ; au carrefour suivant, emprunter la route à droite et, un peu avant le hameau de Saint-Gorgon, emprunter à gauche le chemin qui traverse le bois de Chanteraine. Utiliser la route à droite puis la D 24 à gauche.

② S'engager dans le premier chemin à droite, traverser le hameau de Bellevue, suivre la D 38 à gauche. Franchir la Varenne, continuer à droite sur la D 38 et, 700 m plus loin, passer de nouveau la rivière à droite. Longer à gauche la côte de la Boissière, emprunter à droite la D 928 sur 250 m. Tourner à gauche, traverser le bois du Pont du Thil, descendre vers la D 38 et l'emprunter à droite. Passer sous l'A 28, suivre la première route à droite puis le premier chemin à gauche parallèle à la D 38, longer la ferme des Hogues puis le cimetière et gagner la N 29 pour entrer dans

16 km • 4 h • Saint-Saëns

🏠 🏨 🛏 ⛺ 🛒 🍴 ☕ ℹ️ 🚌

"Sancti Sidonii" vient de Sidoneus, nom du moine fondateur d'une abbaye à Saint-Saëns en 674. Nombreux vestiges gallo-romains mis à jour au 19e. Vestiges de château fort du 12e au Câtelier. Manoir du Quesnay (SC). Châteaux du Bailly et de Vaudichon. Halles du 17e.
Au 11e siècle, les seigneurs de Saint-Saëns construisent un château fort et une collégiale au lieu-dit le Câtelier. Au 14e, le bourg était connu pour ses forgerons, couteliers, potiers et drapiers. Il fut pillé et brûlé par les Anglais et les Bourguignons en 1450. En 1592, Henri IV voulant empêcher les Espagnols de se loger dans Saint-Saëns, fit brûler les halles et un grand nombre de maisons.

Ophrys apifera.
Photo CDM / Jérôme Chaïb.

La végétation

Une importante masse de verdure confère une grande quiétude à ce pays d'harmonie : forêts domaniales, boisements, vergers, haies et arbres isolés constituent les éléments variés du paysage.

• Les forêts : un tripode de massifs forestiers domaniaux encadre le pays - les forêts de Lyons, d'Eawy et d'Eu comptent parmi les plus belles hêtraies d'Europe. Le Pays de Bray s'enorgueillit d'abriter entièrement la forêt d'Eawy.

• Les boisements : constitués de chênaies acidophiles, alternent dans la partie la plus basse de la Boutonnière, avec des tourbières à sphaignes.

• La tourbière : élément du patrimoine national, est un lieu de développement d'espèces rares : Sphaigne, Osmonde royale, Polytric, Bruyère à quatre angles, Drosera, Linaigrette.

La tourbière est un milieu unique : la palynologie (ou science de l'étude des pollens - admirablement conservés dans la tourbe) a permis de reconstituer l'histoire de la végétation au cours de l'ère quaternaire, les activités agricoles de l'homme depuis 15 000 ans, les variations du climat.

Les herbages occupent les zones argileuses et humides. Ce sont des prairies permanentes consacrées à l'élevage bovin.

Les haies entourent le plus souvent les herbages : c'est ce qu'on appelle le "maillage bocager". Il s'agit d'un bocage "imparfait" par opposition au bocage "parfait" qu'on trouve par exemple dans la Pays d'Auge ou le Domfrontais. En effet, l'extrême diversité des sols et la nécessité de cultiver les céréales, les légumineuses et la vigne au cours des siècles passés, ont fait que le Pays de Bray n'était que partiellement consacré à l'élevage. Les haies ne forment donc pas un maillage continu. Le bocage brayon est imparfait... mais il est le plus proche de Paris !

Des pelouses de graminées peuvent

être observées sur les flancs de la Boutonnière et des buttes, là où la terre est presqu'absente (Côte Saint-Amador à Mesnières-en-Bray et Mauquenchy).

La pelouse est une formation végétale herbacée ouverte et rase, développée sur des sols calcaires. C'est un milieu sec dont la richesse floristique est particulière. Quatre types d'orchidées inféodées à la pelouse calcicole portent les noms suivants :
- l'Ophris Frelon *(Ophrys fuciflora)* ;
- l'Helleborine *(Epipactis atrorubens)* ;
- l'Orchis Militaire *(Orchis militaris)* ;
- l'Orchis Brûle *(Orchis ustalata).*

Les vergers : quelques-uns subsistent. Cependant, on assiste à la renaissance du verger sous deux formes :

• celle de reconstitution de prés-vergers, le plus souvent autour des bâtiments de l'exploitation, pour le maintien ou l'augmentation de la production cidricole fermière et pour l'agrément du cadre de vie.

• celle d'implantation de vergers modernes de basse-tiges destinés à la production de pommes à cidre (arboriculture industrielle).

L'arbre isolé, au port majestueux et la cime pointue, c'est le poirier. Il donne au pré une allure de parc et lorsqu'il s'agit du Poirier de Fisée, donne des fruits excellents.

Texte fourni par l'ACTPB.

Vieux bois, forêt de Lyons. *Photo ONF.*

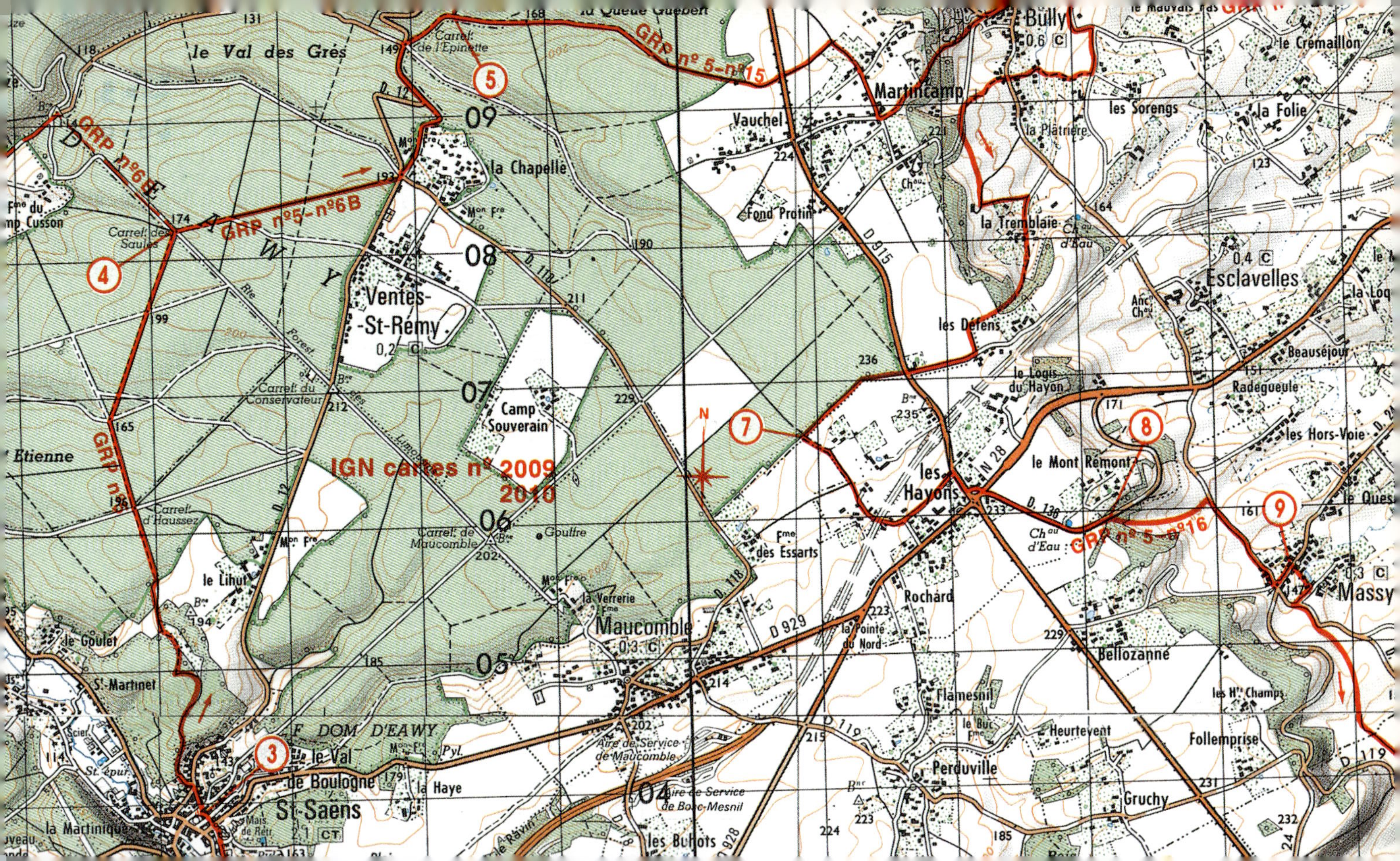
IGN cartes nº 2009
2010
GRP nº5-nº6B
GRP nº 5-nº15
GRP nº 5-nº16
GRP nº6E
GRP nº5
le Val des Grés
Carrf. de l'Épinette
la Chapelle
Ventes-St-Rémy
Camp Souverain
Carrf. des Saules
Carrf. du Conservateur
Carrf. d'Haussez
Carrf. de Maucomble
Gouffre
Maucomble
la Verrerie
F. DOM. D'EAWY
le Val de Boulogne
St-Saens
la Haye
le Lihut
le Goulet
St. Martinet
la Martinique
Vauchel
Martincamp
Bully
Fond Protin
la Tremblaie
la Plâtrière
les Sorengs
la Folie
le Cremaillon
Esclavelles
les Défens
le Logis du Hayon
les Hayons
le Mont Rémont
Radégueule
Beauséjour
les Hors-Voie
Massy
Bellozanne
des Essarts
Rochard
la Pointe du Nord
Flamesnil
Heurtevent
Perduville
Follemprise
Gruchy
les Buhots
Aire de Service de Maucomble
Aire de Service de Bosc-Mesnil
D 929
D 915
N 28
D 119
les Ht. Champs
la Loq

③ Passer entre l'église et l'hôtel de ville, monter à droite la rue du 31 Août 44, tourner à gauche dans la rue Aristide-Briand puis encore à gauche dans la rue d'Haussez ; s'engager à gauche dans le chemin des Galets. Passer le carrefour d'Haussez et au carrefour suivant, monter à droite, traverser la route et continuer jusqu'au carrefour des Saules.

④ Couper la route forestière des Limousins, emprunter la route empierrée (Est) puis le chemin herbeux, traverser la D 12. Suivre la rue du Val des Grès et descendre la D 12 sur 500 m. Au carrefour de l'Epinette, obliquer à droite dans la deuxième allée forestière.

⑤ Suivre l'allée tout droit pour gagner l'orée de la forêt, couper la D 915. Emprunter le chemin herbeux qui tourne plus loin à droite et se prolonge en route. Au premier croisement, bifurquer à gauche et poursuivre par le chemin herbeux descendant vers

13 km • 3 h 20 • Bully

🛒 ✕ ☕

> *"Buslei"*. Château du Flot du 16e. Eglise Saint-Eloi, gothique primitif du 13e.
> Bully possédait en 1450 une verrerie qui fut transférée à Saint-Saëns en 1600 et active jusqu'en 1807.
> Village natal de Mornay dit "le Pape des Huguenots" (1549). Calviniste cultivé et d'esprit ouvert qui joua un rôle de pacificateur auprès du futur Henri IV. Il s'attacha à l'organisation du culte réformé.

⑥ Longer l'église, tourner à droite dans la route de Quièvrecourt et encore à droite dans la rue des Sorengs. S'engager à droite dans une cavée. Franchir le Bully, couper la route, monter par une autre cavée, tourner à gauche sur la route puis emprunter à gauche un chemin de terre longeant les cultures. Utiliser la petite route à gauche puis à droite, poursuivre en face dans un chemin herbeux, franchir les clôtures.
Monter dans le bois, continuer par le chemin herbeux puis la route, couper la D 915 et pénétrer dans la forêt en cheminant en bordure.

⑦ La quitter en tournant à gauche, emprunter le chemin herbeux puis à droite le chemin empierré se prolongeant en route, passer sous l'A 28 et quitter la route dans le virage pour suivre en face un chemin revêtu. Emprunter la D 915 à droite ; avant le carrefour, utiliser la route à gauche pour traverser ensuite la D 928 et suivre la D 136 sur 1 km.

⑧ S'engager à droite dans un sentier sous la futaie, longer l'orée du bois, tourner à droite sur la route et, au calvaire, tourner à gauche pour entrer dans

10 km • 2 h 30 • Massy

Eglise Saint-Pierre de style roman avec litre au sommet du chœur ; ancien lavoir.

La poterie de Martincamp

Martincamp est un hameau de la commune de Bully (près de Neufchâtel), en lisière de la forêt d'Eawy, où la couche argileuse sous l'herbe est fortement compacte. Les potiers existaient déjà au 17e siècle : par un privilège de 1670, les potiers bénéficiaient d'un affouage de dix arpents de bois, à prendre sur chaque coupe annuelle.

La réunion de la terre argileuse, du bois abondant et d'un débouché commercial aisé (au carrefour des grandes routes), a permis l'essor d'une production d'objets fonctionnels agricoles (pichets à cidre, crapauds, assiettes, faisselles, jattes, pots à beurre, plats, soupières). Les années 1800 marquèrent l'apogée : quarante fabriques employaient quatre cents ouvriers.

L'argile rouge émaillée de jaune et de brun a donné des objets aux tons chauds, de l'ocre doré au rouge profond, aux formes arrondies, aux décors frustes mais charmants. Les poteries utilitaires n'étaient pas conservées précieusement : c'est pourquoi elles sont devenues si rares.

Les poteries s'éteignirent en 1910 avec, comme dernier potier, Monsieur Laurent. Les potiers travaillaient généralement en ateliers de deux à cinq personnes (un tiers des patrons étaient aussi agriculteur). A la fin du 19e siècle, soixante mille poteries sortaient des fours.

On peut admirer de beaux "Martincamp" au musée Mathon-Durand de Neufchâtel-en-Bray ainsi qu'au château de Martainville.

Texte fourni par l'ACTPB.

Recettes du Pays de Bray

Œufs farcis du Pays de Bray :

4 œufs,
1 fromage Bondard frais,
1 cuillerée de persil haché,
sel, poivre,
1/2 litre de béchamel.

Mettre les œufs à durcir dans l'eau bouillante 10 mn. Les écaler quand ils sont froids. Couper en deux dans la longueur. Retirer les jaunes, mélanger à la fourchette avec le persil haché et les trois quarts du fromage. Farcir avec la préparation. Reformer les œufs. Disposer les œufs farcis dans un plat allant au four. Recouvrir de béchamel. Passer au four moyen 10 à 15 mn. Servir chaud sur un lit d'épinards.

Noisettes de veau de Mesnières :

4 noisettes de veau de 150 g prises dans le filet,
800 g de petits oignons,
75 g de gruyère,
4 cuillerées à soupe d'huile et de beurre fondu
(2 de beurre et 2 d'huile),
1 dl de vin blanc sec,
chapelure, sel, poivre.

Eplucher, émincer les oignons ; faire chauffer huile et beurre dans une sauteuse ; y mettre les oignons ; laisser dorer, sel, poivre ; poser les noisettes sur les oignons ; sur chaque noisette, disposer une pincée de gruyère râpé ; et sur le gruyère une grosse pincée de chapelure ; arroser de quelques gouttes de beurre fondu.

Verser le vin blanc sur le fond d'oignon, mettre à four moyen 25 mn environ.

Tarte aux pommes du Pays de Bray :

300 g de pâte brisée,
2 dl de crème fraîche,
2 œufs,
50 g de sucre semoule,
80 g de beurre,
6 pommes (reinettes de préférence).

Foncer très mince une tourtière. Piquer le fond ; peler ; détailler en petits dés les pommes et les faire sauter au beurre dans une poêle (feu moyen). Garnir le fond de tarte. Saupoudrer d'une cuillerée de sucre semoule ; dans un bol, mélanger la crème et les œufs. Verser sur les pommes. Parsemer de noisettes de beurre.
Cuire 30 mn à four chaud.

Poule au blanc aux salsifis de Neufchâtel - façon Régine et Rémy :

1 belle poule,
1 botte de salsifis,
3 poireaux,
3 carottes,
1 branche de céleri,
1 bouquet garni,
1 clou de girofle piqué sur un oignon,
1 bol de crème double,
1 jaune d'œuf,
sel, poivre.

Mettre la poule au pot avec les légumes et le bouquet garni, sel, poivre. Gratter les salsifis, les laver et les essuyer. Les cuire à l'eau bouillante salée, égoutter. Mettre la crème à chauffer dans une casserole (en réserver 3 cuillerées), tourner doucement à feu doux afin qu'elle soit onctueuse.
Quand la poule est cuite, la découper, la dresser et l'entourer de salsifis. Mettre le jaune d'œuf dans un bol et délayer avec la crème mise de côté.

Mélanger doucement avec la crème onctueuse - ne pas faire bouillir - et verser sur la viande et les légumes.

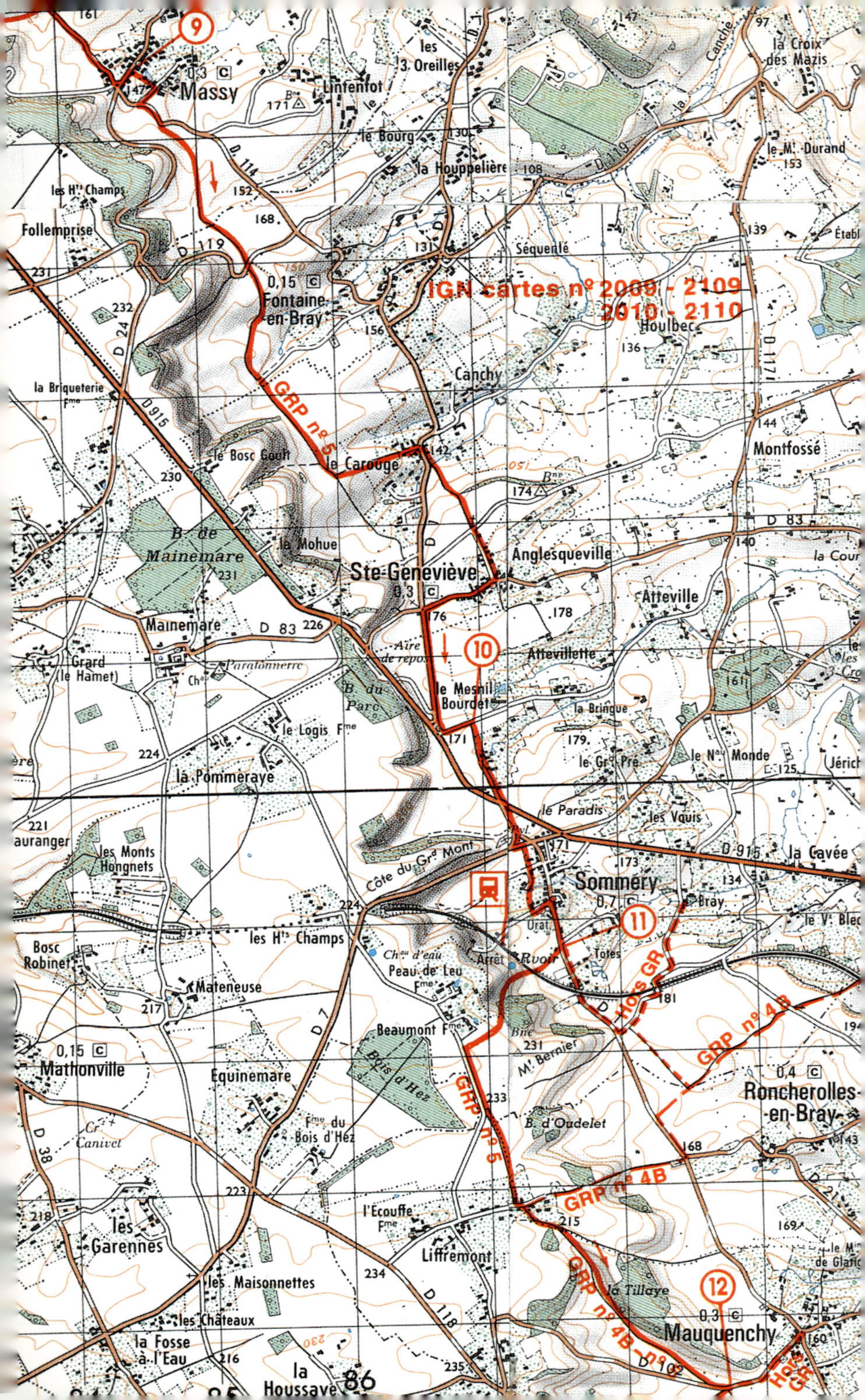

9
Massy
les 3 Oreilles
Linfenfot
le Bourg
la Houppelière
la Croix des Mazis
le Mt Durand
les Hts Champs
Follemprise
Séquenté
IGN cartes nº 2009 - 2109
2010 - 2110
Fontaine-en-Bray
Houlbec
Canchy
la Briqueterie Fme
GRP nº 5
le Bosc Gouff
le Carouge
Montfossé
B. de Mainemare
la Mohue
Anglesqueville
Ste-Geneviève
Atteville
Mainemare
Grard (le Hamet)
Paratonnerre
Aire de repos
10
Attevillette
le Mesnil Bourdet
B. du Parc
le Logis Fme
la Bringue
le Gd Pré
le Nau Monde
la Pommeraye
le Paradis
les Vouis
les Monts Hongnets
Côte du Grd Mont
Sommery
la Cavée
Bray
11
les Hts Champs
Bosc Robinet
Ch. d'eau
Peau de Leu Fme
Arrêt
Totes
Hors GR
Mateneuse
Beaumont Fme
GRP nº 4B
Mathonville
Equinemare
Mt Bernier
Roncherolles-en-Bray
Bois d'Hez
B. d'Oudelet
Fme du Bois d'Hez
Cr. Canivel
les Garennes
l'Ecouffe Fme
Liffremont
les Maisonnettes
la Tillaye
12
les Châteaux
Mauquenchy
la Fosse à l'Eau
la Houssaye
Hors GR

⑨ Avant l'église, tourner à droite, descendre l'escalier qui mène au lavoir et tourner à gauche pour retrouver la route. Passer le gué, longer l'étang, suivre la petite route à droite puis à gauche et, dans le premier virage, s'engager dans le chemin herbeux.
Couper la D 119, passer une croisée de chemins et prendre le chemin suivant à gauche. Emprunter la D 1 à droite, s'engager aussitôt dans un sentier à gauche, franchir le ru et atteindre **Sainte-Geneviève-en-Bray** *(café, ravitaillement)*. A l'église, tourner à droite, au carrefour, suivre la D 1 à gauche et, juste avant la D 915, tourner à gauche.

⑩ S'engager à droite dans un chemin en cavée. Poursuivre en face sur la route, couper la D 915, longer le cimetière à droite, tourner à gauche et s'engager dans le chemin herbeux à droite. Continuer à droite sur une petite route se prolongeant en chemin puis tourner à gauche vers

9 km • 1 h 15 • Sommery

"Sommeri", nom d'origine celtique voulant dire fontaine (nombreuses sources au pied de la «cuesta» dont le Sourson). Eglise Saint-Vaast du 17e avec clocher du 13e.

A l'église, tourner à droite.

> **Hors GR : 40 mn • Ferme de Bray**
>
> *Domaine agricole avec demeure du 16e, maison de maître du 18e, moulin à augets sur le Sorson, four à pain, pigeonnier, cave voûtée et pressoir complet à longue étreinte de 1802. Une ancienne chaussée empierrée y est encore visible.*

⑪ Au carrefour, tourner à droite, passer sous la voie ferrée, franchir une clôture, gagner la corne du bois sur la gauche, monter en lisière et en haut, continuer à droite en franchissant une autre clôture. Longer les cultures (clôtures à droite).
Suivre la petite route à gauche, et dans le virage, s'engager à gauche dans le chemin herbeux traversant les champs. Tourner à gauche, descendre le chemin de terre sur la droite, poursuivre par le chemin de droite longeant les cultures.

⑫ Emprunter la D 102 à gauche sur 100 m.

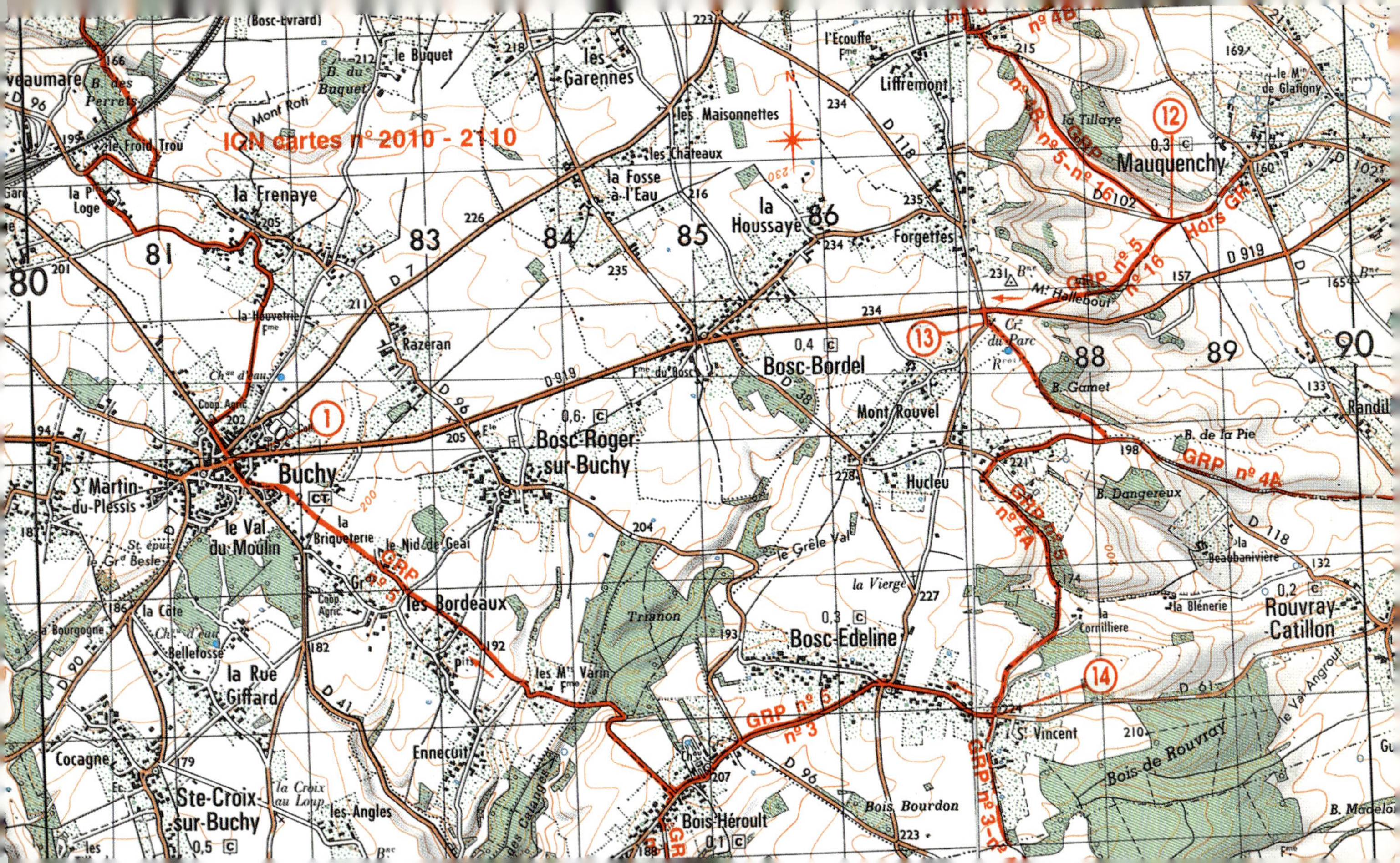

IGN cartes n° 2010 - 2110
Buchy
Bosc-Bordel
Bosc-Roger-sur-Buchy
Bosc-Edeline
Bois-Héroult
Mauquenchy
Rouvray-Catillon
Ste-Croix-sur-Buchy
St Martin-du-Plessis
le Val du Moulin
la Rue Giffard
les Bordeaux
Ennecuit
la Houssaye
Liffremont
Forgettes
Mont Rouvel
Hucleu
les Garennes
le Buquet
la Frenaye
Razeran
la Fosse à l'Eau
les Maisonnettes
les Châteaux
St Vincent
Cocagne
Bois de Rouvray
Bois Bourdon
Trianon
GRP n° 5
GRP n° 3
GRP n° 4A
GRP n° 5-n° 16
Hors GR
D 919
D 118
D 96
80
81
83
84
85
86
88
89
90
1
12
13
14

Hors GR • 15 mn • Mauquenchy

Suivre le premier chemin herbeux à droite. Longer l'orée du bois, pénétrer dans le bois à droite, suivre la D 919 à droite sur 200 m et tourner dans la première route à gauche.

⑬ A la Croix du Parc *(petit oratoire érigé au plus haut point de la région, réputé pour la guérison de la coqueluche)*, s'engager dans le chemin de terre, emprunter la D 118 à droite, longer la mare puis descendre à gauche la petite route se transformant en chemin herbeux. Utiliser la route à droite.

⑭ Suivre la D 61 à droite pour traverser

12 km • 3 h • Bosc-Edeline

Couper la D 96, traverser Bois-Héroult *(château, pigeonnier)*.

⑮ Après le château, emprunter à droite la route franchissant un vallonnement boisé, poursuivre en direction constante (Nord-Ouest) par un chemin de terre avec deux petites portions goudronnées. Emprunter à droite la D 41 pour entrer dans

6 km • 1 h 30 • Buchy

> Au 14e siècle, un important commerce de chevaux se faisait sur le marché de Buchy. Une rue "Aux Juifs" prouve qu'autrefois les juifs furent nombreux à Buchy.
> Jusque vers 1830, la famille de Blosseville posséda les halles et étaux de Buchy. Les anciens du bourg allaient chaque année offrir un bouquet à Madame de Blosseville.
> Pierre Leclerc de la Pierre, maître ès-arts et astronome est né à Buchy en 1706.
> Le 4 décembre 1870, quelques troupes françaises avantageusement postées à Buchy, essayèrent d'arrêter l'armée prussienne qui marchait sur Rouen. « L'ennemi pouvait nous écraser : il se contenta de nous tuer quelques hommes ». Cet engagement, que les Prussiens qualifièrent justement de "plaisanterie", se termina par la piteuse débandade, qu'on voulut bien appeler "la retraite de Buchy".

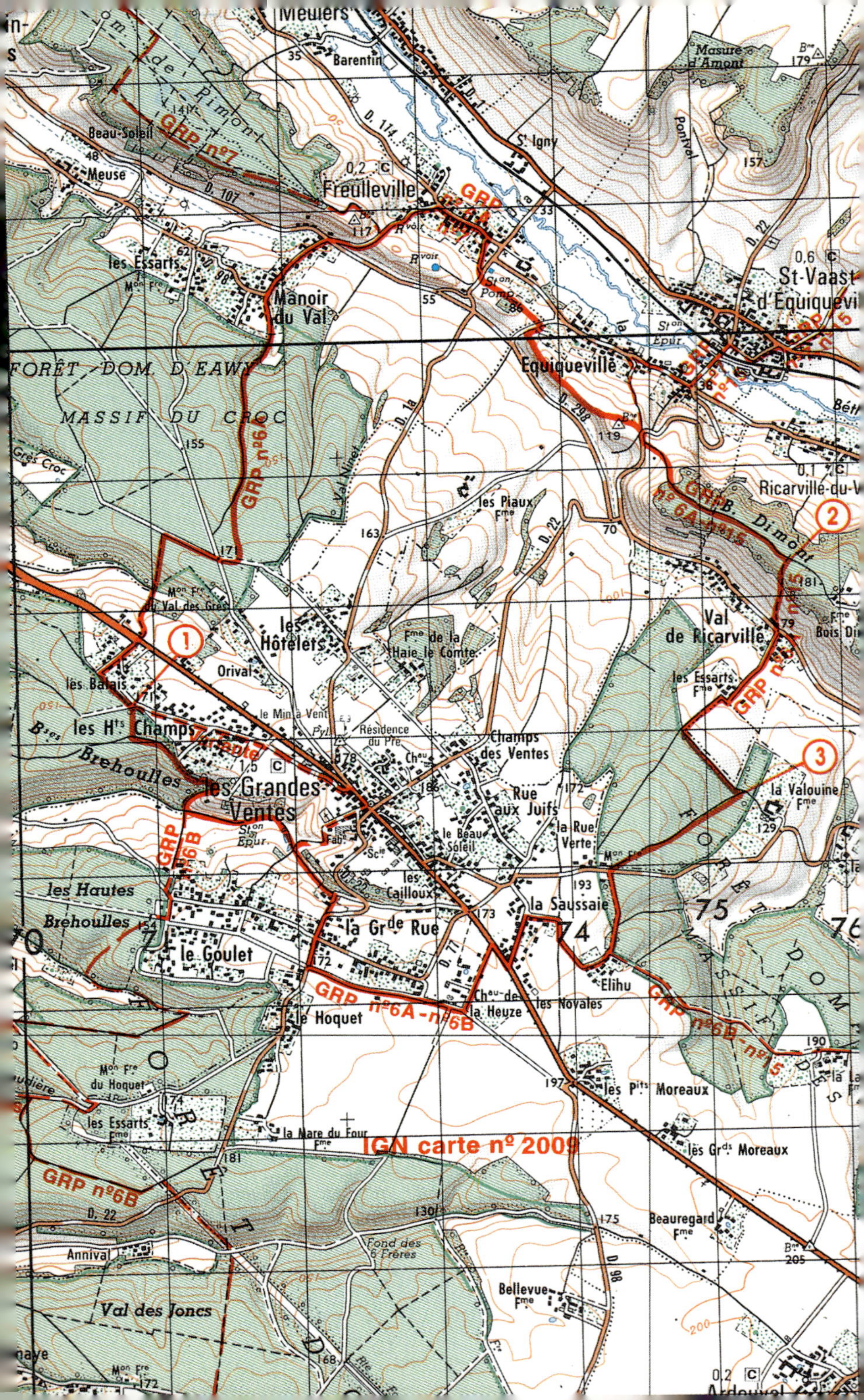
Meulers
Barentin
Masure d'Amont
St Igny
Beau-Soleil
GRP n°7
Meuse
D. 107
D. 174
Freulleville
GRP n°6A
les Essarts
Manoir du Val
St-Vaast d'Equiqueville
Equiqueville
D. 298
FORÊT DOM. D'EAWY
MASSIF DU CROC
GRP n°6A
Ricarville-du-Val
Val Ninet
les Piaux Fme
D. 22
GRP n°6A-n°15
B. Dimont
Mon Fre du Val des Grès
les Hôtelets
Fme de la Haie le Comte
Val de Ricarville
Orival
les Batais
les Essarts Fme
GRP n°15
le Min à Vent
Résidence du Pré
Champs des Ventes
les Hts Champs
Breholles
les Grandes Ventes
Rue aux Juifs
la Valouine Fme
le Beau Soleil
la Rue Verte
les Cailloux
la Saussaie
GRP n°6B
les Hautes Breholles
le Goulet
la Gde Rue
Elihu
GRP n°6A-n°6B
Chau de la Heuze
les Novales
le Hoquet
GRP n°6B-n°15
Mon Fre du Hoquet
les Essarts Fme
les Pts Moreaux
la Mare du Four Fme
IGN carte n° 2009
les Grds Moreaux
GRP n°6B
D. 22
Annival
Fond des 6 Frères
Beauregard Fme
Bellevue Fme
Val des Joncs
D. 98
FORÊT DOM. MASSIF
1
2
3
74
75
76

GRP n°6A
La forêt d'Eawy (1 jour)

Les Grandes Ventes

Autrefois Notre-Dame des Ventes d'Eawy "ventes de bois". Eglise Notre-Dame du 16e. Château de la Heuze.

▶ Pour rejoindre le circuit *(non balisé)* : partir de l'église, suivre la D 915 direction Dieppe, emprunter à gauche le chemin du Moulin puis l'impasse de la Forêt.

① *Balisage jaune-rouge :* suivre la route forestière (Nord-Ouest), tourner à droite, couper la D 915, descendre le chemin herbeux et pénétrer dans le bois. Gravir la pente en face, tourner à droite dans le chemin forestier, traverser le rond-point, continuer sur 150 m et suivre la première allée à gauche jusqu'à la route. Au calvaire, utiliser la D 98 en face ; au carrefour, s'engager dans la rue des Deux-Vallées. A l'église de Freulleville *(12e)*, tourner à droite et encore à droite dans la sente des Minorets. Suivre à gauche la D 1A, s'engager aussitôt à droite dans un chemin en bordure de cultures. A la petite route, tourner à droite et retrouver le sentier à gauche montant dans le bois Dimont.

② A la quatrième croisée de chemins, descendre à droite par le chemin dit "chemin des Ecoliers" *(autrefois emprunté par les enfants de Val-de-Ricarville pour se rendre à l'école)*. Continuer en face par le chemin des Essarts et rejoindre le bois (Sud-Ouest) où l'on pénètre pour suivre le premier sentier à gauche.

▶ Diverticule pour la ferme de la Valouine (*domaine privé, bien refermer les barrières*).

③ Avant la ferme de la Valouine, bifurquer à droite, couper la D 77 et continuer dans la forêt. La quitter en empruntant la route à droite. Tourner à gauche puis suivre à droite la D 915 sur 250 m pour s'engager à gauche dans une route empierrée. Après le château de la Heuze, tourner à droite ; emprunter la D 22 à droite et, 150 m après le carrefour, descendre en face la petite sente. Utiliser à gauche la petite route se prolongeant en chemin ; à la première intersection, monter à droite le long des clôtures pour pénétrer à gauche dans le bois, suivre la lisière et continuer par l'allée forestière sur 250 m.

① Tourner à droite, suivre l'impasse de la Forêt puis le chemin du Moulin-à-Vent pour entrer dans

20 km • 5 h • Les Grandes-Ventes

La forêt domaniale d'Eawy

Vestige des intenses défrichements médiévaux, ancien domaine des Ducs de Normandie, la forêt d'Eawy (prononcer "éavi") échut sous Philippe Auguste à la Couronne de France puis devint domaniale à la Révolution. Elle a été gérée par l'Administration des Eaux et Forêts puis depuis 1966 par l'Office National des Forêts.

Située sur un vaste plateau séparant les vallées de la Varenne et la Béthune, elle est traversée par l'allée des Limousins longue de 14 km et forme un massif de 7000 hectares avec la forêt des Nappes, le canton du Croc, les Basses Bréhoules et le bois de Pimont. Son altitude varie de 84 m (bois de Pimont) à 236 m (à l'extrémité Sud-Est, canton de la Mare aux Saules).

Anciennement d'un aspect plus voisin des taillis-sous-futaie à chêne dominant, cette forêt a évolué vers la hêtraie pure en raison de la sylviculture pratiquée par les forestiers à partir du 19e siècle jusqu'en 1980 où on ne plantait que du hêtre. Divisée en parcelles repérées à chaque angle par une plaque numérotée, elle produit annuellement 56 000 m^3 de bois, source de multiples activités (ébénisterie, caisserie, pâte à papier, bois de chauffage). Son aménagement actuel a pour objectif de transformer la hêtraie en chênaie-hêtraie et de l'enrichir d'essences plus variées comme le charme, le frêne, l'érable sycomore, l'alisier torminal offrant une meilleure résistance au vent et aux maladies.

La pépinière de l'Essart située au cœur du massif produit un million de plans feuillus par an pour les reboisements de toute la Normandie. Outre la petite faune habituelle et variée, il n'est pas rare de rencontrer des grands animaux : sangliers, chevreuils, cerfs et biches dont l'expansion est régulée par la chasse à courre et à tir.

La forêt d'Eawy offre des sites chargés d'histoire et de curiosités : arbres remarquables, le Puits Merveilleux, gouffre d'origine inconnue, futaies cathédrales, allée des Limousins, carrefours et chemins aux noms évocateurs d'un passé proche ou lointain, traces d'activités anciennes...

De nombreuses allées permettent la promenade à pied et à cheval.

Un sentier pédagogique dit "des Ecoliers" a été implanté en 1993 près des Ventes-Saint-Rémy pour permettre aux visiteurs la reconnaissance de trente-quatre espèces d'arbres.

ONF / Division de Dieppe.

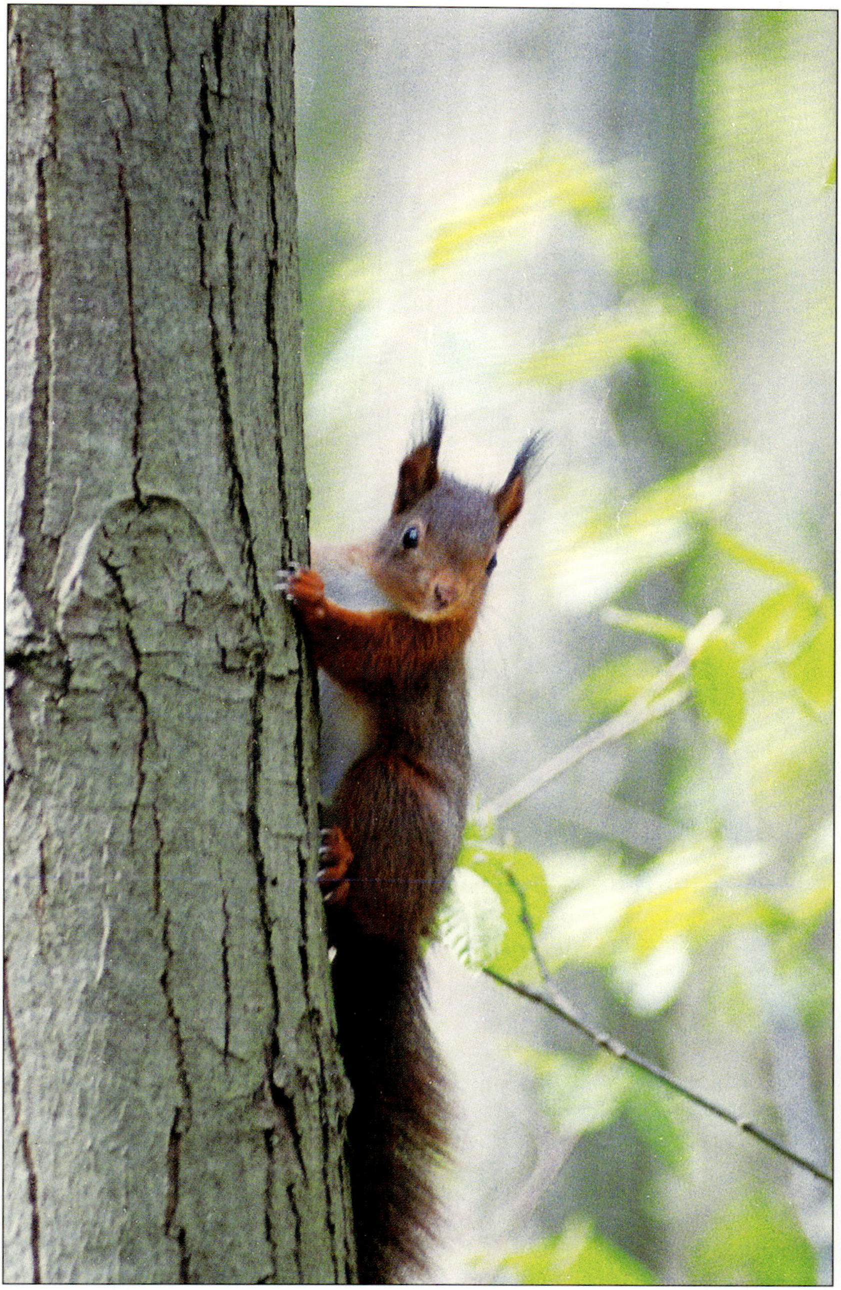

La forêt d'Eawy a été de tout temps un lieu initiateur d'activités économiques. Elle fournissait la matière indispensable aux divers métiers exercés en Pays de Bray.

Les forgerons

Dans un document de 1322, il est mentionné, dans la vallée de la Varenne, d'Osmonville à Rosay, la présence de quatre cents forgerons. Le charbon de bois était au 16e siècle, d'un usage très répandu, le bois étant transformé en charbon pour l'alimentation des forges de Neuville-Ferrières créée en 1479 et de Beaussault fondée en 1479.

Les verriers

Créée en 1450, la verrerie du Lihut figurait parmi les plus importantes de la région ; lors de sa fermeture en 1807, elle comptait encore trois cents ouvriers pour la fabrication de bouteilles, dames-jeannes, cornues... Elle consommait par mois mille cordes **(1)** de bois et disposait d'un affouage **(2)** de 18 arpents à prendre annuellement en forêt d'Eawy.

La verrerie de Maucombe fabriqua des articles en verre blanc et verre de couleur de 1667 à 1812.

Il est encore possible de voir, près de la route menant de Saint-Saëns aux Ventes Saint-Rémy, les restes de la verrerie du Lihut. Les restes de celle de Maucombe se trouvent près de l'intersection de l'allée des Limousins et de la route de Bully, au carrefour de Maucombe.

"Les petits métiers d'Eawy"

Les potiers

La forêt d'Eawy servit aussi de lieu de ravitaillement en combustibles pour les poteries de Marticamp, hameau de Bully, où la couche argileuse sous l'herbe est fortement compacte. Les potiers travaillaient généralement en petits ateliers de deux à cinq personnes. Par un privilège de 1670, ils bénéficiaient d'un affouage de dix arpents à prendre sur chaque coupe annuelle. A la fin du 18e siècle, 66 000 pièces de poteries sortaient des fours : pots, lampes à huile, saloirs, *"topettes"* **(3)**, *"crapauds"* **(4)**, *"tasses d'amitié"* **(5)**, *"plats à hatignoles"* **(6)** et autres pichets à cidre, terrines, etc. On peut voir de beaux "Martincamp" au musée Mathon-Durand à Neuchâtel-en-Bray, ainsi qu'au château de Martainville.

Les tanneurs

Les tanneurs étaient des paysans-éleveurs. La tannerie est apparue à Saint-Saëns (la ville du "cuir fort") vers 1450, profitant du passage intensif des pèlerins se rendant d'Angleterre et du Nord à Saint-Jacques-de-Compostelle. Elle possède tous les atouts pour le développement de cette activité : l'élevage pour produire la peau, l'eau de la Varenne et l'écorce avec le massif important de la forêt d'Eawy.

Les bûcherons

Le bois était abattu en "saison de lune", c'est-à-dire en "lune descendante" ou en "lune morte" du début novembre à la mi-avril. Pour la période de bûcheronnage, les bûcherons construisaient une "loge" ou "*carcahoux*".

Un carcahoux, construit par l'Association du Musée du Bois de la Forêt et des Métiers de la Forêt d'Eawy-Saint-Saëns, avec l'aide de la section forestière de l'Institution Saint-Joseph du Château de Mesnières, est visible dans la parcelle 360, aux Ventes-Saint-Rémy.

Les scieurs de long avec leur scie, leur passant, leur *"tue-bois"* (**7**), leur *"hache à doler"* (**8**) et leur plane, le "gars du dessus" et le "gars du dessous" façonnaient des traverses de 2,60 m de long. De nombreux Auvergnats vinrent faire ce travail pour la saison en forêt d'Eawy.

Les charbonniers

Un des métiers les plus pittoresques encore exercé en 1945 en forêt d'Eawy. Le charbon de bois est le produit de la combustion et de la distillation incomplète du bois : le charbonnier, après avoir édifié sa meule en empilant des *"haguettes"* (**9**), l'allume avec des braises ardentes qui enflamment les *"fumeux"* (**10**) mis au pied de trois perches servant de cheminée. La cuisson dure de 36 à 48 heures, le refroidissement de 48 à 60 heures. Trois fours de huit stères de bois donneront en moyenne 900 kg de charbon de bois qui chaufferont les caves des fromageries de Neuchâtel et les outils des maréchaux-ferrants et rempliront les chaufferettes et les fers à repasser. Pendant la Seconde Guerre Mondiale, les camions roulèrent au charbon de bois, le fameux "gazogène".

Jean-Yves Picard ;
Le Chemin de Écoliers,
(Musée du Bois, de la Forêt et des Métiers de la Forêt d'Eawy).

Lexique

(**1**) *Une corde de bois* : ancienne mesure de bois de chauffage, équivalant à 4 stères (équivalent au m^3).

(**2**) *Affouage* : droit de prendre du bois de chauffage ou de construction dans une forêt dont on n'est pas propriétaire.

(**3**) *Topettes* : petits flacons servant à emmener la "goutte" dans la poche.

(**4**) *Crapauds* : sorte de gourdes plates d'un côté, rondes et vernissées de l'autre, suspendues par une lanière de cuir et qui servaient à transporter le cidre au champ, tout en le tenant frais.

(**5**) *Tasse d'amitié* : tasse à deux anses que deux amis, assis face à face, posaient sur la table entre eux.

(**6**) *Hatignoles* : boulettes de porc haché, cuites dans la graisse.

(**7**) *Tue-bois* : hache assez forte, servant à dégrossir la traverse, en enlevant les copeaux.

(**8**) *Hache à doler* : servait à équarrir les traverses.

(**9**) *Haguettes* : bûches en hêtre de 66 cm de long, avec un diamètre, en général, de 5 à 6 cm.

(**10**) *Fumeux* : vieux tisons pas tout à fait cuits.

IGN carte n° 2009

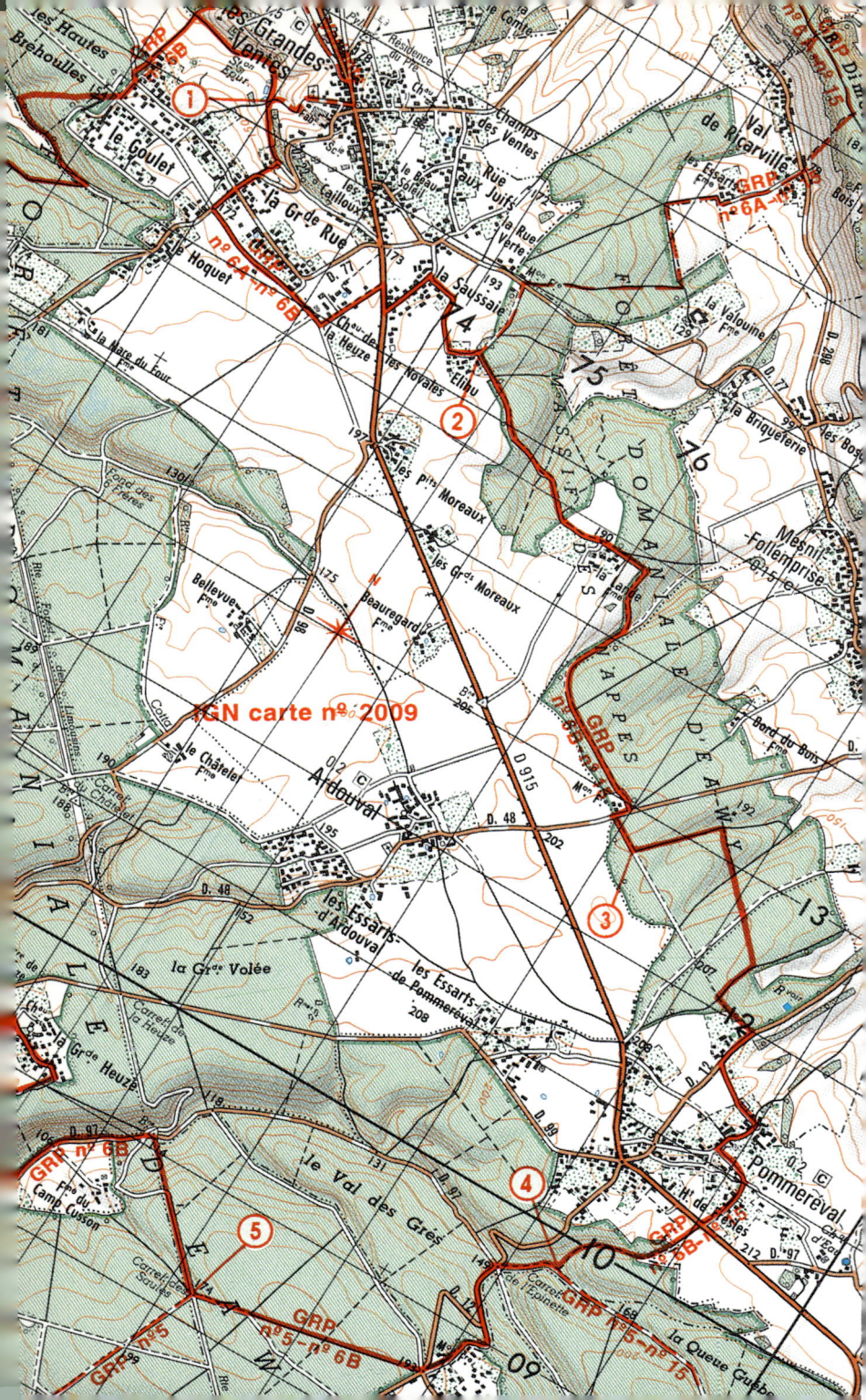

GRP n°6B
La forêt d'Eawy (2 jours)

Les Grandes-Ventes

Autrefois Notre-Dame des Ventes d'Eawy "ventes de bois". Eglise Notre Dame du 16e. Château de la Heuze.
La tradition locale est que cette commune doit sa naissance aux Dieppois qui, pour se procurer le bois nécessaire à leur commerce de harengs, ouvrirent en cette partie de la forêt d'Eawy de "Grandes Ventes".

▶ Pour rejoindre le circuit : partir en face de l'église, longer le cimetière et descendre le sentier.

① *Balisage jaune-rouge :* tourner à gauche, suivre la route à droite puis monter la sente, utiliser la D 22 à droite et au deuxième carrefour, tourner à gauche. Après le château de la Heuze, emprunter la D 915 à droite, tourner à gauche puis à droite pour entrer dans la forêt.

② Suivre l'allée forestière, longer la ferme de la Lande ; à la patte d'oie, poursuivre à droite, utiliser la D 48 à droite puis l'allée forestière à gauche.

③ S'engager à gauche dans le premier chemin herbeux sur 300 m, monter dans la forêt à droite *(suivre le balisage)*. Emprunter la D 12 à droite, tourner à gauche dans la rue de l'Eglise pour entrer dans

12 km • 3 h • Pommeréval

Littéralement : "le val de la pommeraie". Eglise Saint-Jacques en grès du 17e au curieux clocher penché. Près de l'église, vestiges d'un château.

Quitter le village (Sud), tourner à gauche puis utiliser la première route à droite, couper la D 915 et suivre le chemin empierré pour descendre dans le Val Roux.

④ Emprunter la route forestière à droite ; au carrefour de l'Epinette, monter la D 12 à gauche, la quitter dans le second virage pour suivre la route empierrée se prolongeant en route. Couper la D 12, entrer dans la forêt, utiliser le premier chemin à gauche et poursuivre jusqu'au carrefour des Saules.

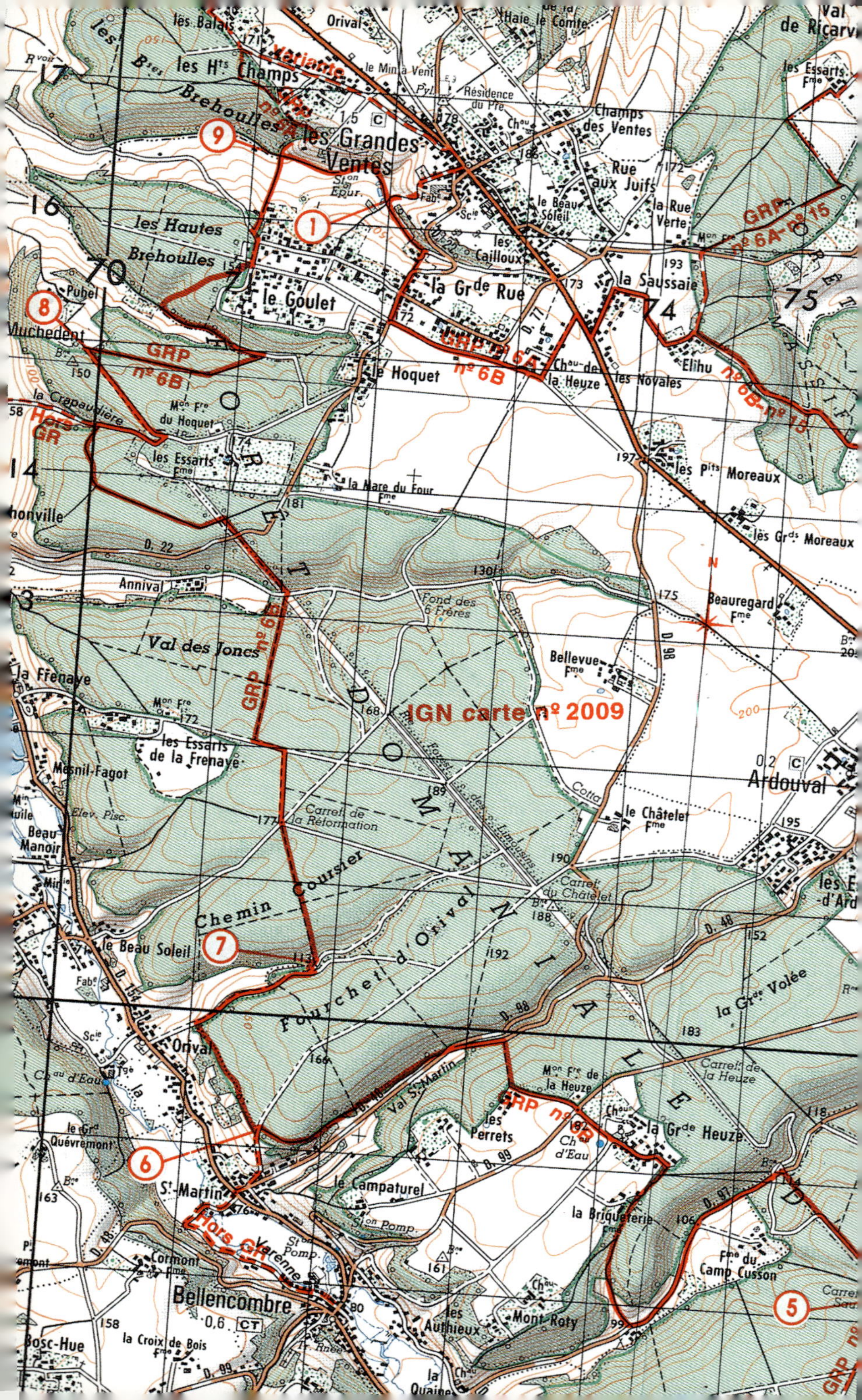
IGN carte nº 2009
les Balais
Orival
le Min à Vent
Résidence du Pré
la Haie le Comte
Val de Ricarville
les Hts Champs
Variante GRP nº 6A
les Bres Brehoulles
les Grandes Ventes
Champs des Ventes
Rue aux Juifs
la Rue Verte
les Essarts Fme
les Hautes Brehoulles
le Beau Soleil
les Cailloux
le Goulet
la Grde Rue
la Saussaie
GRP nº 6A-nº 15
Puhel
Muchedent
GRP nº 6B
GRP nº 6A
nº 6B
le Hoquet
Chau de la Heuze
les Novales
Elihu
nº 6B-nº 15
la Crapaudière
Hors GR
Mon Fre du Hoquet
les Essarts Fme
la Mare du Four Fme
les Pts Moreaux
les Grds Moreaux
D. 22
Annival
Fond des 6 Frères
Beauregard Fme
Val des Jones
la Frenaye
GRP nº 6B
Bellevue Fme
Mon Fre
les Essarts de la Frenaye
Mesnil-Fagot
Elev. Pisc.
Beau Manoir
Carrefr de la Réformation
Forêt Domaniale
le Châtelet Fme
Ardouval
Carrefr du Châtelet
Chemin Coursier
le Beau Soleil
Fourchet d'Orival
D. 48
la Grde Volée
D. 98
Orival
Val St Martin
Mon Fre de la Heuze
Carrefr de la Heuze
les Perrets
GRP nº 6B
la Grde Heuze
Chau d'Eau
le Grd Quévremont
St Martin
le Campaturel
la Briqueterie
Fme du Camp Cusson
Hors GR
Varenne
Cormont
Bellencombre
les Authieux
Mont-Roty
Bosc-Hue
la Croix de Bois Fme
la Quaine
1
5
6
7
8
9

⑤ Suivre à droite l'allée des Limousins, puis emprunter la D 97 à gauche. A Val de Bures, s'engager à droite sur le sentier longeant une carrière et montant dans la forêt pour arriver à La Grande Heuze *(grande botte)*. Poursuivre par la route passant devant le château *(ce château est ce qui subsiste d'un vaste système défensif qui commandait la vallée de la Varenne; chapelle Saint-Christophe de 1531 avec mobilier classé et retable en pierre)*, passer à droite du calvaire *(1622)*, traverser la route et s'engager en face dans le chemin caillouteux. Tourner à droite dans le sentier contournant une parcelle en régénération, descendre dans le bois. Emprunter la D 48 à gauche et au carrefour, monter à droite dans un sentier qui domine la route. Tourner à gauche dans la

⑥ **14 km • 3 h 30 • route forestière du Châtelet**

Hors GR : 2,5 km • 30 mn • Bellencombre

S'engager aussitôt à droite dans la laie, suivre la route forestière à droite et, à la fourche, poursuivre par celle du Fourchet d'Orival.

⑦ Tourner à gauche, monter aussitôt à droite, traverser le carrefour de la Réformation, suivre à gauche la route forestière de l'Essart sur 250 m puis le chemin à droite. Couper la route forestière des Six Frères. Monter à gauche l'allée des Limousins *(cette allée de 14 km de long et 20 m de large fut ouverte au 16e siècle par Gabriel de Limoges, Grand Maître des Eaux et Forêts)*. Couper la D 22 ; à la Crapaudière, tourner à droite et au premier carrefour, suivre à nouveau à gauche l'allée des Limousins.

⑧ A la lisière, tourner à droite, poursuivre par le chemin à gauche *(longeant un élevage de bisons)*, puis gravir le sentier à droite. Suivre la route empierrée à droite, tourner à gauche dans la route, passer devant la maison forestière. Dans le virage, descendre la ruelle Gamet.

⑨ A la croisée des chemins, tourner à droite.

① Monter par le premier chemin à gauche, longer le cimetière et entrer dans

14 km • 3 h 30 • Les Grandes Ventes

IGN carte n° 2008

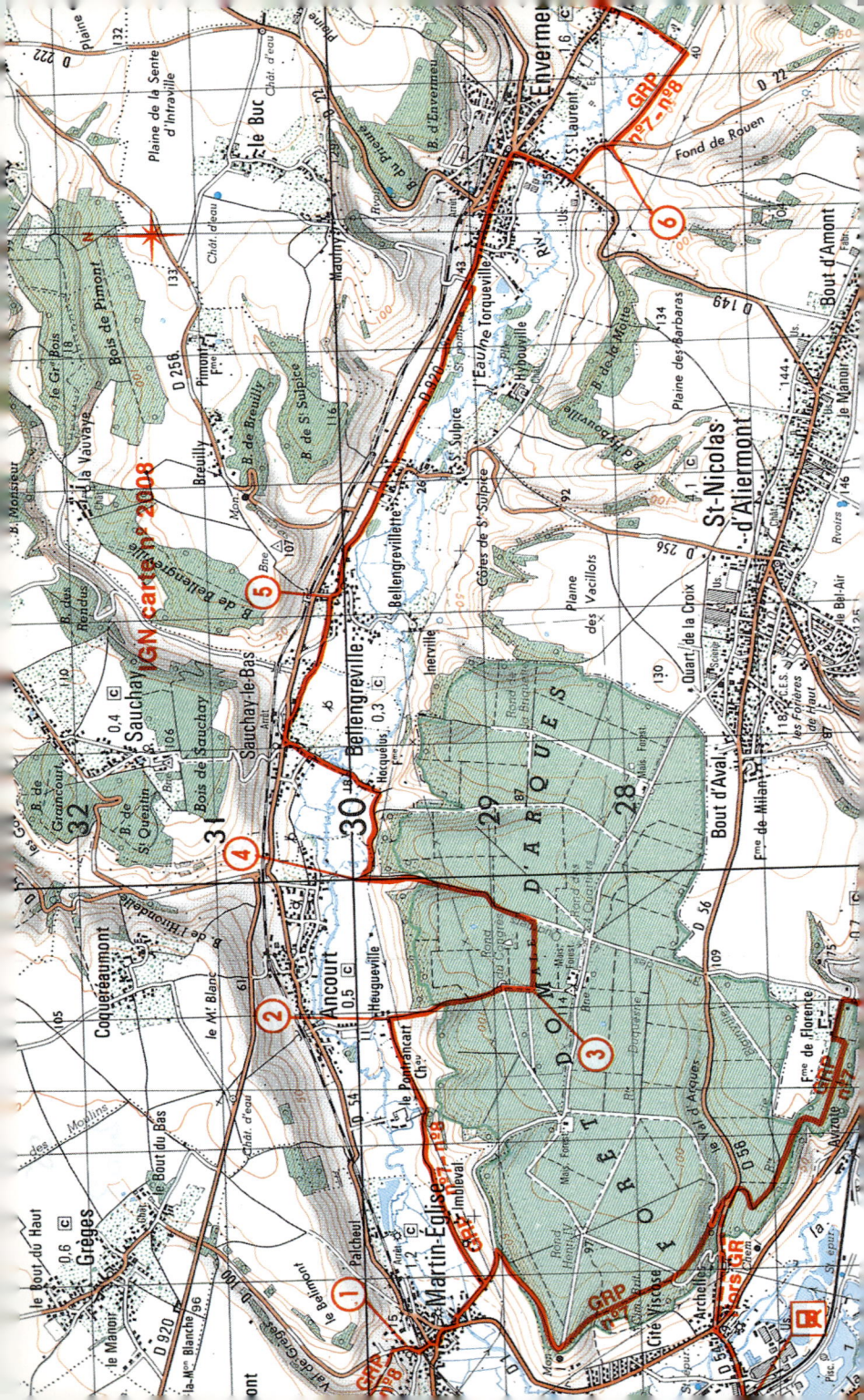

GRP n°7
De l'Eaulne à la Béthune

Martin-Eglise

Une voie romaine reliant Dieppe à Beauvais traversait la commune. Eglise Saint-Martin du 12e.

① *Balisage jaune-rouge* : suivre la D 1 en direction d'Arques-la-Bataille. Avant le pont sur l'Eaulne, s'engager à gauche dans l'allée Jeanne d'Arc, continuer par la route de la Forêt puis tourner à gauche dans le chemin d'Imbleval qui passe devant le château de Pontrancart.

② Tourner à droite pour monter vers la forêt domaniale d'Arques, traverser le Rond du Congrès.

③ Emprunter à gauche une laie rejoignant la route des Quatre-Quartiers, descendre la cavée.

④ En bas, se diriger plein Est. A la ferme Hocquélus, tourner à gauche, utiliser la D 920 à droite sur 200 m et bifurquer à droite.

⑤ A l'église de Bellengreville, tourner à droite puis à gauche et poursuivre en face par un chemin herbeux. Suivre la D 920 à droite pour arriver à

12 km • 3 h • Envermeu

Une voie romaine reliant Dieppe à Beauvais traversait la commune. Eglise Notre-Dame du 16e. Lieu d'une importante nécropole mérovingienne.

St-Ouen-sous-Bailly
GRP n° 8
B. d'Envermeu
Plaine du Farival
Bois du Farival
Envermeu
Auberville
B. de l'Archevêque
le Farival Fme
Renouval
GRP n° 7-n° 8
Fond de Rouen
Pulcheux
les Terres du Château
la Haye Gueulin
le Bosc Guérard Fme
Val Normand
Angreville
Douvrendelle
D 920
le Luxembourg
Douvrend
GRP n° 7
IGN cartes n° 2008
2009
le Fond de Notre-Dame
les Cornillots
Agranville
Beauvent
le Rayon Doux
Bout d'Aval
Val Piquet
Humesnil
Bretelle
Val des Charrettes
les Carreaux
St-Jacques d'Aliermont
Notre-Dame-d'Aliermont
Fond d'Humesnil
Bois d'Humesnil
Val à Billot
Bout d'Amont
Mont Rambourg
la Briqueterie
B. de Camp Faye
les Cocagnes
Mt Tape-Dur
Fond Mongrand
Fond du Val Rolet
Ste-Agathe-d'Aliermont
St-Adrien Fme
les Chef Dubost
GRP n° 7-n° 15
GRP n° 15
St-Vaast-d'Équiqueville
Côte d'Epinay
la Ruette à Cailloux
les Gâtes Vasseux
Mont Bodin
la Preuse Fme
les Champs Brunet
Béthune

A l'église d'Envermeu, tourner à droite, franchir les deux bras de l'Eaulne. Au carrefour, poursuivre à gauche par la D 22.

⑥ Après le virage, bifurquer à gauche et, à la première intersection, encore à gauche. Couper la D 920 et s'engager ensuite à droite dans un chemin herbeux. Dans le bois du Farival, suivre l'allée rectiligne (Est) se prolongeant en route. Emprunter à droite la D 58.

⑦ A la bifurcation, monter à gauche. Emprunter ensuite la petite route à droite, s'engager aussitôt à gauche dans un chemin herbeux, couper une route.

⑧ Utiliser à droite le chemin herbeux, contourner le cimetière de Douvrend à gauche, couper la route, franchir les deux gués sur l'Eaulne, tourner à droite et au carrefour à gauche.

⑨ Après le virage, s'engager dans le chemin empierré à gauche.

⑩ A la croisée des sentiers, se diriger à gauche, suivre la route à droite pour arriver à

16 km • 4 h • Notre-Dame-d'Aliermont

Eglise Notre-Dame du 13e.
Cette commune, située sur le plateau d'Aliermont (plateau étroit de 4 km en moyenne) fait partie des "villages-rues". Ce plateau autrefois forêt fut défriché de part et d'autre d'un chemin où s'alignaient les habitations. Les paroisses se suivirent alors à la file formant "un village-rue" de 17 km.

Emprunter la D 56 à droite puis la rue de Mont-Tape-Dur à gauche.

⑪ S'engager en face dans un long chemin revêtu se prolongeant en chemin de terre.

⑫ Suivre la petite route à droite pour entrer dans

7 km • 1 h 45 • Saint-Vaast-d'Equiqueville

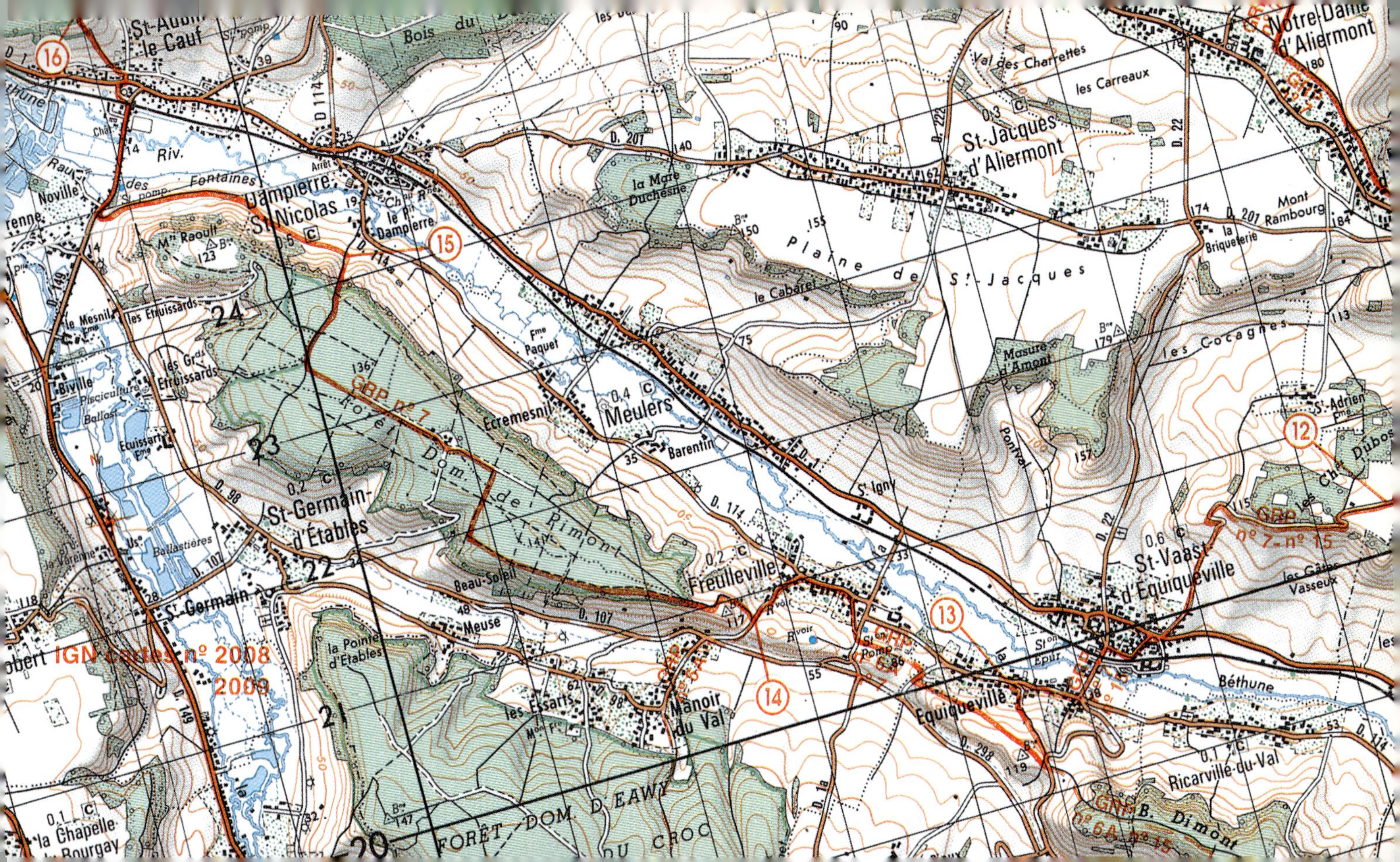

St-Aubin-le-Cauf
Bois du
Notre-Dame-d'Aliermont
Val des Charrettes
les Carreaux
St-Jacques-d'Aliermont
la Mare Duchesne
Mont Rambourg
la Briqueterie
Dampierre-St-Nicolas
Noville
Mt Raoult
Plaine de St-Jacques
le Cabaret
les Cocagnes
Masure d'Amont
St-Adrien
Ch. Dubos
les Etruissards
les Gds Etruissards
Biville
Pisciculture
Ecuissart
Fme Paquet
Ecremesnil
Meulers
Barentin
St-Igny
Pontval
GRP nº 7
Forêt Dom. de Pimont
St-Germain-d'Étables
St-Vaast-d'Équiqueville
GRP nº 7 - nº 15
les Gâtes Vasseux
Freulleville
Beau-Soleil
Meuse
la Pointe d'Étables
St-Germain
IGN cartes nº 2008 2009
les Essarts
Manoir du Val
Equiqueville
Béthune
Ricarville-du-Val
B. Dimont
FORÊT DOM. D'EAWY
DU CROC
la Chapelle-Bourgay
16
15
14
13
12

Utiliser la D 1 à droite, la rue du Foyer à gauche ; tourner à gauche, franchir la voie ferrée puis la Béthune. Au croisement, suivre à droite la rue d'Equiqueville.

⑬ Monter à gauche par le chemin de Saint-Pancrace et à la route, poursuivre par le chemin de droite. Suivre la route à droite puis aussitôt le chemin à gauche, traverser l'herbage (Nord-Ouest), couper la D 1A. Suivre le chemin du Minoret puis la D 114 à gauche. A l'église de Freulleville, tourner à gauche.

⑭ En haut de la côte, emprunter le chemin à droite. Pénétrer dans la forêt de Pimont et obliquer aussitôt à gauche pour suivre sur 1,5 km le chemin surplombant les Terres du Beau Soleil. Tourner à droite puis à gauche, passer devant l'ancienne maison du Garde et poursuivre à droite.

⑮ Un peu avant la D 114, tourner à gauche. A proximité du ruisseau des Fontaines, emprunter à droite la D 149 et franchir la Béthune pour arriver à

12 km • 3 h • Saint-Aubin-le-Cauf

Eglise Saint-Aubin du 13e. Ancien manoir du 15e.

La vallée de la Béthune

La Béthune prend sa source à Gaillefontaine, dans le Haut-Bray, près de Forges-les-Eaux, vers 200 m d'altitude. Après un cours presque rectiligne d'une cinquantaine de kilomètres, orienté vers le Nord-Ouest, la Béthune reçoit la Varenne, puis l'Eaulne à quelques kilomètres de Dieppe, pour former l'Arques dont l'estuaire aménagé abrite le port de Dieppe.
Ces trois rivières forment un bassin ovoïde régulier, elles dessinent une sorte de trident dont l'Arques serait le manche, l'Eaulne et la Béthune drainent des dépressions anticlinales. La Béthune coule sur des terrains tendres de la dépression occidentale du Pays de Bray. Au Nord, l'Eaulne emprunte une dépression anticlinale parallèle au Pays de Bray. Quant à la Varenne, au Sud, son tracé est guidé par des accidents structuraux.
Hors du Pays de Bray, en amont, la faille de Dieppe détermine l'orientation de la Béthune qui s'encaisse d'une centaine de mètres dans le plateau crayeux du Pays de Caux. Sa vallée à fond plat, parsemé d'étangs offre un paysage verdoyant qui prolonge celui du Pays de Bray et tranche avec la nudité du plateau.

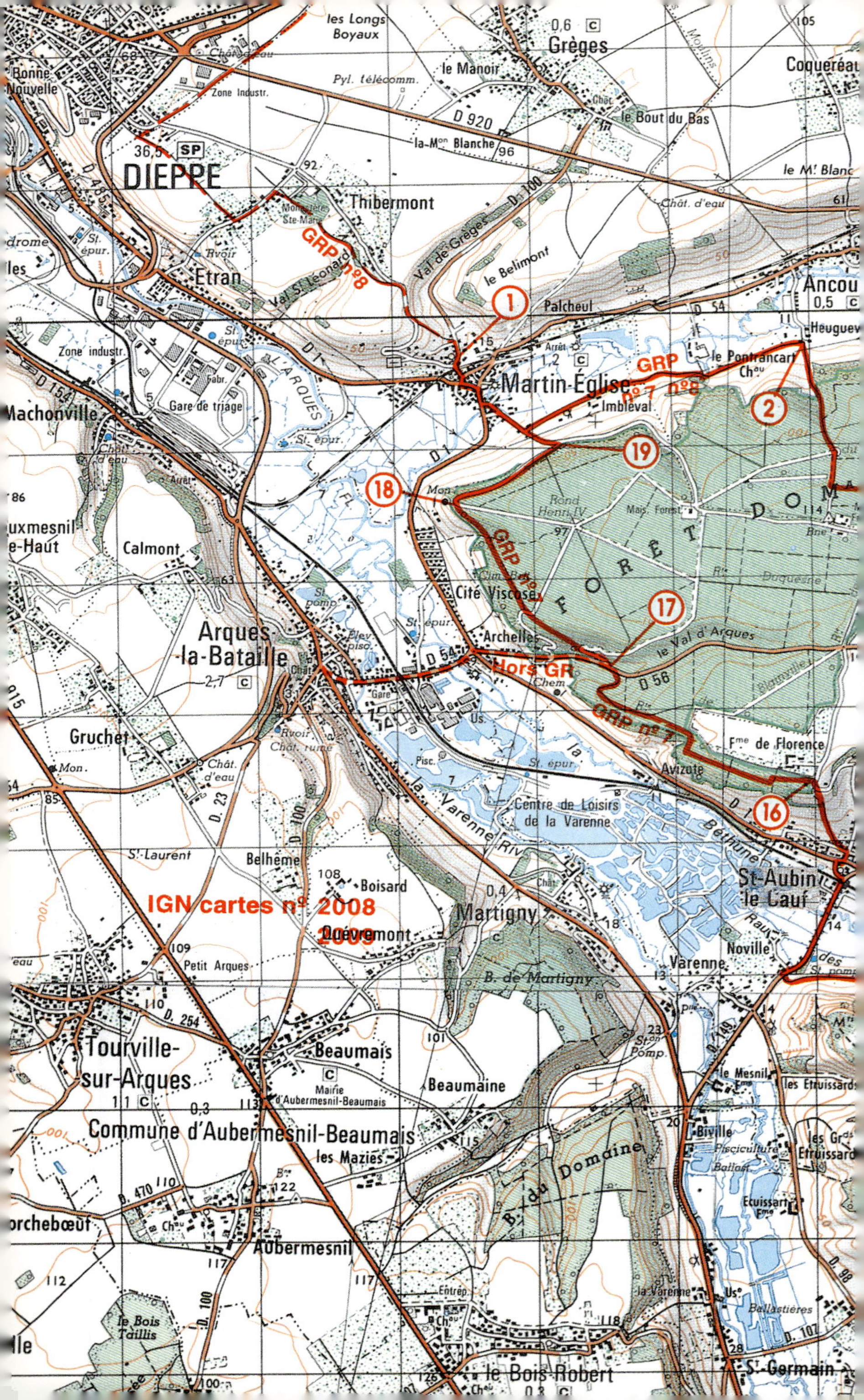
les Longs
Boyaux
Grèges
Coquereau
Bonne
Nouvelle
Château
le Manoir
Pyl. télécomm.
Zone Industr.
D 920
le Bout du Bas
la Mon Blanche
SP
DIEPPE
Thibermont
le Mt Blanc
Monastère Ste-Marie
GRP n°8
Val de Grèges
Chât. d'eau
Etran
Val St Léonard
le Belimont
Ancou
1
Palcheul
D 54
Heugueville
Zone industr.
Arrêt
Martin-Église
GRP
n° 7 n°8
le Pontrancart
Chau
2
D 154
Gare de triage
L'ARQUES
Imbleval
Machonville
St. épur.
19
18
Mon
D 1
Rond
Henri IV
Mais. Forest.
FORÊT DOM
Calmont
GRP n°8
Cité Viscose
17
Duquesne
Arques
la-Bataille
Archelles
le Val d'Arques
D 54
Hors GR
Chât.
Gare
Chem
D 56
Gruchet
GRP n° 7
Fme de Florence
Chât. d'eau
Rvoir
Chât. ruine
Pisc.
St. épur.
Avizote
Centre de Loisirs
de la Varenne
16
St Laurent
Belhême
la Varenne Riv.
Béthune
108
Boisard
St-Aubin
le Cauf
IGN cartes n° 2008
2009
Quévremont
Martigny
Noville
Petit Arques
Varenne
B. de Martigny
D. 254
Tourville-
sur-Arques
Beaumais
Beaumaine
Mairie
d'Aubermesnil-Beaumais
le Mesnil
les Etruissards
Commune d'Aubermesnil-Beaumais
Biville
Pisciculture
Ballast
les Mazies
les Gds Etruissards
B. du Domaine
D. 470
Etruissart
Aubermesnil
D. 100
la Varenne
Ballastières
le Bois
Taillis
le Bois-Robert
St-Germain

Dans le village, franchir la voie ferrée, tourner à gauche, emprunter la D 1 à droite, puis la première rue à gauche. Au premier carrefour, tourner à gauche, monter par le premier chemin à droite.

(16) Peu avant la ferme de Florence, s'engager dans le premier chemin à gauche. Traverser la

(17) **3 km • 45 mn • D 56**

> **Hors GR : 3 km • 45 mn • Arques-la-Bataille**
>
> *Ruines d'un château féodal du 12e. Eglise classée du 16e de style flamboyant.*

Arques est l'ancien port où Guillaume le Conquérant embarqua pour son deuxième voyage en Angleterre.
Le château fort, construit sur un remarquable promontoire, permit à Henri IV de se replier pour défendre son royaume et écraser l'armée du Duc de Mayenne forte de trente mille hommes. Un chroniqueur cite ce détail de la bataille : « la cavalerie et l'infanterie furent gênés par les vignobles », voilà qui atteste bien de l'importance de la vigne en Normandie au Moyen Age.
Du 11e siècle à la Révolution, le "Pot d'Arques" (1,829 l) fut l'étalon des mesures de capacité françaises. Il est conservé au Musée des Antiquités de Rouen.

Pénétrer dans la forêt domaniale d'Arques. Couper la route de Sully.

(18) Au carrefour de la Pyramide *(obélisque érigé en 1827 sur le champ de la Bataille d'Arques et restauré par ordre de Napoléon III),* descendre la route du Bivouac.

(19) Au croisement, tourner à gauche et entrer dans

3,5 km • 1 h • Martin-Eglise

IGN carte n° 2008

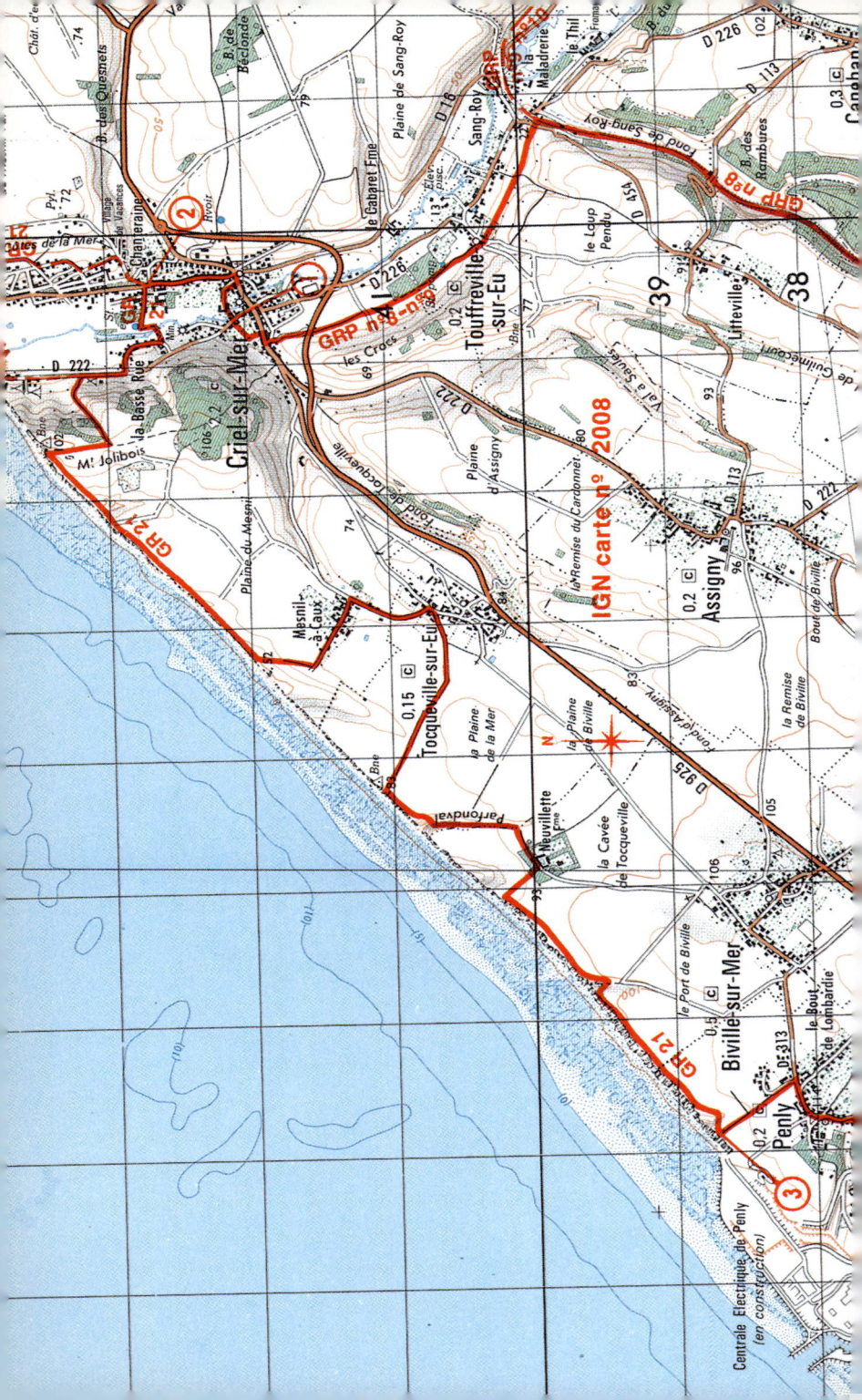

GRP n°8
Le Chemin Vert du Petit-Caux

Criel-sur-Mer

🏠 🏢 ⛺ 🛒 ☕ ✕ ℹ️ 🚌

Eglise du 15e (portail et transept) et du 16e (chœur). Manoir de Briançon du 16e. Château de Chantereine reconstruit sur un style néomansardien.

> Le manoir de Briançon, datant du 16e siècle, appartenait à la famille de Briançon. Il fut acheté par Louise d'Orléans, duchesse de Montpensier, plus connue sous le nom de La Grande Mademoiselle. Elle en fit don à "l'hospice du bourg de Cryel" ou hôpital Saint-Louis, qu'elle avait fondé en 1685 et auquel elle ajouta un orphelinat en 1691.
>
> Quatre Sœurs de la Charité assuraient le bon fonctionnement de l'hôpital et de l'orphelinat et devaient « servir les malades au-dehors..., faire les écoles au-dehors outre celles du dedans » (*). Une maîtresse fut appelée pour apprendre aux jeunes filles « à faire les dentelles... qui seront vendues au profit dudit hôpital » (*).
>
> A la mort de Mademoiselle, ses successeurs continuèrent son œuvre et transformèrent le château. Ainsi le duc de Maine, Charles de Bourbon et le duc de Penthièvre ajoutèrent des ailes au bâtiment. A l'intérieur de la cour, des inscriptions sur les murs rappellent les noms de ces bienfaiteurs.
>
> *(*) Extraits du règlement de l'hôpital Saint-Louis, écrit par la Grande Mademoiselle.*

① *Balisage jaune-rouge :* départ du manoir de Briançon. Traverser la place du Général-de-Gaulle, passer devant l'église, tourner à gauche dans la rue de Chantereine. Passer devant le château.

② *Balisage blanc-rouge (GR 21) :* poursuivre à gauche par la rue du Parc, franchir l'Yères, tourner à droite, emprunter la D 222 à droite et, 200 m plus loin, tourner à gauche pour monter vers Port-d'Ingreval. Tourner à droite, se diriger vers la falaise pour suivre le littoral. Quitter le littoral, traverser Mesnil-à-Caux et Tocqueville-sur-Eu. Retrouver le sentier du littoral. Monter à gauche la valleuse de Parfonval *(où eut lieu, le 21 août 1803, le débarquement des Conjurés dirigés par Cadoudal)*. Passer devant la ferme de Neuvillette *(gîte à la ferme)* et suivre à nouveau le bord de la falaise.

③ Tourner à gauche pour rejoindre

11 km • 3 h • Penly

✕

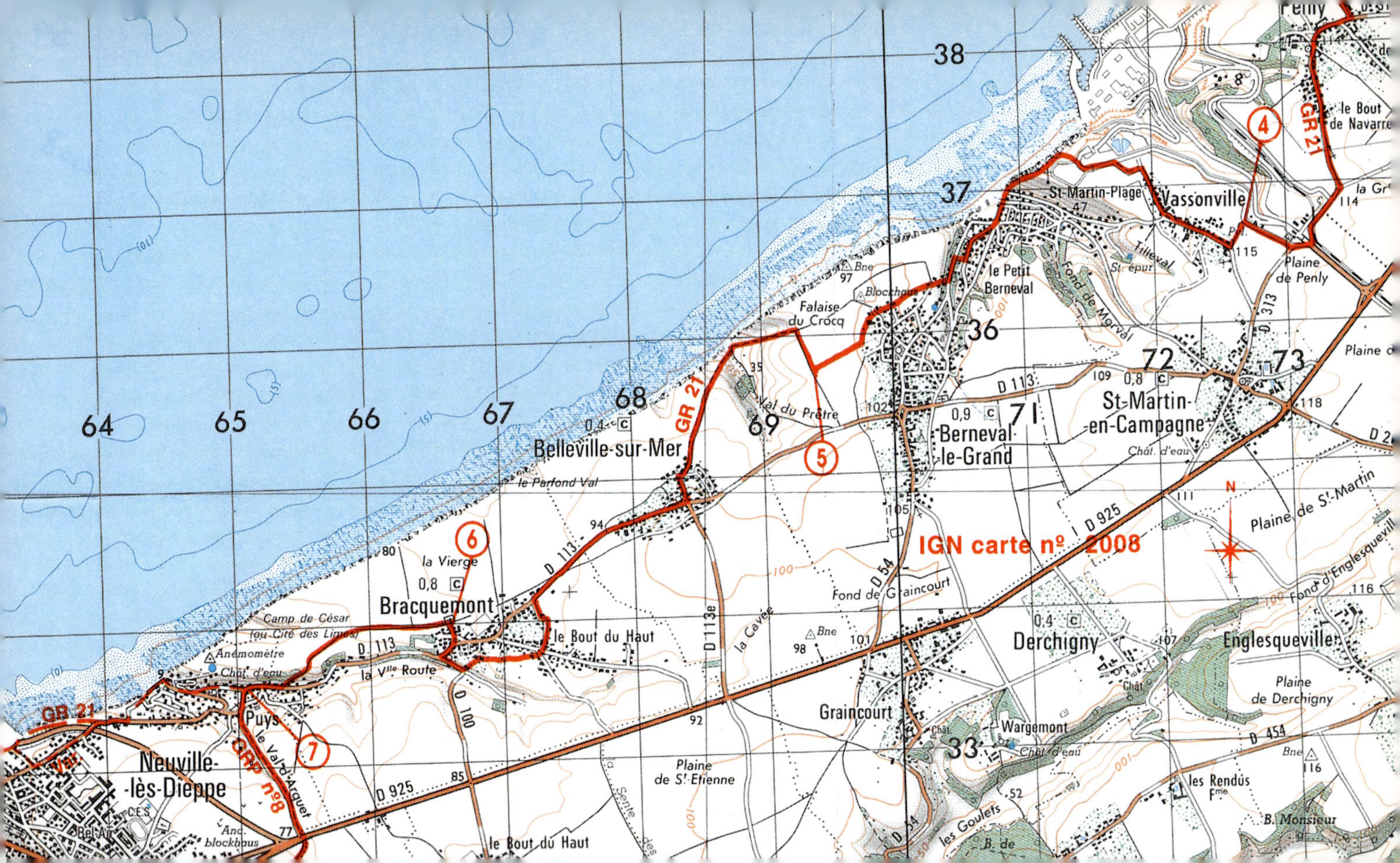

IGN carte nº 2008
GR 21
GRP nº8
Penly
le Bout de Navarre
Vassonville
St-Martin-Plage
Tilleval
St. épur
Plaine de Penly
Fond de Morval
le Petit Berneval
Blockhaus
Falaise du Crocq
Val du Prêtre
Berneval-le-Grand
St-Martin-en-Campagne
Chât. d'eau
Plaine de St-Martin
Fond d'Englesqueville
Englesqueville
Plaine de Derchigny
Derchigny
Wargemont
Graincourt
Fond de Graincourt
la Cavée
Belleville-sur-Mer
le Parfond Val
la Vierge
Bracquemont
le Bout du Haut
Camp de César (ou Cité des Limes)
Anémomètre
la Vlle Route
Puys
le Val-d'Arquet
Neuville-lès-Dieppe
Anc. blockhaus
Plaine de St-Etienne
la Sente des
les Rendus Fme
B. Monsieur
les Goulets
D 113
D 925
D 54
D 100
D 113e
D 313
D 454
64
65
66
67
68
69
71
72
73
36
37
38
33
4
5
6
7
N

Traverser le village de Penly, suivre la clôture de la centrale nucléaire.

④ Au pylône météo, tourner à gauche et traverser le hameau de Vassonville. Devant l'entrée de la centrale, tourner à gauche et retrouver la falaise pour descendre sur Saint-Martin-Plage. Traverser

5 km • 1 h 15 • Le Petit-Berneval

"Brittenevalle", littéralement "Val Breton", du nom d'occupants venus de Grande-Bretagne.

Emprunter à droite un sentier pour rejoindre un chemin qui contourne Berneval-le-Grand.

⑤ A l'intersection, prendre le chemin de droite passant au pied du Val du Prêtre pour remonter ensuite vers

4 km • 1 h • Belleville-sur-Mer

Eglise Notre-Dame du 13e.

Suivre la D 113 ; au premier croisement, tourner à gauche, couper deux petites routes et s'engager à droite sur un chemin de terre se prolongeant en route revêtue, passer devant l'église de Bracquemont. Tourner à droite pour rejoindre le cimetière.

⑥ Emprunter à gauche le chemin qui passe par le Camp de César et conduit à

5 km • 1 h 15 • Puys

> **Par GR 21 : 45 mn • Dieppe**
>
> Voir topo-guide *Falaises et valleuses du Pays de Caux - Côte d'Albâtre.*

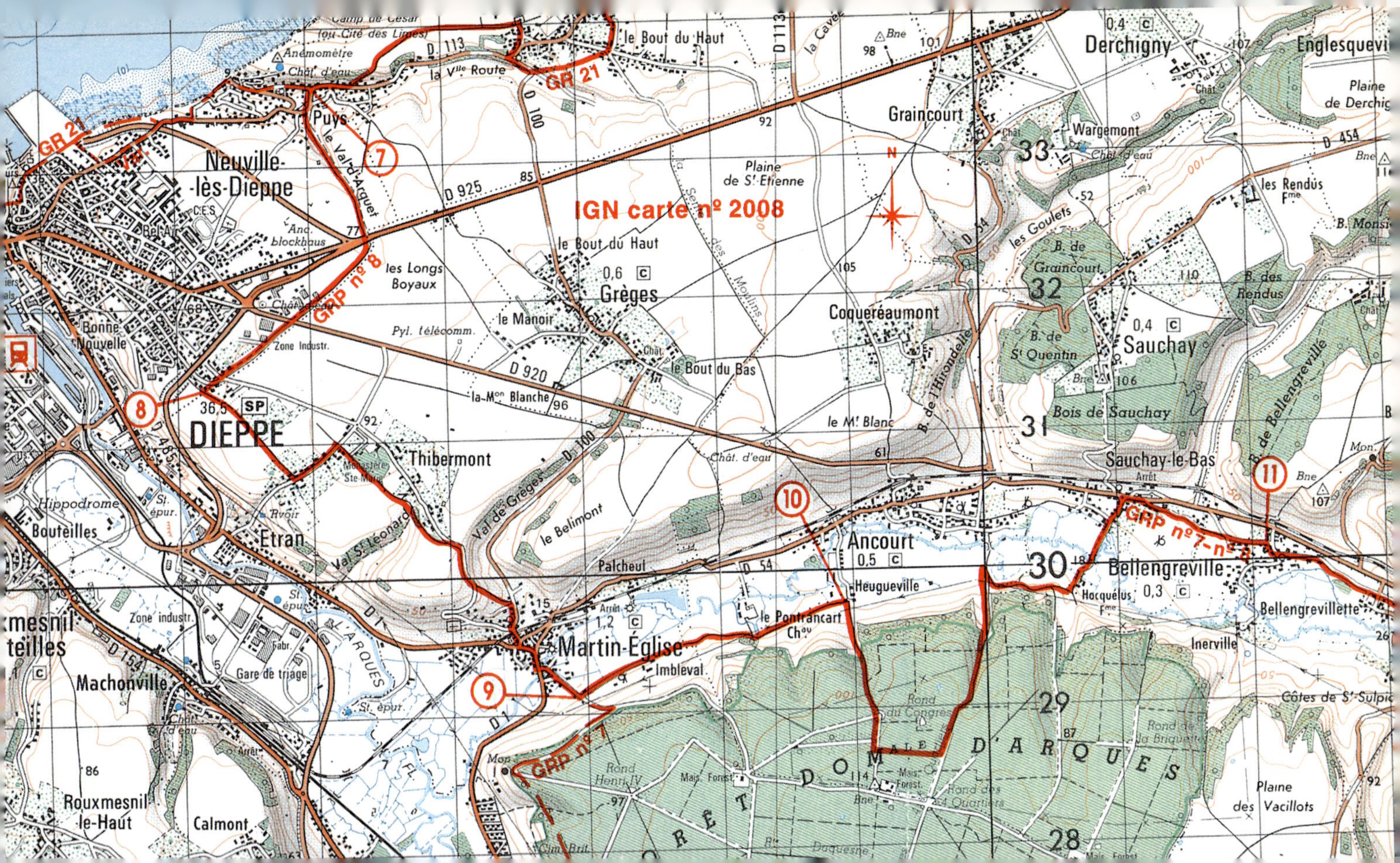
IGN carte nº 2008
GR 21
GRP nº 8
GRP nº 7
GRP nº 7 - nº 8
7
8
9
10
11
DIEPPE
Neuville-lès-Dieppe
Puys
le Val d'Arquet
Camp de César (ou Cité des Limes)
Anémomètre
la Vlle Route
le Bout du Haut
Derchigny
Englesqueville
Graincourt
Wargemont
Plaine de St Etienne
Plaine de Derchigny
les Rendus
les Goulets
B. de Graincourt
B. de St Quentin
Sauchay
Bois de Sauchay
Sauchay-le-Bas
B. de Bellengreville
Bellengreville
Bellengrevillette
Hocquelus
Inerville
Côtes de St Sulpice
Plaine des Vacillots
Coquéreaumont
B. de l'Hirondelle
le Mt Blanc
Grèges
le Manoir
les Longs Boyaux
Pyl. télécomm.
Zone Industr.
la Mon Blanche
Thibermont
Val de Grèges
le Belimont
Palcheul
Ancourt
Heugueville
le Pontrancart
Martin-Église
Imbleval
Val St Léonard
Etran
Bonne Nouvelle
Hippodrome
Bouteilles
Zone industr.
Gare de triage
Machonville
Rouxmesnil-le-Haut
Calmont
L'ARQUES
DOMAINE D'ARQUES
FORÊT
Rond du Congrès
Rond Henri IV
Rond des Quatre Chênes
Rond de la Briquetière
D 925
D 920
D 100
D 113
D 54
D 154
D 485
D 454
D 1
30
31
32
33
29
28

⑦ *Balisage jaune-rouge :* tourner à gauche et monter le Val d'Arquet. Couper la D 925, suivre la rue Louis-Blériot, couper la D 920, puis emprunter une petite route à droite.
⑧ Tourner aussitôt à gauche pour s'engager dans une sente.

Tourner à gauche sur le chemin de Brétigny, puis s'engager à droite dans le chemin du Monastère. A la route, tourner à droite et descendre vers

6 km • 1 h 30 • Martin-Eglise

Une voie romaine reliant Dieppe à Beauvais traversait la commune. Eglise Saint-Martin du 12e.

Suivre la D 1 en direction d'Arques-la-Bataille. Avant le pont sur l'Eaulne, s'engager à gauche dans l'allée Jeanne-d'Arc, continuer par la route de la Forêt.

⑨ Tourner à gauche dans le chemin d'Imbleval passant devant le château de Pontrancart.

> Au Moyen Age, la route reliant Ancourt à Neufchâtel franchissait un pont à péage sur l'Eaulne : le Pont-Trancart. Ce lieu devint un fief, plusieurs châteaux y furent édifiés successivement, détruits pendant la Guerre de Cent Ans. On utilisa ensuite les pierres du château pour réparer celui d'Arques. Il fut reconstruit au 15e siècle puis détruit par les guerres de religions, le château actuel de Pontrancart date du 17e et fut remanié au 18e.
> De l'ancien chemin des diligences reliant Dieppe à Envermeu (qui longe la forêt d'Arques), on peut admirer la façade sud et son jardin à la française.

⑩ Tourner à droite et monter vers la forêt domaniale d'Arques.

Cette forêt de hêtres et de chênes rouvres couronne un éperon cerné par la vallée de l'Eaulne et la vallée de la Béthune. C'est la futaie normande la plus proche de la mer. Les noms des routes et carrefours évoquent la Bataille d'Arques qui vit la victoire d'Henri IV sur les troupes du Duc de Mayenne le 21 septembre 1589.

Traverser le rond du Congrès ; 500 m plus loin, emprunter à gauche une laie rejoignant la route des Quatre-Quartiers. Descendre la cavée ; tout en bas, se diriger plein Est. A la ferme Hocquélus, tourner à gauche. A Saulchay-le-Bas, suivre à droite la D 920 sur 200 m, puis obliquer à droite pour entrer dans

IGN carte n° 2008

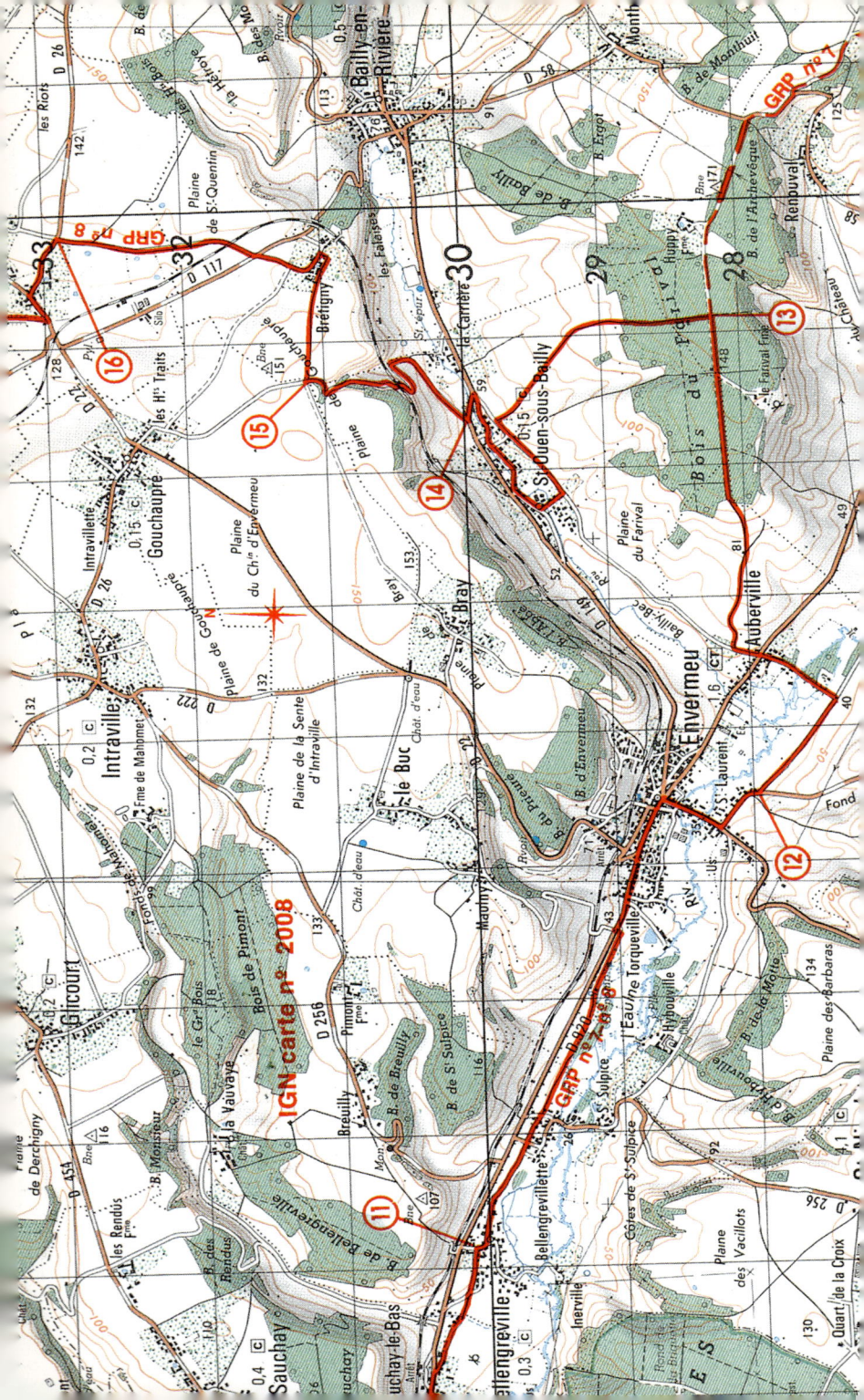

8 km • 2 h • Bellengreville

⑪ A l'église, tourner à droite puis à gauche et poursuivre en face par un chemin herbeux. Suivre à droite la D 920 pour arriver à

4 km • 1 h • Envermeu

Une voie romaine reliant Dieppe à Beauvais traversait la commune. Eglise Notre-Dame, du 16e avec clocher de style gothique (monument historique). Lieu d'une importante nécropole mérovingienne.

A l'église, tourner à droite, franchir les deux bras de l'Eaulne, poursuivre à gauche

⑫ Après le virage, bifurquer à gauche, à la première intersection, encore à gauche, couper la D 920 et s'engager ensuite à droite dans un chemin herbeux. Dans le bois de Farival, suivre l'allée rectiligne.

⑬ Au carrefour des chemins, descendre à gauche, tourner à gauche puis à droite et se diriger vers l'église de

6 km • 1 h 30 • Saint-Ouen-sous-Bailly

Eglise avec nef et clocher romans du 11e.

L'itinéraire utilise une petite route pittoresque avec plusieurs passages de gués sur le Bailly-du-Bec (affluent de l'Eaulne).

Continuer à droite en longeant le Bailly-Bec, suivre D 149 à gauche.

⑭ Après le pont, emprunter à droite une petite route qui monte en serpentant vers la plaine de Gouchaupré.

⑮ En haut de la côte, s'engager à droite Est dans un chemin herbeux. Contourner une ferme, puis tourner à gauche, traverser la D 117 puis la voie ferrée et entrer dans

6 km • 1 h 30 • Saint-Quentin-au-Bosc

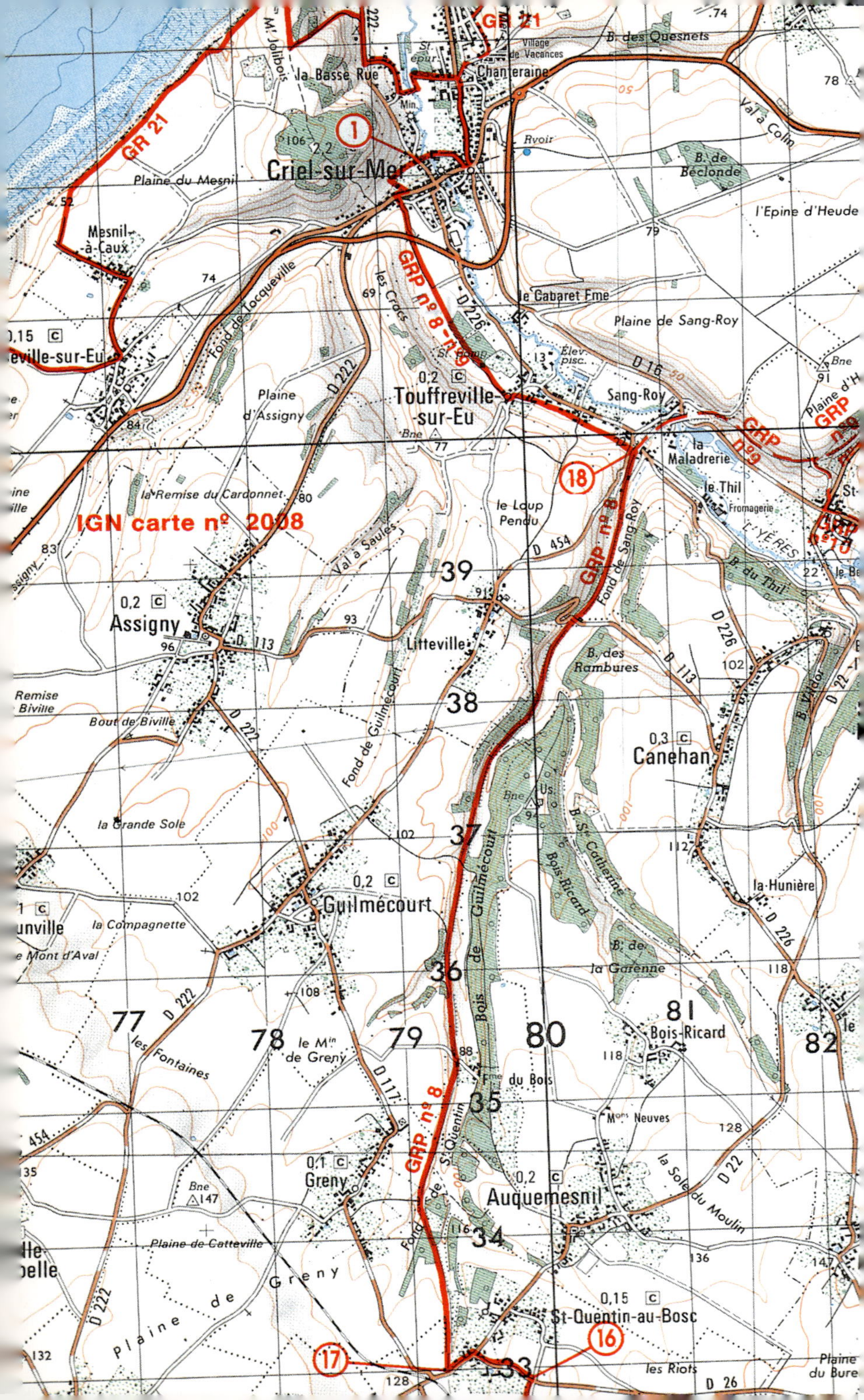

GR 21
Criel-sur-Mer
Mesnil-à-Caux
Plaine du Mesnil
la Basse Rue
Chanteraine
Village de Vacances
B. des Quesnets
Val à Colin
B. de Béclonde
l'Epine d'Heude
le Cabaret Fme
Plaine de Sang-Roy
Sang-Roy
GRP nº 8-nº 9
D 226
D 16
Fond de Tocqueville
les Cracs
Touffreville-sur-Eu
Plaine d'Assigny
D 222
la Maladrerie
le Thil
Fromagerie
L'YÈRES
GRP nº 9
GRP nº 10
B. du Thil
la Remise du Cardonnet
IGN carte nº 2008
le Loup Pendu
D 454
GRP nº 8
Fond de Sang-Roy
Val à Saules
Assigny
Litteville
D 113
B. des Rambures
Remise Biville
Bout de Biville
Fond de Guilmécourt
Canehan
B. Vitdor
la Grande Sole
Guilmécourt
la Compagnette
Bois de Guilmécourt
B. Ste Catherine
Bois Ricard
la Hunière
B. de la Garenne
Bois-Ricard
les Fontaines
le Mln de Greny
D 117
Fme du Bois
Mons Neuves
Greny
Auquemesnil
la Sole du Moulin
D 22
Fond de St Quentin
Plaine de Catteville
Plaine de Greny
St-Quentin-au-Bosc
les Riots
Plaine du Bure
D 26
1
16
17
18

⑯ Au croisement, bifurquer à gauche et encore à gauche sur la D 22.

⑰ S'engager à droite dans le Chemin Vert du Petit-Caux.

Afin de rapprocher deux régions voisines mais assez isolées, on décida en 1880 de construire une ligne ferroviaire reliant Eu-Le Tréport proches de la Picardie et Dieppe, ouvert sur la Normandie.
Les travaux nécessitèrent la pose de 40 km de rails, la mise en place de vingt-cinq aqueducs, d'un pont sur la Bresle et la construction de six gares. Elle fut mise en service le 22 août 1885.
Entre les deux guerres, la ligne était desservie par trois omnibus qui effectuaient le trajet en une ou deux heures selon qu'ils transportaient des marchandises ou des voyageurs. Elle connut son dernier train de voyageurs en octobre 1938 et son dernier train de marchandises en 1972.
Le tronçon Saint-Quentin-au-Bosc - Eu, acquis en 1986 par le SIVOM du Canton d'Eu, est aménagé en chemin de randonnée.
Cet itinéraire de 17 km est aujourd'hui un chemin de randonnée unique et original, au cœur du vaste plateau agricole du Petit Caux, offrant des paysages boisés et vallonnés et des points de vue remarquables du haut des viaducs et des ponts.

Le suivre jusqu'à l'ancienne gare de Touffreville-sur-Eu. (*camping - abri randonneurs*).

⑱ Après cette ancienne gare, laisser le Chemin Vert en tournant à gauche sur une petite route : la suivre toujours à gauche et s'engager ensuite encore à gauche dans un chemin herbeux qui mène à

9 km • 2 h 15 • Touffreville-sur-Eu

Eglise Saint-Sulpice du 13e.

A l'église, tourner à gauche et poursuivre à droite par un chemin goudronné se prolongeant en sentier herbeux. Passer sous la D 925 et, à l'extrémité du chemin, se diriger à gauche. Tourner à droite sur la D 222 puis aussitôt à gauche, suivre une allée, tourner à droite, franchir l'Yères et arriver au manoir de Briançon.

2 km • 30 mn • Criel-sur-Mer

le Tréport
les Granges
Mesnil-Val-Plage
Mesnil-Sorel
le Buzot
Flocques
Etalondes
les Quesnets
Criel-Plage
Criel-sur-Mer
Chanteraine
Yauville
Mesnil-Val
Plaine de Mesnil-Val
IGN carte nº 2007
2008
Heudelimont
Touffreville-sur-Eu
Sang-Roy
la Maladrerie
le Thil
St-Sulpice-sur-Yères
Plaine de Sang-Roy
Plaine d'Heudelimont
l'Epine d'Heudelimont
le Cabaret Fme
le Camp Monchaux
les Louvrets
Manchevill
Mt Huon
le Tréport Terrasse
Belle Vue Fme
Plaine de la Falaise
Roches du Mouron
la Basse Rue
Val à Colin
B. de Beclonde
B. des Quesnets
B. des Coudres
la Vᵉ Tournée
le Loup Pendu
le Becquerel
Doumesnil Fme
Auberville
les Crocs
Val à Saules
Fond de Sang-Roy
B. du Thil
GR 21
GRP nº 9
GRP nº 8 - nº 9
GRP nº 10
D 940
D 925
D 126
D 126E
D 222
D 226
D 16
D 454
D 22
49
48
47
46
39
1
2
3
4

GRP n°9
Entre terre et mer

Le Tréport

"Ulterior Portus", ancien port gallo-romain.

① *Balisage blanc-rouge (GR 21) :* en sortant de la gare, à gauche, emprunter les deux passerelles qui traversent les bassins, tourner à droite, monter la rampe du Musoir puis les escaliers qui mènent sur la falaise. Suivre le sentier du littoral sur 1 km *(panorama)* et tourner à gauche pour rejoindre la route. Descendre à droite et, en bas de la côte, dans Mesnil-Val, traverser l'aire de jeux, tourner à droite et suivre la route longeant la falaise. Avant d'arriver à la plage de Criel, tourner à gauche pour emprunter les rues Jean-Mermoz, De Flocques, Guillaume-le-Conquérant puis les avenues de la Terrasse, Clémenceau, du Mont-Blanc.

② *Balisage jaune-rouge :* poursuivre par la rue Chantereine jusqu'à l'église. Tourner à droite puis encore à droite pour se diriger vers la place du Général-de-Gaulle de

8 km • 2 h • Criel-sur-Mer

Eglise du 15e (portail et transept), chœur du 16e. Manoir de Briançon du 16e. Château de Chantereine reconstruit au 19e sur un style néomansardien.

Manoir de Briançon à Criel-sur-Mer.
Photo SIVOM du canton d'Eu.

Le Tréport

Son histoire est marquée par l'abbaye bénédictine dédiée à saint Michel qui fut fondée en 1053 par le Comte d'Eu, Robert 1er. Elle subit des dévastations pendant la guerre de Cent Ans, connut un renouveau au 17e grâce aux Mauristes puis fut démolie à la Révolution. Expansion de la ville au 13e siècle accordée par Henri II, comte d'Eu. Construction d'un canal entre Le Tréport et Eu en 1475 dévasté à plusieurs reprises aux 14e et 16e siècles par les Anglais et les Protestants en 1562. Station balnéaire lancée par Louis-Philippe qui y invita par deux fois la reine Victoria.

La ville comporte trois grands quartiers : la ville Haute avec ses vieilles rues et ses hôtels particuliers ; le quartier des Cordiers conquis sur la mer depuis deux siècles où s'installèrent au 19e d'élégantes villas, un casino et des bains chauds ; enfin, le quartier Bas qui se développa après la destruction de l'abbaye.

Le pays D'EU LE TREPORT
Le pays des séjours heureux

Des kilomètres de chemins au cœur d'une région préservée...

Outre le **GR 21** de la côte, le **Pays d'Eu-Le-Tréport** est maillé par les **GR de Pays** des vallées de l'Yères et de la Bresle, le **Chemin Vert** du Petit Caux (ancienne voie ferrée) et le riche réseau de sentiers de **Petites Randonnées**.

Villages de caractère, hautes **falaises** de craie, **vallées** verdoyantes et **vestiges** historiques ne manqueront pas de ponctuer chacune de vos randonnées !

• Fête de la Randonnée de la Vallée de l'Yères le week-end de l'Ascension.
• Nombreuses formules d'hébergement (groupes et individuels).

Renseignements :
Offices de Tourisme ou Service Tourisme du Canton d'Eu, Mairie.
76910 Criel-sur-Mer
tél : 35 86 25 65 / fax : 35 86 43 98.

La ville d'Eu

Eu est la plus importante des communes de la vallée de la Bresle, tant par sa population que par son histoire et les traces qui en résultent.

Elle a toujours eu une place privilégiée qui s'est confirmée au cours des siècles et reste un des pôles majeurs du département.

Son patrimoine riche et varié est agréablement complété par la nature, dans la ville elle-même ou à l'extérieur : la proximité de la forêt (3 km), de la mer (3 km) et des deux vallées (Bresle et Yères) ajoute à ses ressources de loisirs.

Le patrimoine architectural

L'ensemble du patrimoine est exceptionnel et s'échelonne sur tous les siècles.
On peut voir :
- le sanctuaire gallo-romain (en cours de fouilles) ;
- la crypte du 12e siècle ;
- la collégiale gothique du 13e siècle ;
- la chapelle du collège des Jésuistes et l'hôtel-Dieu du 17e siècle ;
- le château du 16e siècle successivement remanié et décoré jusqu'au 19e siècle (dernière résidence royale de France, il abrite le musée Louis-Philippe.

On peut aussi flâner dans les vieilles rues où se trouvent de nombreuses demeures anciennes.

La nature

- Eu est une ville fleurie (classée **** au Grand Prix national) ;
- Le parc et le jardin du château au cœur même de la cité ;
- La forêt d'Eu : superbe hêtraie de 10 000 ha située entre les deux vallées de la Bresle et de l'Yères qu'elle suit sur 40 km de long. Elle est à l'origine de la vocation verrière de la vallée de la Bresle (bois de chauffe). Son passé historique la lie directement à la ville d'Eu.
- Le *"carcahoux"* : curiosité de la forêt d'Eu, c'est l'ancien abri des bûcherons fait de branches et de ronces *(animation lors des visites guidées).*

Descriptifs et renseignements dans *Tourisme et Découvertes,* le petit journal de l'Office de tourisme Eu Vallée de la Bresle.

Texte fourni par l'Office de tourisme Eu Vallée de la Bresle.

Hôtel-Dieu à Eu. *Photo OT d'Eu.*

IGN cartes n° 2007 2008

Passer devant le manoir de Briançon, poursuivre en face par une allée franchissant l'Yères, traverser la rue, continuer par le chemin sur environ 200 m et tourner à gauche.

Emprunter la rue à droite et tourner aussitôt à gauche pour s'engager en face dans un chemin herbeux qui passe sous la D 925. A l'église de Touffreville-sur-Eu, tourner à gauche puis à droite dans un chemin de terre et continuer jusqu'à la route. La suivre toujours à droite.

③ Rejoindre le Chemin Vert du Petit Caux (*camping, abri randonneurs*). L'emprunter à gauche, franchir un viaduc (*panorama sur la vallée de l'Yères*), passer sous le pont de Saint-Sulpice.

> **Hors GR : 40 mn • Saint-Rémy-de-Boscrocourt**
>
> 🏠 🛒

④ Continuer par le Chemin Vert jusqu'à

13 km • 3 h • Eu

🏠 🏨 🛏 ⛺ 🛒 ☕ 🍴 ℹ️ 🚌 🚆

Eglise Notre-Dame et Saint-Laurent (monument historique), une des plus remarquables de Normandie, ancienne collégiale gothique des 12 et 13e. Gisant de l'évêque irlandais Lawrence O'Toole, mort à Eu en 1180. Le château, construit à la fin du 16e, fut la résidence de Louis-Philippe. En 1943, il reçut la visite de la reine Victoria.

⑤ A l'extrémité du Chemin Vert, tourner à gauche, suivre les rues d'Aumale et de Verdun, longer la collégiale, poursuivre par l'allée des Guise, franchir la grille du parc, descendre à droite, contourner le mur du château et continuer jusqu'au Pavillon des Fontaines (*auberge de jeunesse*). Emprunter le boulevard Hélène, longer la Bresle, suivre l'avenue de la Trinité, emprunter à gauche le quai maritime (*réserve ornithologique*) et suivre la berge de l'ancien canal. Passer sous la rocade, monter l'escalier métallique, traverser le canal, redescendre par l'escalier latéral, se diriger à gauche pour s'engager ensuite à droite dans une large allée pédestre de 1,5 km (*ancien chemin de halage du canal de Penthièvre*). A son extrémité, tourner à gauche et aussitôt à droite, longer le canal puis les entrepots jusqu'au rond-point entre les deux passerelles et atteindre la gare de

4 km • 1 h • Le Tréport - Mers-les-Bains

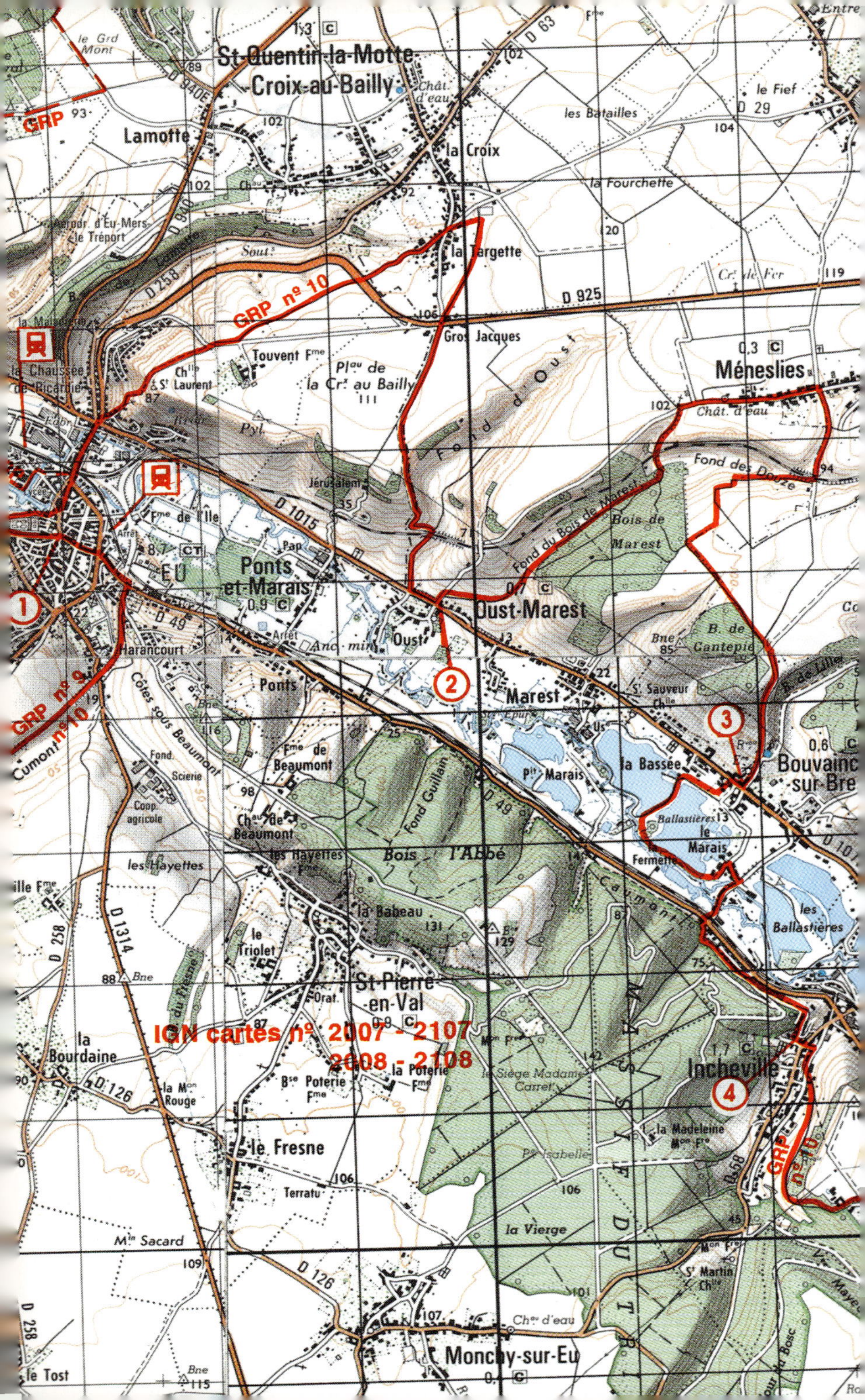
St-Quentin-la-Motte
Croix-au-Bailly
Lamotte
GRP 93
la Croix
les Batailles
le Fief
la Fourchette
la Targette
Aérodr. d'Eu-Mers-le Tréport
GRP nº 10
D 925
Gros Jacques
Touvent Fme
Plau de la Crx au Bailly
Chlle St Laurent
Méneslies
Chât. d'eau
Fond d'Oust
Fond des Douze
Jérusalem
Fond du Bois de Marest
Bois de Marest
la Chaussée de Picardie
Fme de l'Ile
EU
Ponts et-Marais
D 1015
Oust-Marest
Oust
Harancourt
D 49
Marest
B. de Cantepie
St Sauveur Chlle
Bouvaincourt-sur-Bresle
Ponts
GRP nº 9
GRP nº 10
Cumont
Côtes sous Beaumont
Fme de Beaumont
Chau de Beaumont
Pts Marais
la Bassée
Ballastières
le Marais
la Fermette
les Ballastières
Fond Guillain
Bois l'Abbé
Coop. agricole
les Hayettes
les Hayettes Fme
la Babeau
le Triolet
St-Pierre-en-Val
D 1314
D 258
la Bourdaine
D 126
la Mon Rouge
Bse Poterie Fme
la Poterie Fme
le Fresne
IGN cartes nº 2007 - 2107
2008 - 2108
le Siège Madame Carrel
Incheville
la Madeleine Mon Fre
Pte Isabelle
la Vierge
Terratu
Mln Sacard
St Martin Chlle
Monchy-sur-Eu
le Tost
1
2
3
4

GRP n°10
Le Bois du Triage

Eu

① *Balisage jaune-rouge :* partir de la place Guillaume-le-Conquérant. Longer la collégiale et se diriger vers le château. Emprunter l'allée des Guise, franchir la grille, descendre à droite, contourner le mur du château, longer le Pavillon des Fontaines. Emprunter à gauche le boulevard Hélène, monter place de la Bresle, suivre la chaussée de Picardie et continuer à gauche sur la route principale. Au rond-point, emprunter en face, légèrement à droite la petite route et aussitôt, monter à gauche, passer devant la chapelle Saint-Laurent *(18e)* et poursuivre sur la petite route. Dans le creux, continuer en face et, près de la ferme de Touvent, prendre à gauche le chemin de terre. Couper la D 925 ; au carrefour suivant, continuer en face et aussitôt légèrement à droite. Aux dernières maisons, poursuivre par le chemin de terre, couper la D 925 et continuer par le chemin empierré. A la fourche, obliquer à gauche, passer sous la voie de chemin de fer. Après le cimetière d'Oust-Marest, suivre la D 1015 à gauche.

② Au carrefour, prendre à gauche et aussitôt à droite le chemin de terre derrière la ferme. Longer le bois jusqu'à la pâture, passer la clôture et longer à nouveau le bois à l'intérieur de la pâture. Franchir la clôture, suivre le chemin à gauche, passer sous le pont SNCF. Emprunter la route à droite, traverser Méneslies. Au carrefour, descendre à droite, franchir la voie de chemin de fer et poursuivre à droite le long du talus. A la fourche, tourner à gauche ; à l'angle du bois, se diriger à gauche jusqu'à un autre bois dont on suit la lisière. Continuer en face sur la route jusqu'à

14 km • 2 h 30 • Bouvaincourt-sur-Bresle

"Bovina Curtis", de "bovis" (bœuf) et de "curtu" (écourté). Eglise Saint-Hilaire du 13e.

③ Emprunter la D 1015 sur 50 m (Nord-Ouest) puis une ruelle à gauche, passer entre les étangs, poursuivre entre l'étang et la Bresle, franchir les ponts, le passage à niveau, couper la D 49 et suivre la route forestière pour arriver à

3 km • 45 mn • Incheville

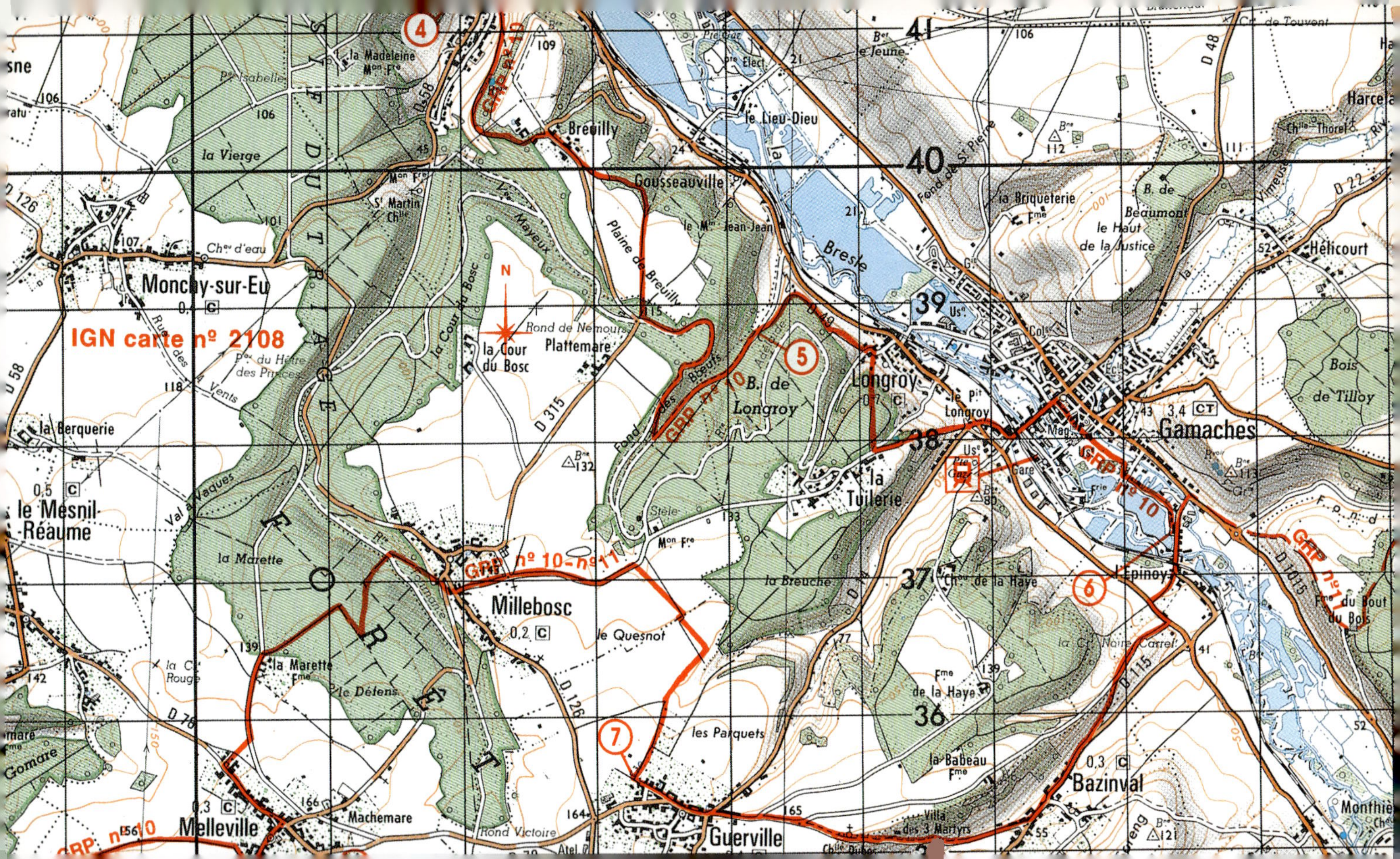
IGN carte nº 2108
GRP nº 10
GRP nº 10-nº 11
GRP nº 11
Gamaches
Longroy
Gousseauville
Breuilly
Monchy-sur-Eu
le Mesnil-Réaume
Millebosc
Guerville
Melleville
Bazinval
Épinoy
Héricourt
le Lieu-Dieu
la Bresle
la Tuilerie
B. de Longroy
Plaine de Breuilly
la Cour du Bosc
Plattemare
le Quesnot
les Parquets
Machemare
la Marette
la Berquerie
la Vierge
Bois de Tilloy
la Briqueterie
le Haut de la Justice
Beaumont
F O R Ê T
la Breuche
Chau de la Haye
la Babeau
4
5
6
7

④ Dans Incheville, prendre à gauche en bas de la côte, couper la D 58, tourner à droite. Suivre à gauche un chemin empierré jusqu'à Breuilly. Emprunter à droite la route, tourner encore à droite sur la D 315 et, après les habitations, poursuivre à gauche par un chemin jusqu'au rond de Nemours. Suivre à gauche la route forestière, après les courbes descendre à gauche un chemin herbeux et continuer à descendre par un chemin empierré sur la gauche.

⑤ A la fourche, obliquer à droite et poursuivre jusqu'à Longroy. Suivre à gauche une route et s'engager à droite dans un chemin entre les habitations. Gravir la pente crayeuse, couper un chemin empierré et continuer en sous-bois. Au hameau de la Tuilerie, face aux maisons, emprunter à gauche la route goudronnée puis descendre par le chemin en face. Suivre la D 14, traverser la D 49 et le passage à niveau pour entrer dans

11 km • 2 h 45 • Gamaches

Eglise Saint-Pierre et Saint-Paul du 13e.

Continuer tout droit. Avant l'église, tourner à droite le long du ruisseau, emprunter la ruelle à gauche sur le petit pont, tourner à droite et continuer jusqu'à la place. Tourner à droite vers l'usine, s'engager à gauche sur le chemin empierré traversant le marais. Face à l'étang, prendre le chemin de gauche.

⑥ *Jonction avec le GRP n°11 :* emprunter la D 213 à droite. Franchir la rivière puis la voie ferrée et s'engager en face dans un chemin caillouteux. Suivre la D 49 à gauche sur 200 m, tourner à droite dans une petite route puis à gauche dans une route empierrée. Traverser Bazinval en empruntant la D 115 puis une petite route à droite se transformant en chemin caillouteux, passer devant la chapelle Pierre Dubos *(érigée en 1790 à l'endroit où il fut assailli par une bande de loups)*. Passer devant l'église de Guerville *(ravitaillement, café)*. *(Cette commune vit la réunion en 1797 des partisans de la conspiration de Pichegru et Cadoudal)*. Poursuivre par la rue de la Place se prolongeant par un chemin de terre. Longer les cultures.

⑦ Tourner à angle droit (Nord-Est, puis Nord-Ouest), emprunter la route à gauche puis la D 126 à droite et s'engager aussitôt à gauche dans une petite sente. Couper la D 315 et descendre à gauche dans le bois. Traverser la route Tournante, monter en face par le chemin de gauche ; s'engager à droite dans la laie et, dans le virage, poursuivre à gauche. Quitter la forêt, tourner à gauche, passer devant la ferme de la Marette *(gîte)*, bifurquer à droite puis à gauche sur la D 78 pour entrer dans

14 km • 3 h 30 • Melleville

IGN cartes n° 2008 - 2108

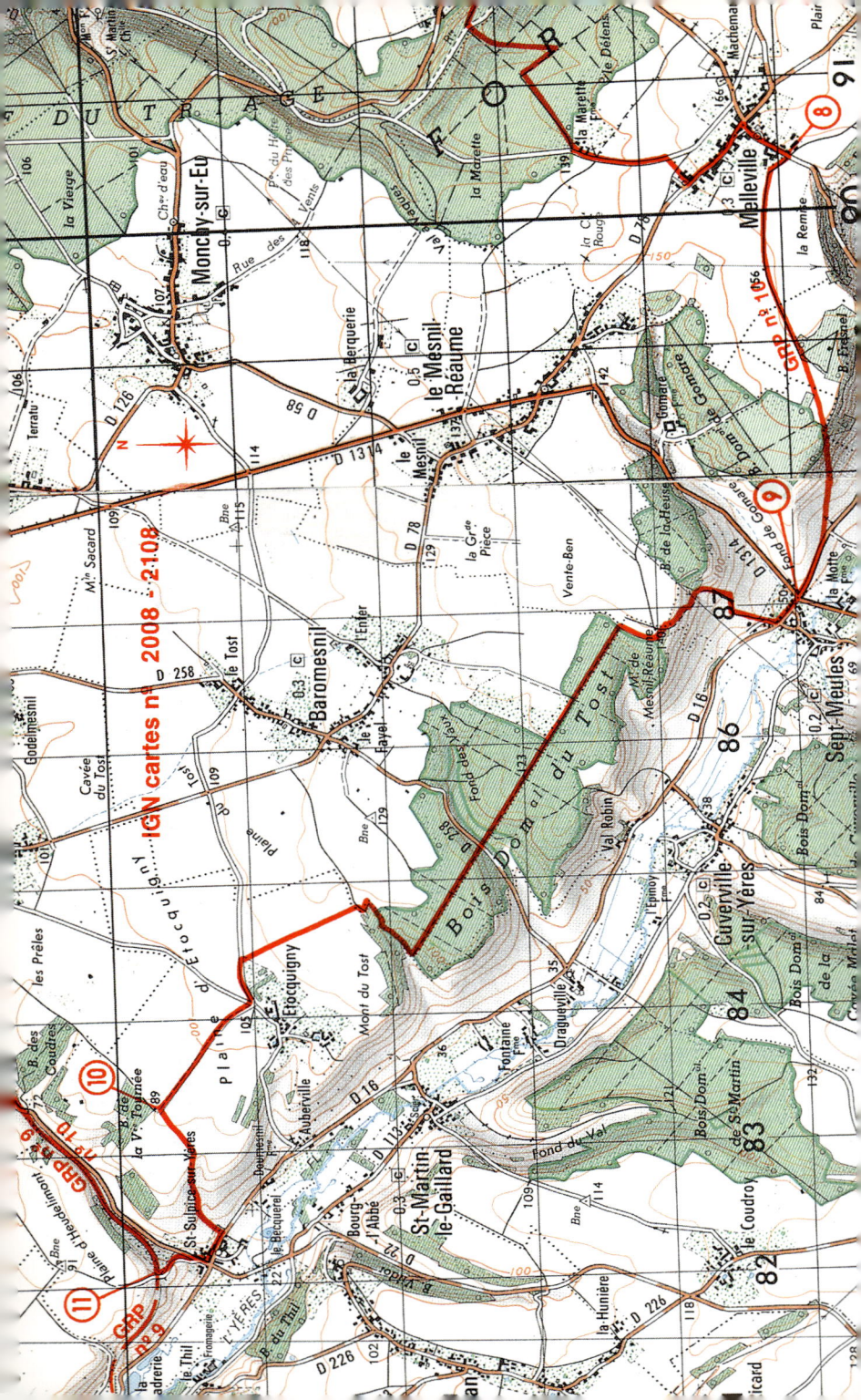

Longer la place de l'Abreuvoir, passer entre la mairie et l'église et continuer tout droit sur 300 m.

⑧ *Séparation du GRP n°11 :* tourner à droite dans une allée bordée de hêtres, descendre le sentier, emprunter la D 16 à droite et couper la D 1314 pour arriver à

3 km • 45 mn • Sept-Meules

Eglise Notre-Dame du 11e. Ferme fortifiée la Motte.
Le nom du village provient de "Septem molas" littéralement "sept pierres". En effet, il existait jadis une quarantaine de moulins dans la vallée de l'Yères ; aujourd'hui, certains fonctionnent encore, tel le moulin des Prés à Sept-Meules qui produit des moutures pour le bétail.

> L'origine du moulin à eau remonte à l'époque de Jules César. Il était composé d'une roue hydraulique verticale et une lanterne (engrenage) qui permettait d'actionner les meules. Selon le débit de l'eau, la roue était à aubes ou à augets. Ce type de moulin ne s'est que peu modifié jusqu'au règne de Louis XVI. Posséder ce moulin était un privilège. Il appartenait au seigneur qui obligeait ses sujets à venir y moudre.
> Le moulin à eau était à l'origine destiné au broyage du blé. Il connut par la suite d'autres applications. Moulin à papier, à poudre, à huile, à tan, à foulon.

Suivre encore la D 16 sur 200 m.

⑨ Monter à droite dans un chemin empierré. Sur le plateau, suivre à gauche le sentier en lisière de forêt et poursuivre à gauche par l'allée qui traverse entièrement le bois du Tost. A la sortie de celui-ci, tourner à droite, traverser la plaine qui mène au hameau d'Etocquigny. Au carrefour, suivre le chemin de droite sur 1 km.

⑩ Tourner à gauche pour traverser

8 km • 2 h • Saint-Sulpice-sur-Yères

> L'Yères, petit fleuve côtier de 36 km, coulant du Sud-Est vers le Nord-Ouest, prend sa source à Aubermesnil-aux-Erables à 128 m d'altitude. Alimentée par de nombreuses sources, elle se jette dans la Manche à Criel-sur-Mer après avoir arrosé Foucarmont, Grandcourt, Sept-Meules... L'Yères traverse différents biotopes, taillis et bocages, prairies et terres cultivées ainsi que quelques pelouses calcaires.

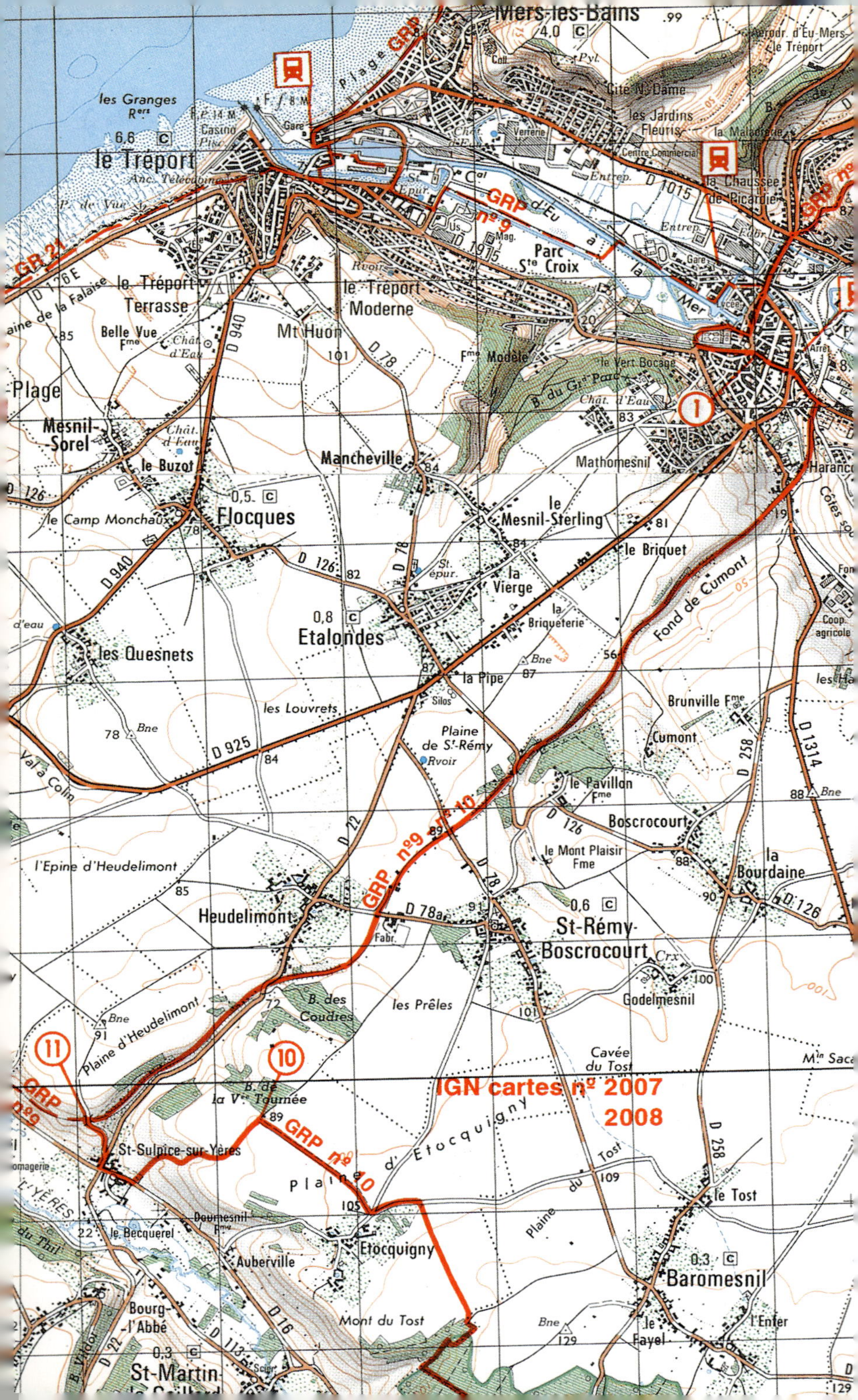

Mers-les-Bains
le Tréport
les Granges
Plage
GRP
GR 21
GRP nº 9
Cité N. Dame
les Jardins Fleuris
la Maladrerie
Centre Commercial
la Chaussée de Picardie
Canal d'Eu à la Mer
D 1015
Parc Ste Croix
le Tréport Terrasse
le Tréport Moderne
Belle Vue Fme
Mt Huon
D 940
D 78
Fme Modèle
le Vert Bocage
B. du Gd Parc
Mathomesnil
-Plage
Mesnil-Sorel
le Buzot
Mancheville
le Camp Monchaux
Flocques
D 126
le Mesnil-Sterling
le Briquet
la Vierge
la Briqueterie
Etalondes
les Quesnets
Fond de Cumont
la Pipe
Silos
les Louvrets
D 925
Plaine de St-Rémy
Brunville Fme
Cumont
D 258
D 1314
le Pavillon Fme
Boscrocourt
le Mont Plaisir Fme
la Bourdaine
l'Epine d'Heudelimont
Heudelimont
D 22
GRP nº9 - nº10
D 78a
St-Rémy-Boscrocourt
Godelmesnil
Plaine d'Heudelimont
B. des Coudres
les Prêles
Cavée du Tost
11
10
GRP nº9
B. de la Vve Tournée
IGN cartes nº 2007
2008
St-Sulpice-sur-Yères
GRP nº10
Plaine d'Etocquigny
Plaine du Tost
le Tost
Doumesnil Fme
le Becquerel
Etocquigny
Auberville
Baromesnil
Mont du Tost
le Fayel
l'Enfer
Bourg-l'Abbé
D 16
D 113
St-Martin-le-Gaillard
1

Emprunter la D 22 à droite sur 100 m puis à gauche la petite route. Ne pas franchir le pont et, par un petit sentier à droite, rejoindre le Chemin Vert du Petit-Caux. *(Voir texte boucle n°8)*.
L'emprunter jusqu'à Eu, suivre à gauche la rue d'Aumale puis la rue de Verdun et rejoindre la place Guillaume le Conquérant dans le centre de

10 km • 2 h 30 • Eu

L'origine de l'agglomération est un simple "castrum" installé sur une terrasse naturelle où se situent aujourd'hui le château et la collégiale. Quatre voies romaines reliaient Eu à Beauvais, Amiens, Lillebonne et Boulogne.

Ce fut le port fluvial de la cité romaine d'Augusta. Eu a appartenu aux Maisons de Normandie, d'Artois, de Nevers, de Clèves, de Guise, à Mademoiselle

Château royal d'Eu. *Photo OT d'Eu.*

de Montpensier, au duc de Maine et à son fils le comte d'Eu, au duc de Penthièvre. La fille de ce dernier épousa le duc d'Orléans, père du roi Louis-Philippe qui fit du château sa résidence préférée. La reine Victoria y fut reçue en 1843. La famille d'Orléans conserva le château d'Eu jusqu'en 1954.

Le Petit Caux

Région aux confins de la Normandie, dominée au Nord par le plateau picard, au Sud par celui du Pays de Bray et à l'Ouest par le Pays de Caux.
Le Petit Caux offre à la fois la mer et la campagne normande avec ses paysages ruraux variés grâce aux nombreux vallons et vallées qui la parcourent et à la présence de massifs forestiers (Triage, d'Eu, forêt d'Arques).
Trois rivières arrosent le Petit Caux : la Bresle, l'Yères et l'Eaulne.

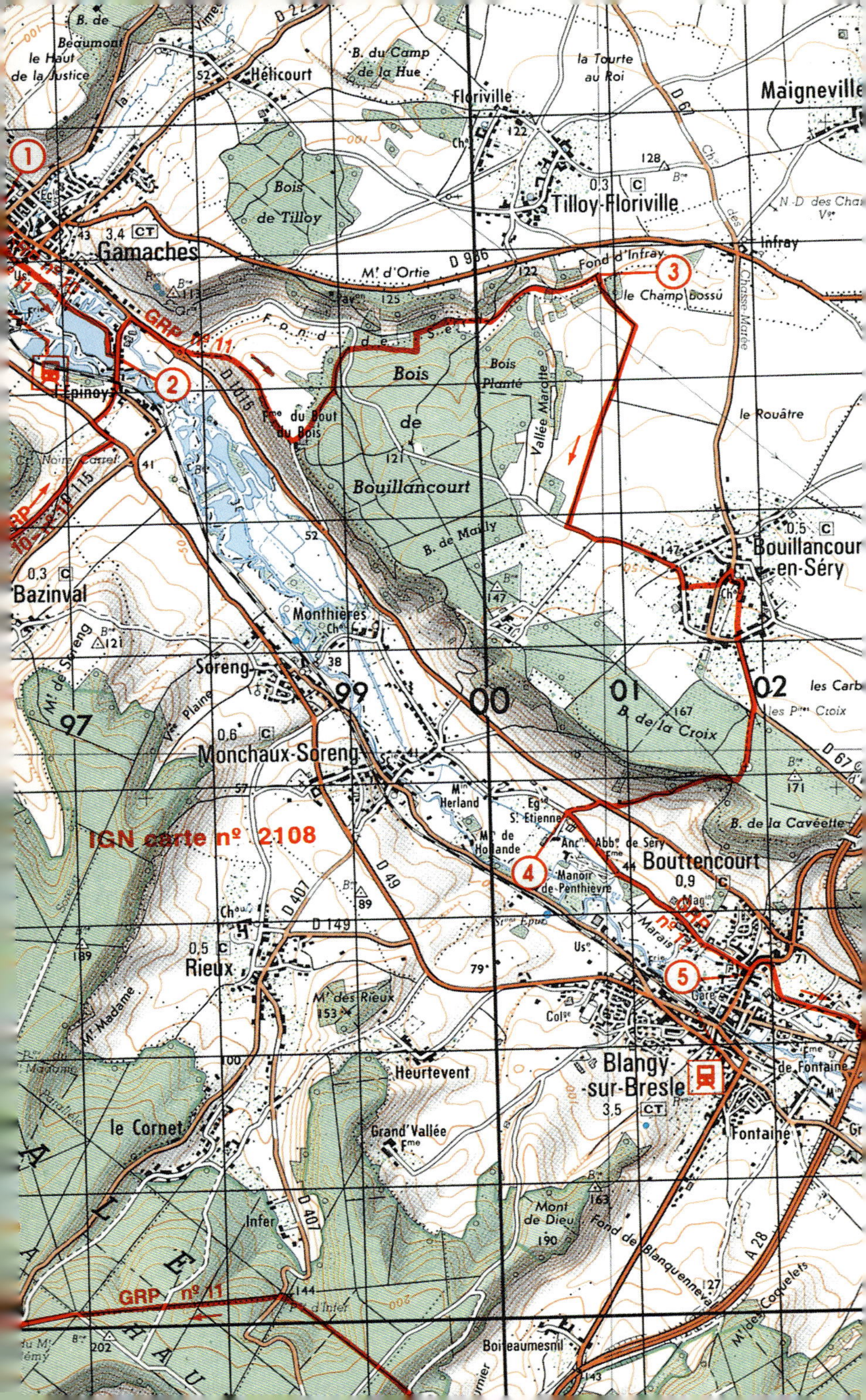

IGN carte nº 2108
GRP nº 11
B. de Beaumont
le Haut de la Justice
Hélicourt
B. du Camp de la Hue
Floriville
la Tourte au Roi
Maigneville
Bois de Tilloy
Tilloy-Floriville
Gamaches
Mt d'Ortie
Fond d'Infray
Infray
le Champ Bossu
Bois de Bouillancourt
Bois Planté
Vallée Marotte
l'Epinoy
Fme du Bout du Bois
le Rouâtre
B. de Mailly
Bouillancourt-en-Séry
Bazinval
Monthières
Soreng
Monchaux-Soreng
B. de la Croix
les Pites Croix
B. de la Cavéette
Mt Herland
St Etienne
Mn de Hollande
Ancne Abbe de Séry
Bouttencourt
Manoir de Penthièvre
Marais
Rieux
Mt des Rieux
Heurtevent
Blangy-sur-Bresle
Fme de Fontaine
Fontaine
le Cornet
Grand' Vallée
Mont de Dieu
Fond de Blanquenneval
Infer
Boiteaumesnil
Mt des Coquelets
Mt Madame
Mt de Soreng

GRP n°11
Massif de la Haute-Forêt

Gamaches

Eglise Saint-Pierre et Saint-Paul du 13e.

① *Balisage jaune-rouge* : partir de l'église, emprunter à gauche la ruelle sur le petit pont, tourner à droite et continuer jusqu'à la place. Tourner à droite vers l'usine puis à gauche sur le chemin empierré traversant le marais. Face à l'étang, suivre le chemin de gauche.

② Emprunter la D 213 à gauche, franchir la Bresle, utiliser la D 1015 à droite. Passer le rond-point, continuer en face pour s'engager dans un chemin de terre à gauche, traverser les pâtures *(point de vue)*, suivre la petite route et aussitôt, bifurquer à gauche dans le chemin longeant la lisière du bois, couper la route et poursuivre à gauche puis à droite dans un chemin en sous-bois.

③ Monter à droite, tourner à gauche et utiliser la route à gauche jusqu'à

9 km • 1 h 45 • Bouillancourt-en-Séry

Au carrefour, passer devant le vieux puits, utiliser la route à droite sur 100 m puis s'engager à gauche dans une sente peu visible. Suivre la D 67 à gauche, passer entre l'église et le château, poursuivre par un chemin de terre jusqu'au carrefour. Emprunter la D 67 (Sud) ; au calvaire s'engager à droite dans un chemin en sous-bois. Face au cimetière *(cimetière des moines de la première abbaye de Séry du 12e, devenu communal),* prendre à droite ; au premier croisement de chemins, descendre la cavée à droite et, au deuxième, poursuivre légèrement à gauche. Continuer le long des pâtures, couper la D 1015. Atteindre l'église Saint-Etienne *(derrière celle-ci, les bâtiments de l'ancienne abbaye de Séry de l'ordre des Prémontrés. Sortant toujours vêtus et coiffés de blanc les religieux étaient surnommés les "Moines Blancs").*

④ Face à l'église, suivre à gauche la route pour rejoindre

5 km • 1 h 15 • Blangy-sur-Bresle (Bouttencourt)

Eglise Notre-Dame du 15e. Manoir de Fontaine du 16e. Musée d'art local.

La forêt d'Eu

Carcahoux en forêt d'Eu. *Photo OT d'Eu.*

Il était une fois... La forêt indivise d'Eu, seigneuriale voici plus de mille ans, fut ensuite ducale, comtale puis royale et impériale. En 1915, après avoir failli disparaître, elle devint domaniale. Au Moyen Age, les défrichements au profit de l'agriculture et de l'élevage et plus tard l'implantation des nombreuses verreries autour du massif, contribuèrent à la dégradation du peuplement forestier.

L'activité humaine y était alors importante. Bûcherons, charbonniers et autres petits artisans édifiaient de nombreuses huttes ou *"carcahoux"*.

Aujourd'hui...

La forêt d'Eu étend ses 9300 ha principalement sur le plateau qui sépare les vallées de l'Yères et de la Bresle. Soumise au climat océanique, elle bénéficie d'une pluviométrie et d'une hygrométrie élevée et d'une température moyenne de 10°C très favorable aux hêtres. Cependant, de fréquentes gelées printanières malmènent plantations et régénérations naturelles. Les tempêtes provoquent des catastrophes en automne et en hiver. Ainsi la gestion fut-elle bouleversée en 1990 par des rafales de 150 km/h.

La sylviculture

Elle s'impose dès le début du 19e siècle et la physionomie actuelle de la sylve eudoise résulte d'une restauration dirigée en 1827 par M de Gérente. Nos plus vieilles futaies datent de cette époque.

Parmi les essences dominantes, le hêtre représente 69 %, les chênes 12 %, les charmes, frênes et merisiers 10 % et les résineux 9 %.

L'objectif

L'aménagement en cours consiste à produire du bois d'œuvre de qualité. 682 parcelles ont donc été définies et font l'objet d'une coupe d'éclaircies tous les huit à

dix ans pendant 150 ans.
Le choix des essences de reboisement tient compte des conditions stationnelles ; les plateaux aux limons épais conviennent à la chênaie (sessiliflore)-hêtraie-charmaie ; sur les pentes où la craie marneuse affleure, les érables s'intègrent à la hêtraie ; enfin, aux sols profonds et frais des vallons, correspond la frênaie-hêtraie-chênaie (pédonculée).

Le patrimoine naturel

Dans ce milieu sylvestre, l'animal le plus facilement observable est incontestablement le chevreuil. L'abondance de ce petit cervidé implique une pression cynégétique rigoureuse afin de maintenir sa population à un niveau compatible avec le bon développement des arbres de l'avenir.

La végétation

Le sous-bois bleu créé au printemps par les vastes colonies de jacinthes ne doit pas masquer la richesse floristique. Une bonne douzaine d'espèces végétales beaucoup plus discrètes sont protégées en forêt d'Eu.

Jean-Paul Legrand ;
ONF Division Dieppe.

Photo ONF / Jean-Paul Adam.

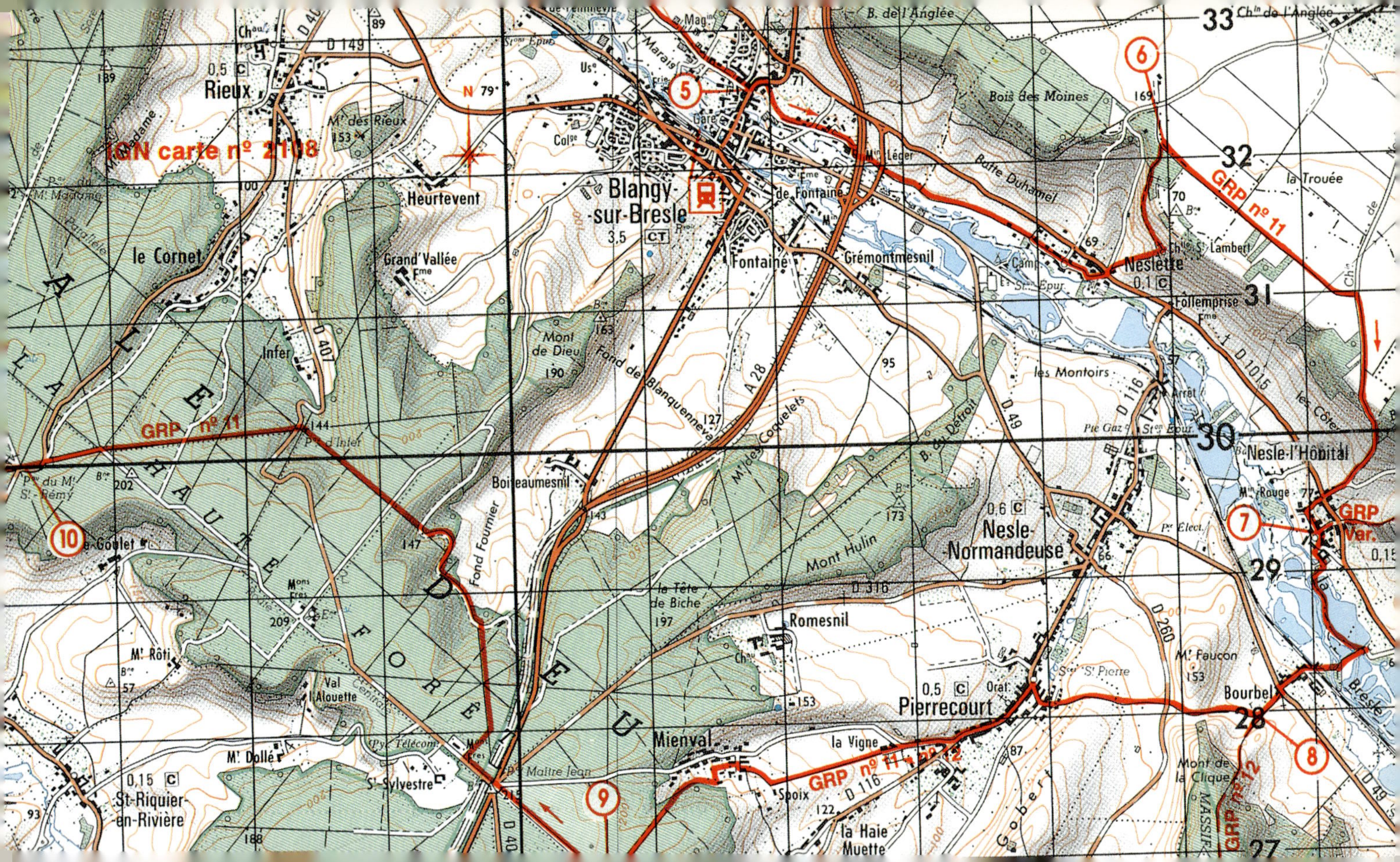

IGN carte n° 2108
Blangy-sur-Bresle
Rieux
Heurtevent
le Cornet
Grand'Vallée
Mont de Dieu
Fond de Blanquenneva
Boiteaumesnil
Fond Fournier
Fontaine
Grémontmesnil
Neslette
Follemprise
les Montoirs
Nesle-l'Hôpital
Nesle-Normandeuse
Mont Hulin
la Tête de Biche
Romesnil
Pierrecourt
Mienval
la Vigne
Spoix
la Haie Muette
Bourbel
Mont de la Clique
Mt Faucon
Bois des Moines
Butte Duhamel
la Trouée
St-Sylvestre
St-Riquier-en-Rivière
Mt Dollé
Mt Rôti
Val l'Alouette
Goulet
GRP n° 11
GRP n° 11 - 12
GRP n° 12
GRP Var.
FORET D'EU
HAUTE
Bresle
A 28
D 49
D 116
D 260
D 316
D 407
D 149
D 1015
5
6
7
8
9
10
27
28
29
30
31
32
33

⑤ Emprunter la N 28 (Nord-Est) ; dans le virage, suivre à droite une ruelle puis un chemin herbeux. Au carrefour, poursuivre en face sur un chemin longeant la rivière, passer sous deux ponts et poursuivre jusqu'aux premières maisons de Neslette. Contourner l'église par la droite ; au carrefour avec la D 1015, monter en face et s'engager aussitôt à droite dans un chemin de terre à travers champs. Aux ruines de la chapelle Saint-Lambert, prendre à gauche l'un des chemins herbeux qui monte vers le bois *(point de vue)*. Dans ce bois, aux ruines, continuer en face.

⑥ Suivre à droite le chemin de terre le long du bois, emprunter la route à droite en descente jusqu'à Nesle-l'Hôpital. Couper la D 1015, continuer à descendre et suivre la route vers l'église.

⑦ Au carrefour tourner à droite, utiliser le tourniquet et, face à l'étang, s'engager dans le chemin à droite, suivre la route, franchir le gué, traverser la voie ferrée, couper la D 49 et poursuivre par le chemin empierré.

⑧ *Jonction avec le GRP n°12 :* bifurquer à droite, traverser la D 260 *(au mont Faucon : base de deltaplane)* poursuivre par le chemin empierré puis la rue jusqu'à

12 km • 3 h • Pierrecourt

🛒 ☕

"Petracurt", cour de Pierre. Eglise Saint-Pierre du 16e. Vigne cultivée autrefois par les moines de Foucarmont. Défaite de Henri IV en 1592 dans ce vignoble après l'affaire d'Aumale.

A l'église, emprunter à gauche la D 116 ; bifurquer à droite dans la première route et poursuivre par un chemin de terre *(chemin des Ecoliers)*. A Mienval, tourner à droite sur la petite route puis à gauche et continuer sur un chemin en lisière de la forêt pour rejoindre le poteau des Essartis.

⑨ *Jonction avec le GRP n° 12 :* emprunter à droite l'allée forestière, passer le poteau Maître-Jean, franchir l'autoroute par le pont, continuer sur la route pendant 200 m. S'engager dans le sentier à droite, suivre la route forestière à gauche sur 1 km et tourner de nouveau à gauche jusqu'au poteau d'Infer. Traverser la D 407 et monter à gauche pour arriver au

10 km • 2 h 30 • poteau du Mont Saint-Rémy

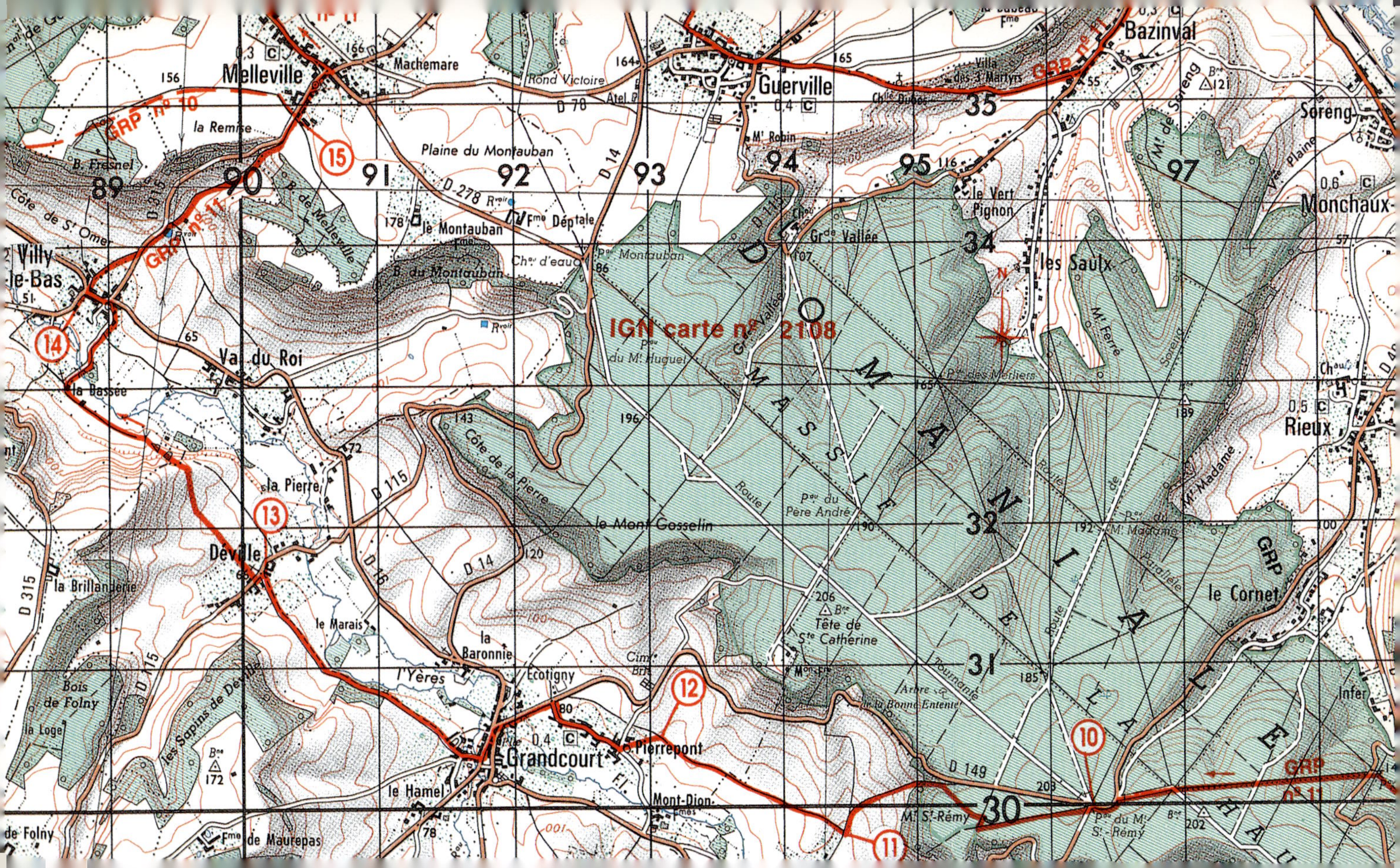

⑩ Suivre le chemin à gauche de la D 149. Tourner à droite et deux fois à gauche pour descendre dans la vallée.

⑪ Tourner à droite (Nord-Ouest).

⑫ Plus loin, emprunter le chemin à gauche ; passer devant la chapelle ruinée, suivre la route et poursuivre à gauche sur la D 49 pour entrer dans

6 km • 1 h 30 • Grandcourt

Eglise Saint-Martin du 11e.

Traverser le village, tourner à droite, suivre le chemin qui mène à Déville.

⑬ Tourner à gauche puis à droite. Au hameau de La Bassée, s'engager à droite sur une petite route, passer devant l'école de Villy-le-Bas et suivre à gauche la D 315.

⑭ Après le croisement, s'engager à droite sur le chemin empierré, suivre à nouveau la D 315 sur 100 m, reprendre un chemin de terre, utiliser encore une fois la D 315 pour entrer dans

7 km • 1 h 45 • Melleville

"Merlevilla", nom d'homme emprunté au nom latin Merle.

36 15 36 15 36 15 RANDO RANDO RANDO
2,23 F la minute

- Pour trouver le GR qui passe à votre porte ou celui qui vous fera découvrir l'autre bout de la France.
- Pour savoir où acheter vos topo-guides.
- Pour mettre vos topo-guides à jour.
- Pour trouver une formation à la randonnée ou une association de randonneurs avec qui partir sur les sentiers.
- Pour connaître toute l'actualité de la randonnée.

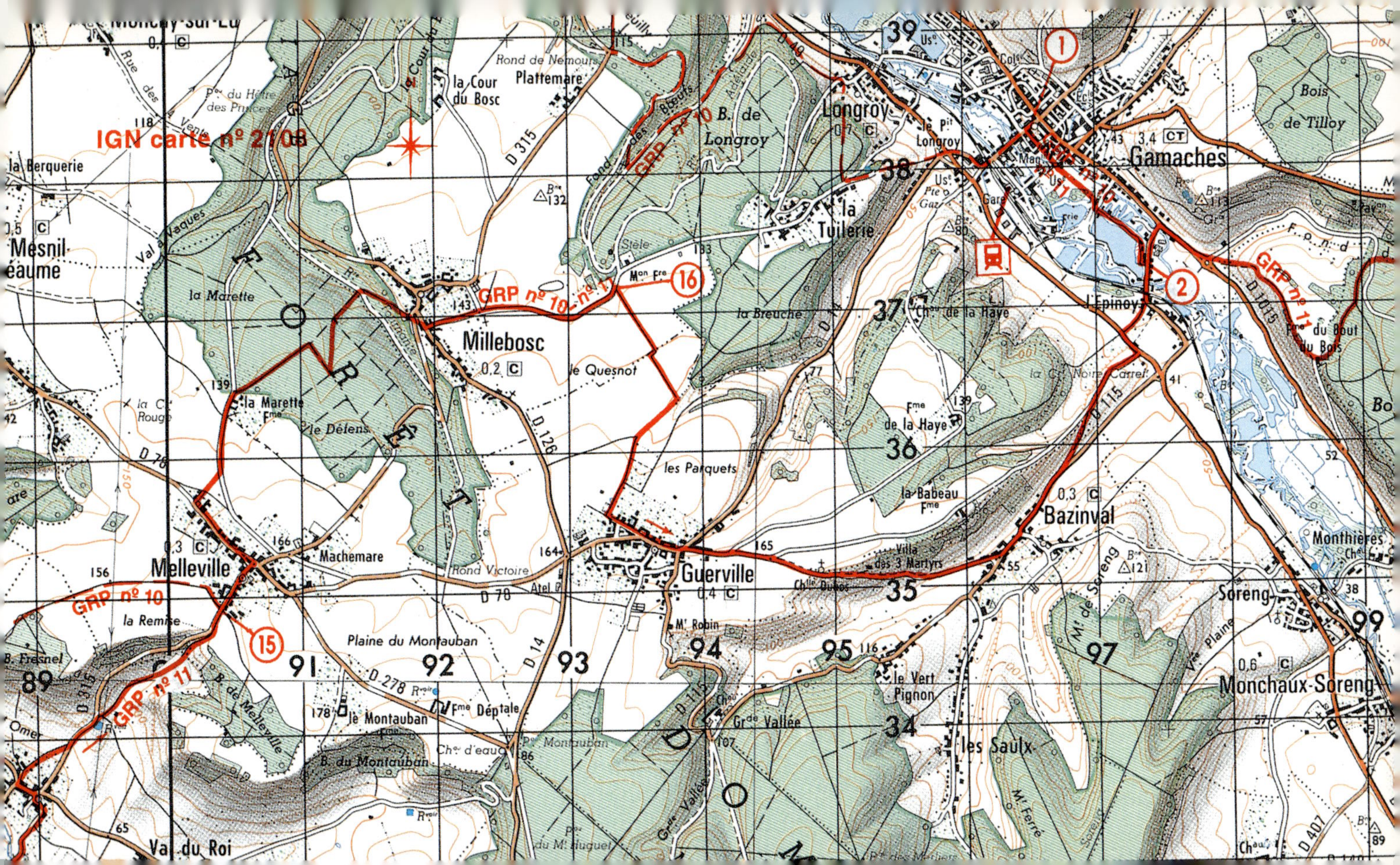

IGN carte nº 2108
GRP nº 10
GRP nº 11
GRP nº 10 - nº 11
Gamaches
Longroy
la Tuilerie
Millebosc
Guerville
Melleville
Bazinval
l'Epinoy
Monchaux-Soreng
Soreng
Monthières
les Saulx
Bois de Tilloy
B. de Longroy
B. de Melleville
B. du Montauban
Machemare
la Marette
le Défens
les Parquets
le Quesnot
la Cour du Bosc
Plattemare
Rond de Nemours
la Berquerie
la Remise
Plaine du Montauban
le Montauban
Val du Roi
le Vert Pignon
la Babeau
de la Haye
la Breuche
Rond Victoire
F O R Ê T

⑮ Emprunter la petite sente à droite de l'église, tourner à gauche, longer la place de l'Abreuvoir, emprunter la D 78 (Nord-Ouest) et, à la sortie du village, prendre à droite la route de la Marette *(chambres d'hôte)*. Entrer dans la forêt et monter aussitôt à droite par un chemin ; suivre une allée à gauche sur 150 m. Descendre à gauche, couper la route Tournante et remonter en face. Tourner à droite sur la D 315, aussitôt à gauche puis à droite et enfin à gauche dans la rue Adélaïde.

⑯ Avant la maison forestière, s'engager à droite dans un chemin de terre à travers les cultures. Continuer en longeant les clôtures et traverser

8 km • 2 h • Guerville

Passer devant l'église et poursuivre à droite par la rue de la Haye. Quitter la route pour emprunter à droite le chemin de terre, descendre la route empierrée, passer devant la chapelle Pierre Dubos *(érigée en 1790, à l'endroit même où il fut assailli par une bande de loups ; point de vue sur la Grande Vallée)*. Traverser Bazinval en suivant la D 115, monter à gauche par une petite route qui se prolonge par un chemin caillouteux. Emprunter la D 49 à gauche sur 200 m, s'engager à droite dans un chemin herbeux, franchir la voie ferrée puis la rivière.

② Tourner à gauche le long des étangs pour regagner

6 km • 1 h 30 • Gamaches

Située à la limite de la Normandie et de la Picardie, la Bresle est un fleuve côtier coulant du Sud-Est vers le Nord-Ouest. Elle prend sa source à Hadancourt à 196 m d'altitude servant parfois de frontière naturelle entre la Seine-Maritime et la Somme. Au long de ses 72 km, elle reçoit sur sa rive droite le Liger et la Vimeuse et sur sa rive gauche, le Ménillet, la Méline et le ruisseau Saint-Pierre. Elle arrose Aumale, Blangy, Gamaches, Longroy, Incheville, Eu ... pour se jeter dans la Manche au Tréport.
Tout au long de son cours, la Bresle est bordée d'aulnes, de saules, de hêtres et de peupliers. Elle offre ainsi, depuis les versants de la vallée, des paysages verdoyants au printemps et en été pour arborer à l'automne une palette de couleurs fauves se reflétant dans une eau limpide et poissonneuse.

IGN carte n° 2109
GRP n° 12
Aumale
Morienne
Marques
Richemont
Aubéguimont
Ellecourt
Pleuville
Blingemer
Rougemare
Bernompré
Ribeauville
Barques
Nullemont
Landes-Vieilles-et-Neuves
Jeunes Landes
Vieilles Landes
la Comté
Bois de Brétizel
Bois Boitel
la Preuse
Coppegueule
Ste Marguerite
Bresle
D 920
D 60
D 102
D 502
D 302
D 82
D 7
N
1
2
3
4

GRP n°12
La Haute-Forêt de Guimerville

Aumale

Eglise Saint-Pierre et Saint-Paul du 16e.

> *"Alba Marla"* voulait dire marne blanche. Cette marne est abondante dans le sol de la région.
> Aux confins de trois régions, Normandie, Picardie, Ile-de-France, Aumale, dominée par sa tour et le chevet de son importante église, s'étire au fond d'une vallée verdoyante, la Vallée de la Bresle.
> Henri IV s'illustra à Aumale, le 5 février 1592, lors de la « Journée d'Aumale », où le cours de l'histoire aurait pu changer.
> En effet, il fut blessé par les Espagnols à l'emplacement de l'actuel pont du même nom et fut sauvé par Jean le Cauchois, capitaine d'Aumale (à moins que ce ne soit par Jeanne Leclerc ?...) qui baissa pour lui le pont-levis.

① *Balisage jaune-rouge :* partir de l'église, prendre la rue qui mène à l'hospice ; 150 m plus loin, tourner à droite et continuer tout droit sur la petite route pendant 1 km. A la croix, tourner à droite et suivre le chemin qui contourne le hameau de Coppegueule. A Morienne, utiliser la D 502 à gauche puis, à l'église, une petite route à droite.

② Utiliser le chemin de terre descendant à travers bois. Emprunter la D 102 à gauche de l'église de

6 km • 1 h 30 • Marques

"Marca", du germanique "limite". Eglise Saint-Aubin du 16e avec porche en pierre.

Suivre la D 102 sur 1 km. A l'orée du bois, monter le sentier à droite. Au hameau de Bernompré, suivre à droite le chemin montant à Rougemare, continuer tout droit sur la route pendant 1 km. A un virage à angle droit, tourner à gauche pour atteindre la forêt. Poursuivre sous le couvert.

③ Juste après le carrefour routier, s'engager à droite dans l'allée qui traverse la forêt (Nord-Nord-Ouest) et poursuivre jusqu'à l'

④ **8 km • 2 h • orée de la forêt**

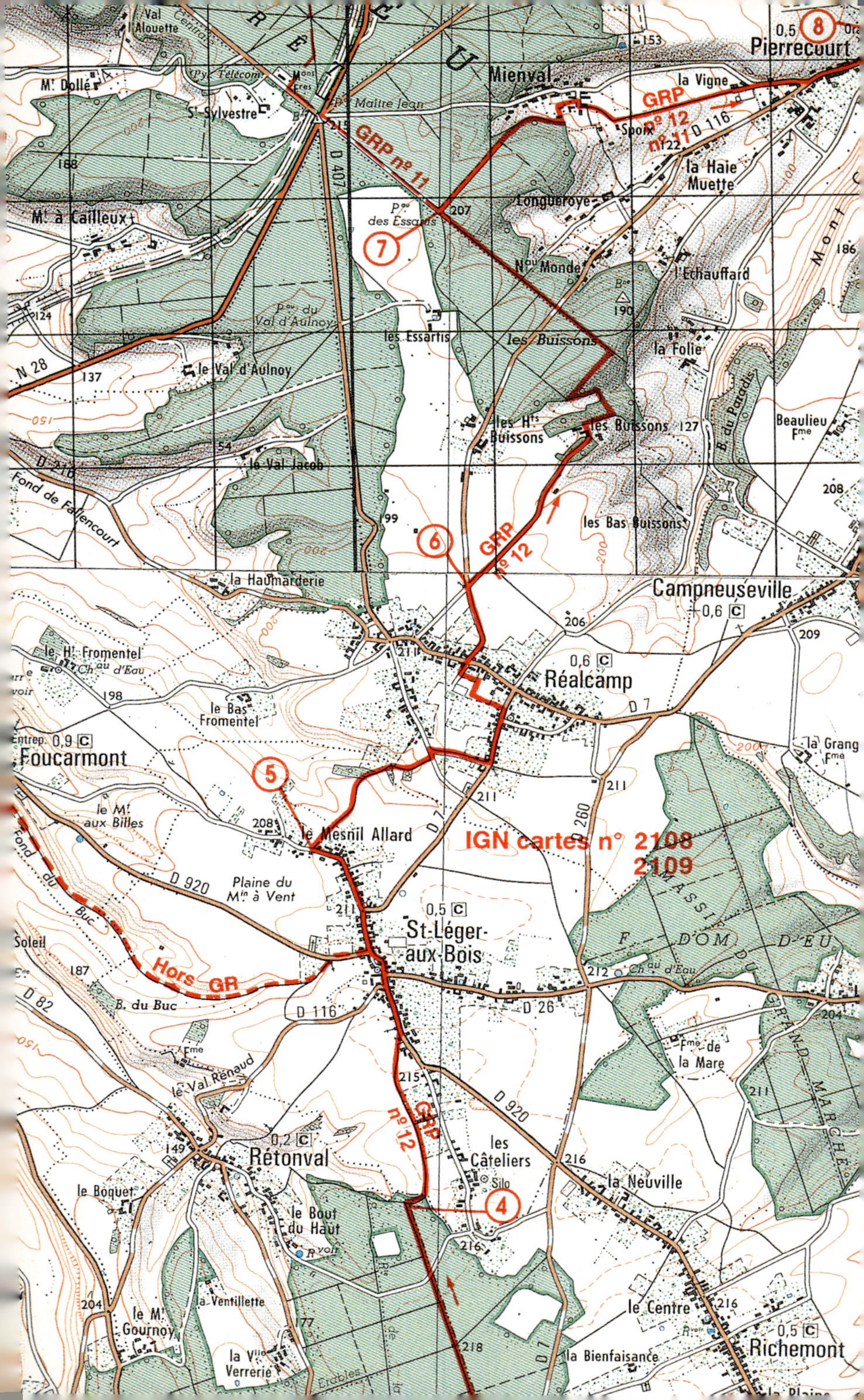

GRP nº 11
GRP nº 12
nº 11
Hors GR
IGN cartes nº 2108
2109
Pierrecourt
Mienval
la Vigne
la Haie Muette
Longueroye
Nou Monde
l'Echauffard
la Folie
les Buissons
les Hts Buissons
les Bas Buissons
Beaulieu Fme
les Essartis
le Val d'Aulnoy
le Val Jacob
Mt à Cailleux
Mt Dollé
St-Sylvestre
Val Alouette
Fond de Fallencourt
la Haumarderie
Campneuseville
Réalcamp
le Ht Fromentel
le Bas Fromentel
Foucarmont
le Mt aux Billes
le Mesnil Allard
Plaine du Min à Vent
St-Léger-aux-Bois
Fond du Buc
B. du Buc
le Val Renaud
Rétonval
le Boquet
le Bout du Haut
la Ventillette
le Mt Gournoy
la Vlle Verrerie
les Câteliers
la Neuville
Fme de la Mare
le Centre
Richemont
la Bienfaisance
la Grange Fme
F. DOM. D'EU
MASSIF DU GRAND MARCHÉ
D 407
D 116
D 7
D 260
D 920
D 26
D 82
D 210
N 28

Utiliser le chemin de droite puis suivre la D 920 à gauche sur 900 m pour rejoindre

2 km • 30 mn • Saint-Léger-aux-Bois

Tour des ducs de Mailly. Eglise Saint-Léger-d'Autun du 16e au clocher curieusement penché.

Hors GR : 3,5 km • 45 mn • Foucarmont

Emprunter la D 7 ; à la chapelle, continuer par une petite route.

⑤ 200 m après le virage, emprunter le chemin à droite. Couper une petite route et poursuivre par une autre petite route légèrement décalée vers la gauche. Utiliser la D 7 à gauche, passer devant l'église de Réalcamp, tourner à gauche, contourner le stade, tourner à droite, suivre la D 116 à gauche puis à droite.

⑥ Au premier carrefour, se diriger à droite vers le hameau des Buissons. Pénétrer dans la forêt et poursuivre à gauche par une allée forestière jusqu'au poteau des Essartis.

⑦ Emprunter une allée forestière (Nord-Est), suivre la lisière du bois, poursuivre par la route, tourner à droite et emprunter à gauche un chemin herbeux *(chemin des Ecoliers)*. Continuer sur la petite route, puis sur la D 116 à gauche jusqu'à

11 km • 3 h • Pierrecourt

"Petracurt", cour de Pierre. Eglise Saint-Pierre du 16e.

Vigne cultivée autrefois par les moines de Foucarmont. Défaite d'Henri IV en 1592 dans ce vignoble après l'affaire d'Aumale.

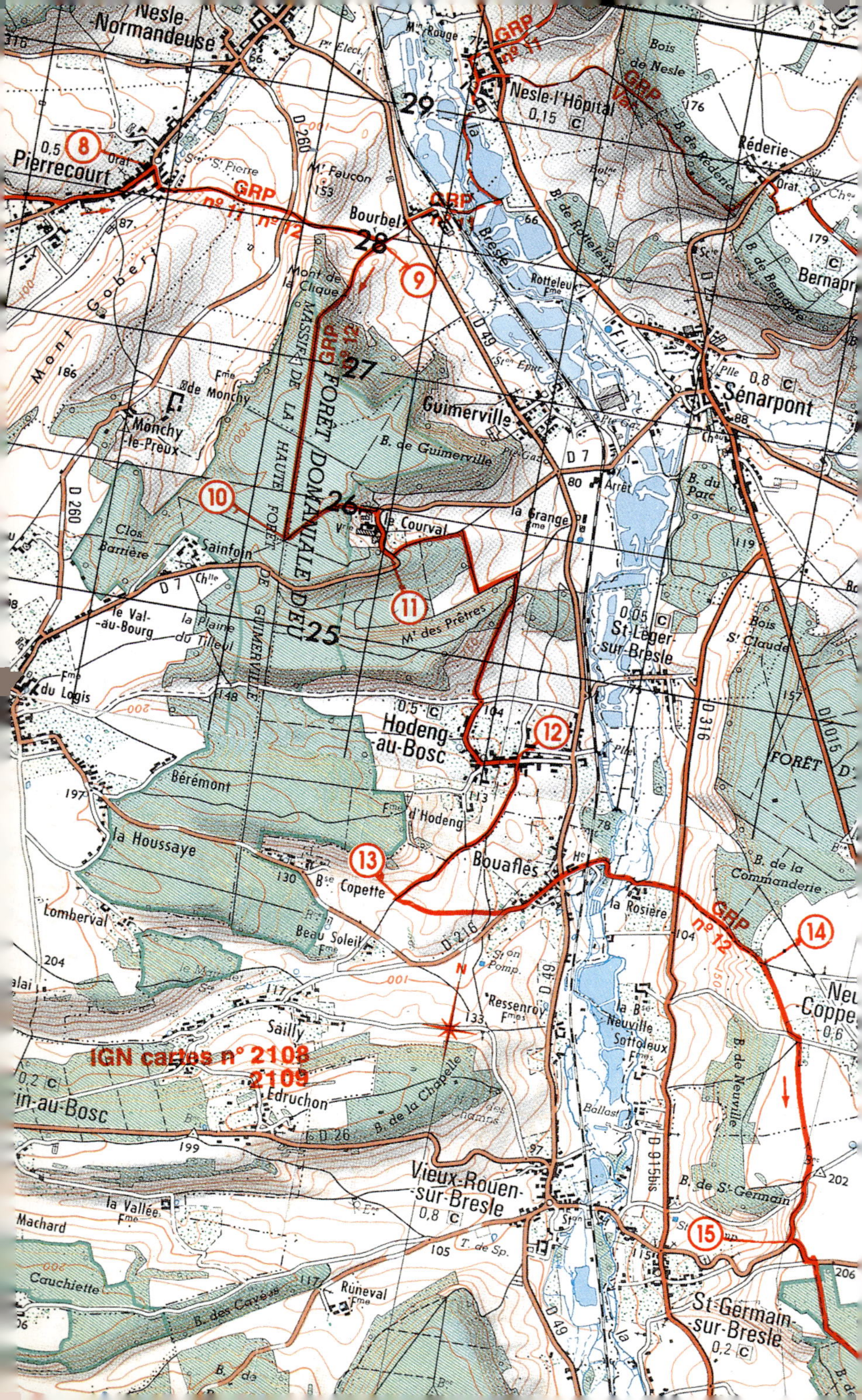

Nesle-Normandeuse
Pierrecourt
GRP nº 11 nº 12
Bourbel
Mt Faucon
Mont Gobert
Mont de la Clique
Fme de Monchy
Monchy-le-Preux
MASSIF DE LA HAUTE FORÊT
FORÊT DOMANIALE D'EU
GRP nº 12
Guimerville
B. de Guimerville
le Courval
la Grange
Clos Barrière
Sainfoin
le Val-au-Bourg
la Plaine du Tilleul
Mt des Prêtres
Fme du Logis
Hodeng-au-Bosc
Bérémont
la Houssaye
Bse Copette
Bouafles
Lomberval
Beau Soleil
la Rosière
Sailly
Ressenroy
IGN cartes nº 2108
2109
Edruchon
B. de la Chapelle
Vieux-Rouen-sur-Bresle
la Vallée
Machard
Cauchiette
B. des Caveus
Rûneval
Nesle-l'Hôpital
Bois de Nesle
B. de Réderie
Réderie
B. de Rotteleux
Rotteleux
Bresle
Bernapré
Sénarpont
B. du Parc
Arrêt
St-Léger-sur-Bresle
Bois St Claude
FORÊT
B. de la Commanderie
GRP nº 12
la Bse Neuville
Sottoleux
B. de Neuville
B. de St Germain
St-Germain-sur-Bresle
Ballast
8
9
10
11
12
13
14
15
25
26
27
28
29
D 260
D 7
D 49
D 216
D 26
D 316
D 1015
D 915bis

Photo Philippe Lambert.

⑧ A l'église de Pierrecourt, tourner à droite, poursuivre par le chemin herbeux, couper la D 260 *(sur le mont Faucon, deltaplane),* descendre jusqu'à une intersection.

⑨ Bifurquer à droite dans un chemin herbeux. Après la cavée, emprunter la longue allée centrale.

⑩ Peu avant le poteau d'Aumale, prendre la première allée en épingle à gauche. Après la verrerie du Courval, utiliser la D 7 à droite.

⑪ Suivre la lisière du bois à gauche puis à droite. Traverser Hodeng-au-Bosc, tourner à gauche.

⑫ Au croisement, s'engager à droite dans un chemin empierré et le suivre jusqu'à la colline.

⑬ Descendre en empruntant le chemin en épingle à gauche. Au cimetière de Bouafles, poursuivre en face, traverser la D 49, puis la voie ferrée, franchir les deux ponts sur la Bresle, couper la D 316 et continuer par le chemin herbeux situé en face légèrement à droite. Longer le bois.

⑭ Emprunter à droite la route empierrée, suivre à gauche la petite route puis aussitôt à droite le chemin longeant une haie et descendre par la route en direction de

14 km • 3 h 30 • Saint-Germain-sur-Bresle (Somme)

IGN cartes n° 2109 - 2209

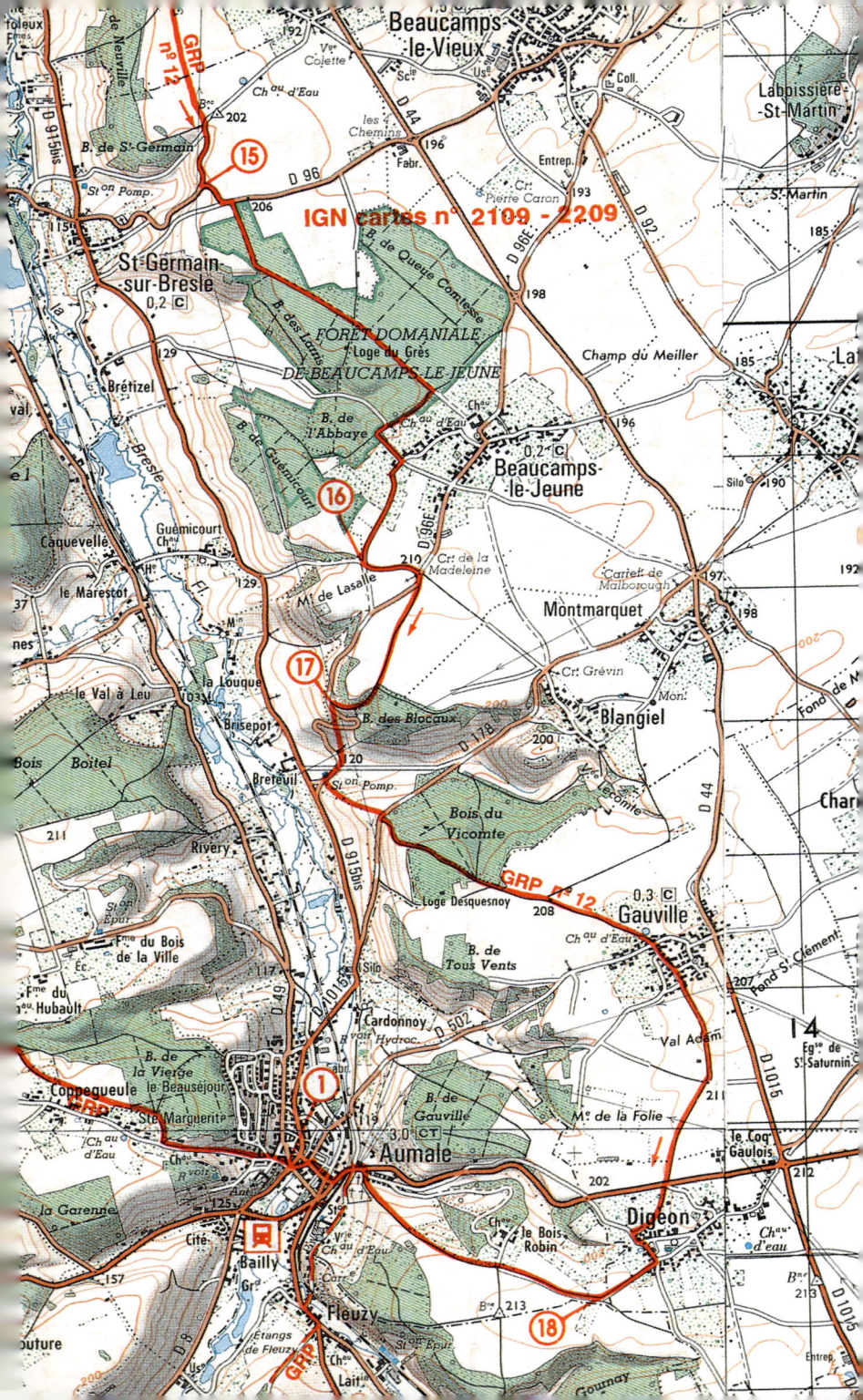

⑮ Utiliser la D 96 à gauche sur 200 m puis à droite la grande allée dans la forêt de Beaucamps-le-Jeune. Tourner à droite en lisière, passer devant la croix de la Mission, poursuivre par la route, tourner à gauche puis à droite

⑯ Au carrefour, se diriger à gauche. Emprunter la D 496 à droite sur 200 m, s'engager aussitôt en face dans le chemin de terre descendant dans le bois des Blocaux.

⑰ A la fourche, suivre le chemin principal à gauche, passer devant une ancienne carrière, traverser la route, emprunter le chemin de terre à droite, suivre à droite la D 496 et, juste avant la D 316, tourner à gauche. Emprunter à droite la D 178 sur 100 m, suivre le chemin qui traverse le bois du Vicomte puis la route. Traverser Gauville par une route se transformant en chemin de terre, couper la N 29, continuer entre les haies jusqu'aux premières maisons de Digeon. Suivre à gauche la route ; face à la place, obliquer à droite et encore à droite au croisement.

⑱ Dans la plaine, emprunter la route à droite et, au niveau de la ferme de Bois-Robin, continuer en face sur le chemin de terre le long d'une haie. Longer le cimetière, franchir la voie de chemin de fer et tourner à droite pour rejoindre l'église d'

15 km • 4 h • Aumale

> **L'industrie du verre à Aumale**
>
> D'après une légende rapportée par Pline l'Ancien, des marchands ayant abordé sur le littoral de la Phénicie se seraient servis, pour soutenir la marmite où cuisait leur repas, de blocs de nitre qui, sous l'action du feu, auraient produit, mélangés au sable de la grève, le premier verre ; en réalité, le verre était connu en Orient depuis quatre mille ans avant J.-C.
> Dès le 7e siècle, on fabrique du verre en Normandie ; le moine Théophile, dans son Traité des divers arts, affirme qu'il a été employé à la garniture des fenêtres.
> Au Moyen Age, un noble pouvait exercer sans déroger le métier de verrier, et, à l'origine, le droit de fabriquer le verre fut l'apanage d'un petit nombre de familles verrières.
> La vallée de la Bresle fut riche en verreries, tant la forêt d'Eu abondait non seulement en bois pour l'alimentation des fours mais aussi en fougères dont les cendres sont riches en potasse, la Bresle fournissant le sable.
> L'industrie verrière est toujours présente à Aumale ; deux verreries produisent, l'une du tube à usage pharmaceutique, l'autre, des ampoules pour solutions buvables et injectables.

IGN carte n° 2111
GRP n° 13
GRP n° 12
GRPn° 13
Hors GR
1
2
3
4
5
Gournay en-Bray
Elbeuf-en-Bray
Avesnes-en-Bray
Bosc-Hyons
Montroty
Neuf-Marché
Ernemont la-Villette
St Aubin
Folleville
Bois du Mont Renoult
Bois de la Haute Haye
les Carreaux
les Croix
la Brochette
les Deux Mares
le Hamel
le Bout de la Ville
la Tête d'Enfer
le Bord du Bois
le Temple
le Joyeux Repos
la Verrerie
les Dupres
la Fieffe
les Flamands
la Briqueterie
Corval
la Haye
le Val Erable
Rond des 4 Cantons
Rond du Gros Bouleau
les Derniers
la Cliquetière
le Château
la Croix du Bas
les Brûlins
les Aulnaies
Cottentray
la Cuisse d'Ane
la Houssoye
la Cotte
Fumechon
le Mesnil
les Bruyères
les Morus
Fme du Couvent
Haras du Bois de Gournay
le Bois de Gournay
le Croquet du Bosc
la Garenne
les Basses Communes
le Doigt
la Villette
le Blanc Pignon
Fme des Verts
la Cornette
Morette
la Falaise
la Cornail
Châtˢ d'eau
D. 915
D. 916
D. 221
N 31
D. 62
D. 19

GRP n°13
La Marche de Normandie

▶ Il existe un balisage blanc-rouge qui, partant de Montel, permet de relier le GR de Pays *La Marche de Normandie* au GR 125 sur le Mont de Fly.

Neuf-Marché

"Novo Mercato", nouvelle marche (nouvelle frontière).
Suite au traité de Saint-Clair-sur-Epte, signé en 911 entre Charles le Simple et Rollon, l'Epte devint la frontière entre la Normandie et le Royaume de France.

Eglise Saint-Pierre des 10 et 12e. Vestiges d'une place forte du 12e.

① *Balisage jaune-rouge :* emprunter la rue du Bourg, tourner à droite dans la rue Messant, traverser la placette à gauche, continuer en longeant la place du Bourg, passer devant la chapelle et descendre la rue de la Poterne *(vestiges de la porte du bourg du 12e).* Suivre la D 1 à droite sur 100 m.

② Obliquer à droite dans le chemin du Four-à-Chaux, poursuivre en contournant les cultures à gauche puis en suivant la lisière du bois.

③ A la croisée des chemins, tourner à droite pour monter dans le bois du Mont-Renoult ; utiliser la route à gauche puis la première route à droite. Traverser Folleville.

④ Utiliser le chemin parallèle au château d'eau et, plus loin *(à 150 m à gauche, aire de repos avec table d'orientation, panorama sur la Boutonnière),* suivre la D 916 à droite.

⑤ 300 m plus loin, tourner à gauche sur une voie revêtue, puis dans le virage, poursuivre tout droit en laissant Avesnes-en-Bray à droite. Couper la N 31 et gagner

9 km • 1 h 45 • Elbeuf-en-Bray

"Wellebof", village de l'eau, village au bord d'un petit affluent de l'Epte. Eglise du 12e. Dans le cimetière, croix de pierre du 17e.

La forêt domaniale de Lyons

Située entre le Pays de Bray et le Vexin normand, la forêt domaniale de Lyons, occupe de ses 10 000 ha un plateau modelé par de nombreux vallons secs aux rebords abrupts. Trois rivières arrosent cet important massif.

La craie sénonienne forme le socle géologique de la région. Elle est surmontée de son faciès détritique : l'argile à silex. Des placages de limons éoliens recouvrent l'ensemble de ces formations.
Le climat océanique est très favorable à la végétation. Ce patrimoine se présentant comme une succession de massifs contigus entrecoupés de cultures est dû à l'esprit d'entreprise des moines cisterciens qui, dès le 12e siècle, procédèrent à d'importants défrichements où seront édifiés des villages ainsi que des structures agricoles. Il en résulte une grande variété de paysages propres à satisfaire le randonneur.

Domaine ducal puis royal, son statut de "forêt d'apanage" vouée au courre du cerf, protégea les limites de la forêt de Lyons jusqu'à la Révolution. Toutefois, les coupes de bois "à tire et aire" en appauvrirent le peuplement. Le chêne, essence noble, fut exploité de manière irrationnelle. Pendant la période révolutionnaire, elle eut à supporter de graves abus de la part des populations trop longtemps brimées : la forêt de Lyons, ruinée, ne pouvait plus satisfaire les besoins croissants en bois de feu des régions parisiennes et rouennaises.
Par la volonté de l'Etat commença vers 1810 l'élaboration d'un aménagement rigoureux : la forêt serait traitée en futaie régulière, son objectif serait la production de hêtres qui ont fait et font encore de nos jours la réputation du pays Lyonsais.

Hélas ! dès le début de notre siècle, la régénération naturelle du hêtre s'avéra de plus en plus difficile. Les peuplements purs se montrèrent fragiles face aux attaques d'insectes et de champignons. Ainsi, depuis 1970, des milliers de hêtres furent frappés par une maladie spécifique ; il fallut les exploiter pour limiter la contagion ce qui provoqua des clairières et accentua la sensibilité au vent. En 1984, 1987 et 1990 une série de violentes tempêtes renversa une partie des peuplements adultes.

Dans un premier temps, les zones dévastées furent reboisées, 1500 ha de forêt furent reconstitués en moins de dix ans. En 1989, un nouvel aménagement imposa un mélange d'essences mieux adaptées aux risques météorologiques et sanitaires : sur les riches plateaux limoneux, le chêne régnera en maître, en association avec le hêtre. Sur les pentes calcaires, le hêtre accompagné de l'érable sycomore constituera "l'essence objectif".

Photo ONF / Jean-Paul Adam.

En Lyons, la forêt est partout : futaie cathédrale grandiose, espaces restaurés rompant avec la monotonie de la hêtraie pure, elle enchâsse étroitement les pittoresques villages nés à son ombre. Gageons que le randonneur engrangera d'inaltérables souvenirs de ce pays de forêts et de traditions. Quelle belle récompense !

ONF / Division Lyons-la-Forêt.

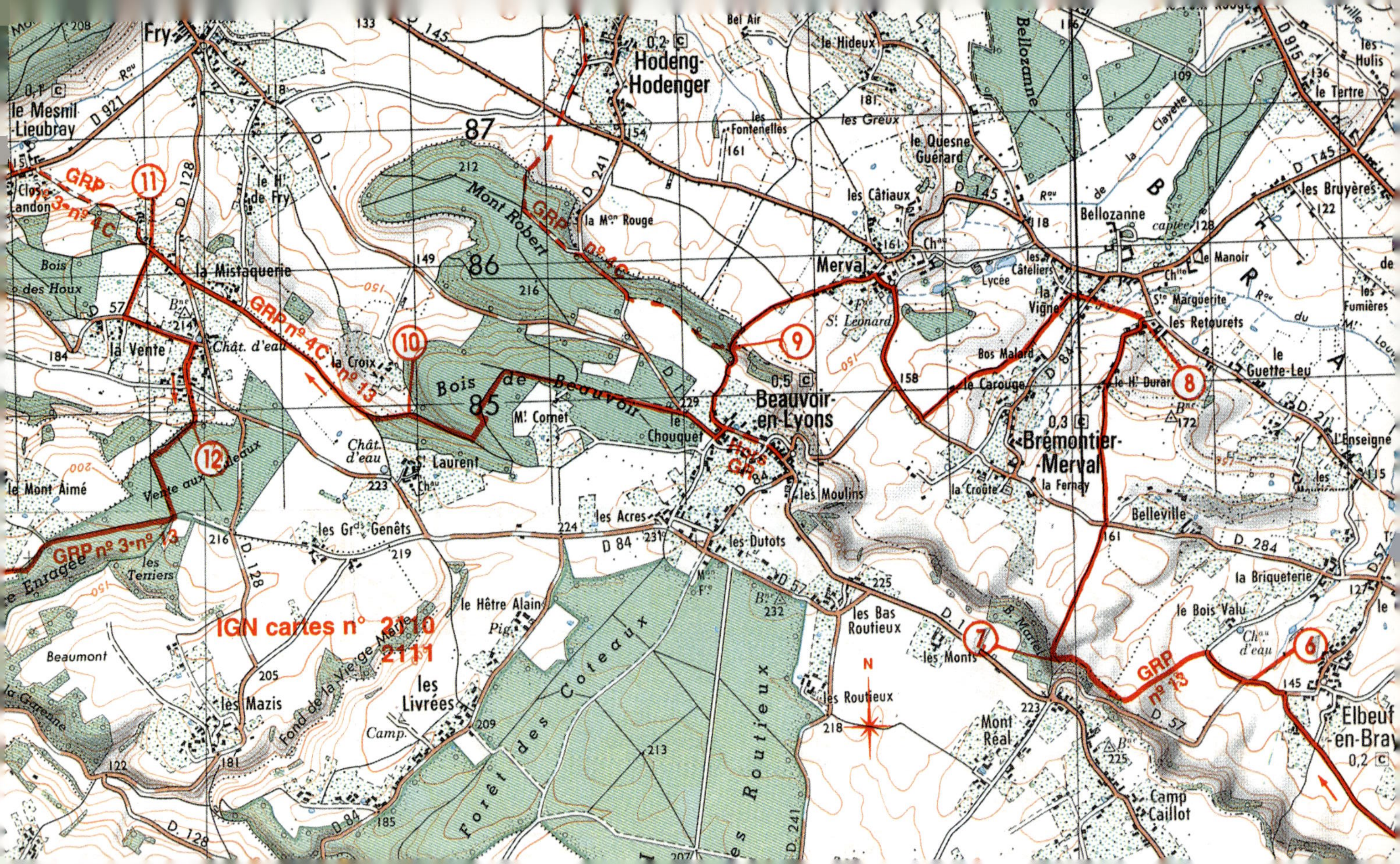
IGN cartes n° 2110
2111
Fry
le Mesnil-Lieubray
Hodeng-Hodenger
Merval
Beauvoir-en-Lyons
Brémontier-Merval
Elbeuf-en-Bray
Bellozanne
Bois de Beauvoir
Mont Robert
Forêt des Coteaux
les Routieux
la Mistaquerie
la Vente
Bois des Houx
les Livrées
les Mazis
Beaumont
le Mont Aimé
les Grds Genêts
le Hêtre Alain
Fond de la Vierge Marie
les Acres
les Dutots
les Moulins
les Bas Routieux
les Monts
Mont Réal
Camp Caillot
la Briqueterie
le Bois Valu
Belleville
la Fernay
la Croûte
le Carouge
Bos Malard
la Vigne
les Câteliers
Lycée
les Câtiaux
le Quesne Guérard
les Greux
le Hideux
les Fontenelles
Bel Air
les Bruyères
le Tertre
les Hulis
le Manoir
Ste Marguerite
les Retourets
le Guette-Leu
l'Enseigne
le Chouquet
Mt Comet
St Laurent
la Croix
le Hl de Fry
Closs Landon
les Terriers
Vente aux Diedeux
la Gaienne
GRP n° 3 - n° 13
GRP n° 4C - n° 13
GRP n° 3 - n° 4C
GRP n° 4C
GRP n° 13
Hors GR
6
7
8
9
10
11
12
N
D 84
D 57
D 128
D 1
D 241
D 145
D 915
D 921
D 284
D 211
87
86
85

Emprunter la D 57 à gauche.

⑥ A la fourche, continuer en face et utiliser le premier chemin à gauche.

⑦ Longer l'orée du bois Martel, s'engager à gauche dans un chemin qui monte dans le bois ; à la première intersection, descendre à droite. Traverser la D 284 et poursuivre par la route cailouteuse longeant le hameau Le Haut-Durand.

⑧ Tourner à gauche dans un chemin herbeux, franchir le ruisseau des Callois, couper la D 84 ; aussitôt après, utiliser le chemin à gauche, puis la D 84 à droite. Suivre une petite route jusqu'à Merval *(fontaine Saint-Léonard)*. Monter la petite route qui se prolonge en chemin herbeux.

⑨ Emprunter à gauche un chemin en cavée, continuer par un chemin empierré à gauche pour atteindre l'entrée de

11 km • 2 h 45 • Beauvoir-en-Lyons

"Bellovidere" doit son nom à sa position élevée permettant la découverte d'un vaste panorama. Eglise Saint-Nicolas du 13e avec porche (IMH). Vestiges d'un château fort bâti par Henri II Plantagenêt en 1169. Vestiges de l'ancienne abbaye Saint-Laurent.

Emprunter la D 1 toujours à droite et s'engager à gauche dans la forêt. A la première croisée des chemins, tourner à gauche, descendre aussitôt à droite un raidillon puis tourner à droite dans une laie à mi-vallon.

⑩ En bas du vallon, monter à droite puis longer les cultures à droite *(point de vue sur la Boutonnière du Pays de Bray)* et poursuivre sur la route. A la patte d'oie, continuer tout droit.

⑪ Obliquer à gauche dans un chemin herbeux longeant une haie, tourner à gauche et au croisement, tourner à droite sur une route ; par un chemin de terre, gagner le

8 km • 2 h • bois de Vente-aux-Bouleaux

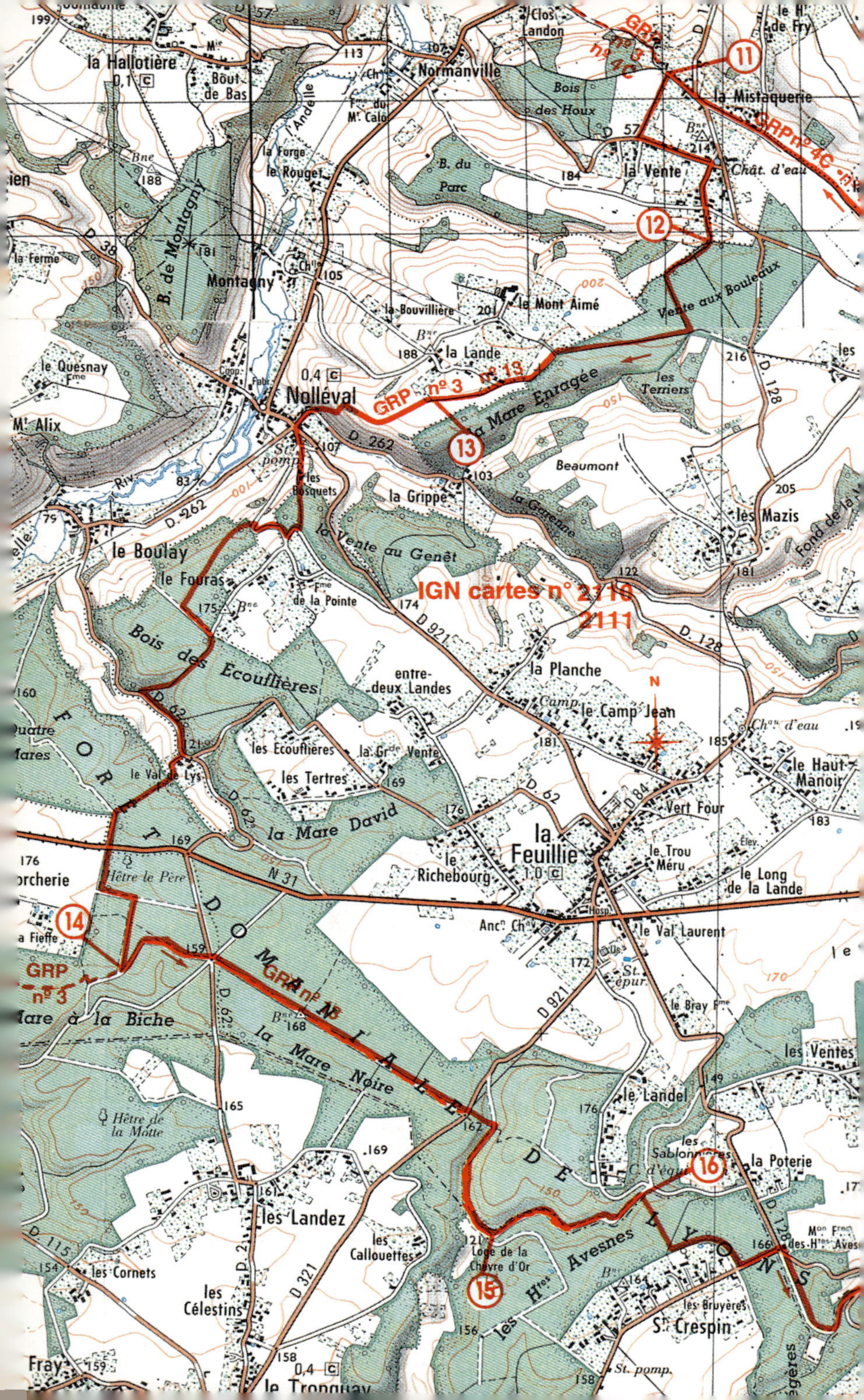

la Hallotière
Bout de Bas
Normanville
Clos Landon
GRP n° 3
n° 4C
la Mistaquerie
GRP n° 4C
Bois des Houx
la Vente
Chât. d'eau
la Forge
le Rouget
B. du Parc
B. de Montagny
la Ferme
Montagny
la Bouvillière
le Mont Aimé
Vente aux Bouleaux
la Lande
le Quesnay
Nolléval
GRP n° 3 n° 13
la Mare Enragée
les Terriers
Mt Alix
D. 262
Beaumont
la Grippe
les Bosquets
la Garenne
les Mazis
le Boulay
le Fouras
la Vente au Genêt
Fme de la Pointe
IGN cartes n° 2110
2111
Bois des Ecouflières
entre-deux Landes
la Planche
le Camp Jean
les Ecouflières
la Gr^de Vente
les Tertres
le Val de Lys
la Mare David
Vert Four
le Haut Manoir
la Feuillie
le Richebourg
le Trou Méru
le Long de la Lande
Hêtre le Père
N 31
FORET DOMANIALE DE LYONS
Anc^n Ch^au
le Val Laurent
GRP n° 3
Mare à la Biche
la Mare Noire
le Bray F^me
les Ventes
le Landel
Hêtre de la Motte
les Sablonnières
la Poterie
les Landez
les Callouettes
Loge de la Chèvre d'Or
les H^tes Avesnes
les Cornets
les Célestins
les Bruyères
St Crespin
Fray
le Tronquay

⑫ Tourner à droite, suivre la lisière du bois, pénétrer à nouveau dans le bois et suivre une allée toute droite. Avant la lisière, utiliser à droite l'allée forestière, tourner à gauche, quitter l'orée du bois et poursuivre entre les haies.

⑬ Utiliser la chicane pour traverser en diagonale la pâture (Ouest), franchir un double passe-clôture et descendre à travers la plaine vers

4 km • 1 h • Nolléval

Nom d'origine gallo-romaine qui signifiait le péage de la vallée. Eglise Saint-Aubin de Nolléval du 13e. Fontaine de dévotion Sainte-Anne.

> **La vallée de l'Andelle**
>
> L'Andelle prend sa source près de Forges-les-Eaux à 151 m d'altitude. Au long de son cours (54 km) du Nord-Est vers le Sud-Ouest, elle arrose une riche zone d'herbages clos de haies. Après avoir traversé de nombreuses communes dont Sigy-en-Bray, Morville, Vascœuil, Fleury-sur-Andelle... elle se jette dans la Seine en amont de Pont-de-l'Arche. Elle est grossie, sur sa rive droite de la Chevrette, du Randillon, de l'Héronchelles et du Crevon. Sur sa rive gauche, elle reçoit la Roulée, le Brièvredent et la Lieure.

Couper la D 921, monter par la petite route en face légèrement à gauche, couper une route et continuer à monter. Tourner à droite, aussitôt encore à droite et, dans le virage en épingle, bifurquer à gauche dans l'allée forestière. Au carrefour en étoile, tourner à droite, poursuivre par le sentier descendant, emprunter la D 62 à gauche. S'engager à droite dans un chemin herbeux pour traverser la ferme du Val de Lys. Franchir deux passe-clôture, monter à droite le raidillon, poursuivre par une laie (Ouest) puis suivre à gauche la route forestière. Couper la N 31, continuer en bordure de forêt, tourner à gauche sur une route empierrée, contourner une parcelle en régénération par la droite.

⑭ Bifurquer à gauche ; au carrefour du Chevreuil *(abri randonneurs)*, couper la D 62A et utiliser l'allée forestière revêtue. Franchir la D 921, descendre le sentier. Utiliser à droite l'allée empierrée.

⑮ Après l'abri randonneurs, emprunter la route des Sablonnières sur 1,4 km.

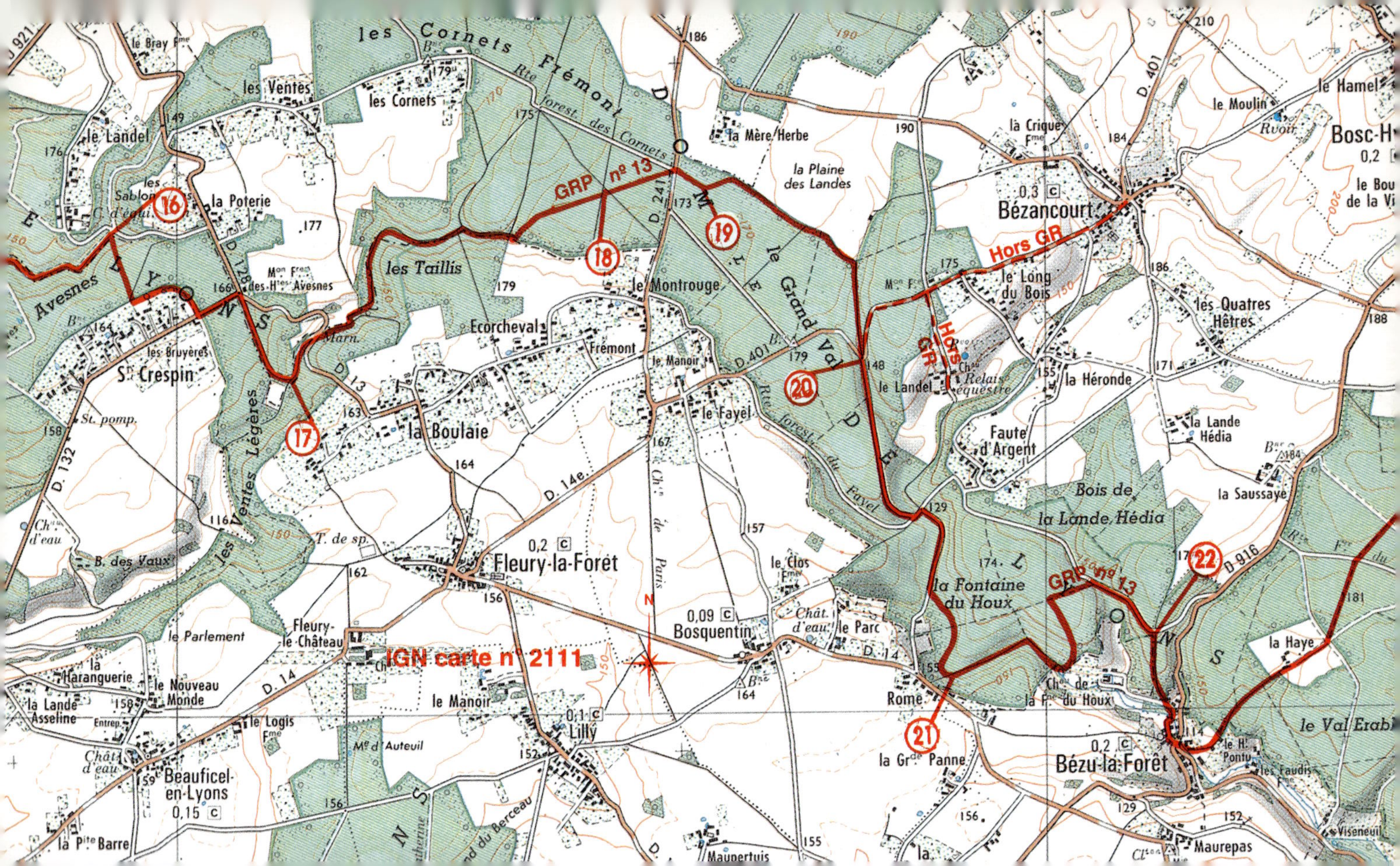
IGN carte n° 2111
GRP n° 13
Hors GR
16
17
18
19
20
21
22
les Cornets Frémont
Rte forest. des Cornets
le Grand Val
Bézancourt
Bézu-la-Forêt
Fleury-la-Forêt
Bosquentin
St Crespin
la Boulaie
les Taillis
le Montrouge
Ecorcheval
Frémont
le Fayel
la Fontaine du Houx
Bois de la Lande Hédia
les Ventes Légères
Beauficel-en-Lyons
Lilly
Rome
la Poterie
les Ventes
les Cornets
le Landel
la Mère Herbe
la Plaine des Landes
le Long du Bois
les Quatres Hêtres
la Héronde
Faute d'Argent
la Lande Hédia
la Saussaye
la Haye
le Val Erable
Maurepas
Maupertuis
le Manoir
le Parc
le Clos
Fleury-le-Château
le Parlement
le Nouveau Monde
le Logis
la Haranguerie
la Lande Asseline
la Pte Barre
le Moulin
le Hamel
la Crique
Avesnes
Ch.in de Paris
D. 14
D. 401
D. 13
D. 132
D. 241
D. 916

⑯ Gravir le sentier à droite ; à l'orée du bois, emprunter l'allée à gauche *(on longe le château et la chapelle Saint-Crespin ; remarquer les douves)*. Suivre la D 132 à gauche, puis la D 128 à droite et descendre l'allée forestière.

⑰ A la croisée des chemins, utiliser celui de gauche puis la D 13 à droite et aussitôt le chemin à gauche. A la fourche, suivre le sentier de gauche longeant d'abord la lisière puis s'enfoncer à droite dans la forêt. Après la parcelle en régénération, utiliser le sentier de droite.

⑱ Au rond-point, s'engager dans le chemin herbeux en face et couper la D 241 pour pénétrer à nouveau dans la forêt.

⑲ Obliquer aussitôt à gauche pour rejoindre la lisière et la suivre (Sud-Est) sur 1,3 km. Quitter l'orée pour descendre à droite, couper la

⑳ **19 km • 5 h • D 401**

Hors GR : 1,5 km • 20 mn • Bézancourt

🏠

Hors GR : 1,5 km • 20 mn • château le Landel

🏠

Utiliser la route suivante à gauche et tourner aussitôt à droite.

㉑ Emprunter à gauche la route forestière de la Fontaine-du-Houx, passer le pont sur les sources de la Lévrière, gravir le sentier à gauche et à la sortie du bois, descendre la zone déboisée en diagonale (Nord-Est). Monter la route à droite.

㉒ Au sommet de la côte, tourner à droite et emprunter le sentier de gauche pour arriver à

6 km • 1 h 30 • Bézu-la-Forêt

Eglise Saint-Martin du 14e. Vestiges du château de Philippe le Bel.

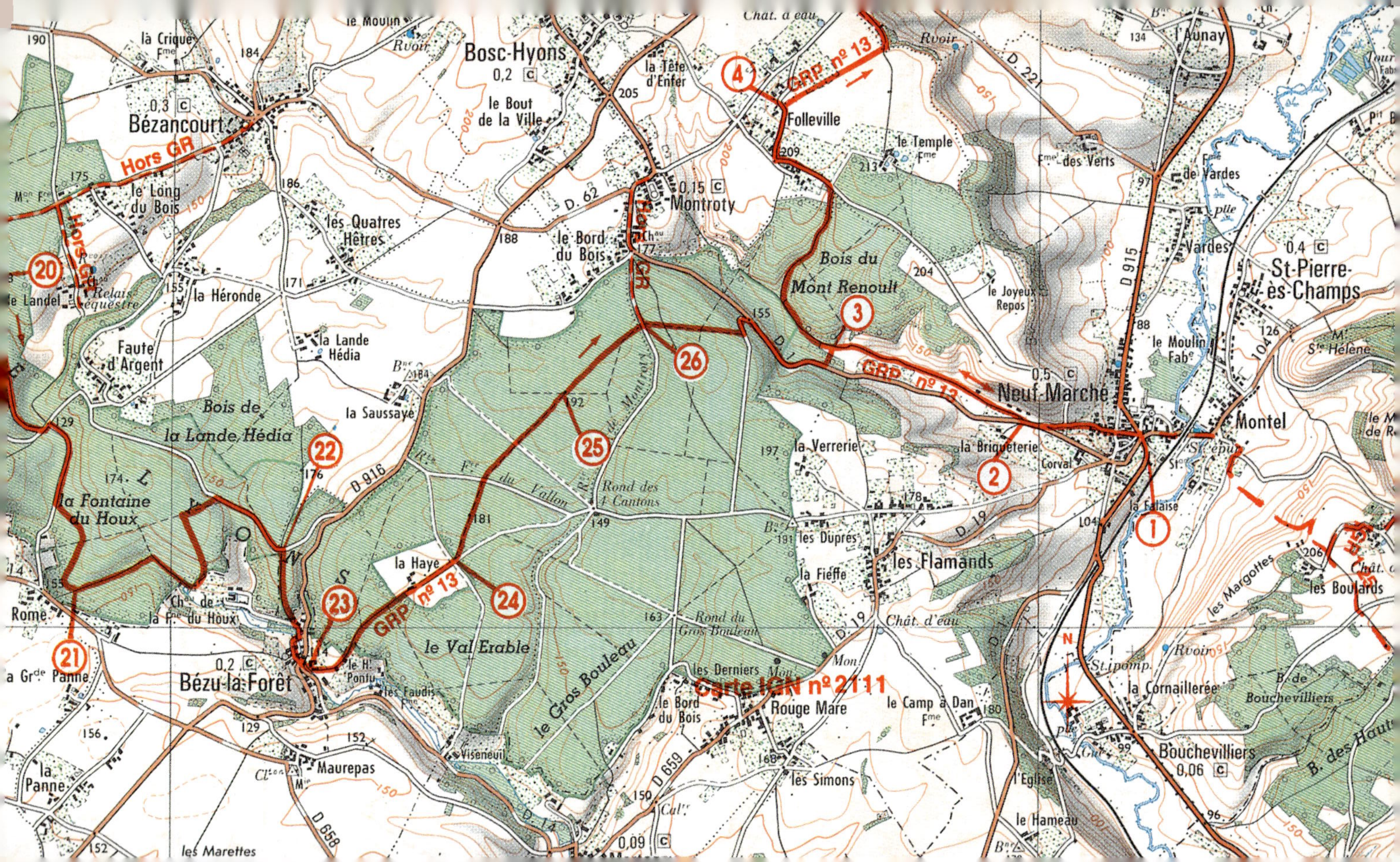

Bosc-Hyons
Bézancourt
Hors GR
Montroty
Folleville
GRP nº 13
Bois du Mont Renoult
Neuf-Marché
Montel
St-Pierre-ès-Champs
la Briqueterie
la Verrerie
les Flamands
les Dupres
la Fieffe
Rond des 4 Cantons
le Val Erable
le Gros Bouleau
Rond du Gros Bouleau
la Haye
Bois de la Lande Hédia
la Lande Hédia
la Saussaye
les Quatres Hêtres
la Héronde
Faute d'Argent
la Fontaine du Houx
Bézu-la-Forêt
Rouge Mare
les Simons
le Camp à Dan
Carte IGN nº 2111
Bouchevilliers
la Cornaillerée
le Hameau
l'Eglise
les Boulards
les Margottes
la Falaise
le Moulin Fabe
Vardes
de Vardes
Fme des Verts
le Temple
le Joyeux Repos
la Tête d'Enfer
le Bout de la Ville
le Bord du Bois
le Long du Bois
la Crique
l'Aunay
Maurepas
la Panne
Rome
les Marettes
le Landel
Relais équestre
D 915
D 916
D 62
D 221
D 19
D 659
D 658
1
2
3
4
20
21
22
23
24
25
26

A Bézu, tourner à gauche puis à droite, franchir la Lévrière ; à l'église, se diriger à gauche, couper la D 316.

㉓ Obliquer à gauche pour passer le gué et monter vers la forêt. A l'orée, continuer à monter, longer la ferme de la Haye *(à remarquer le colombier carré).*

㉔ Au carrefour, utiliser chemin entre les deux routes forestières, couper deux routes.

㉕ Au carrefour en étoile, poursuivre en face. A la bifurcation, tourner à gauche, couper la

㉖ 4 km • 1 h • route forestière de Montroty

>   **Hors GR : 1,5 km • 20 mn • Montroty**
>
>   🏠

Emprunter le chemin en face (Est), puis une autre route à gauche, suivre la D 1 à droite sur 350 m puis le premier chemin à gauche et atteindre un

③ 1,5 km • 20 mn • carrefour

▶   A gauche, il est possible de revenir à Beauvoir-en-Lyons.

Pour regagner Neuf-Marché, tourner à droite. Emprunter ensuite la D 1 à gauche sur quelques mètres et, au cimetière, bifurquer à gauche jusqu'à

2 km • 30 mn • Neuf-Marché (Oise)

🏠 🛒 ☕ ✕ 🚌

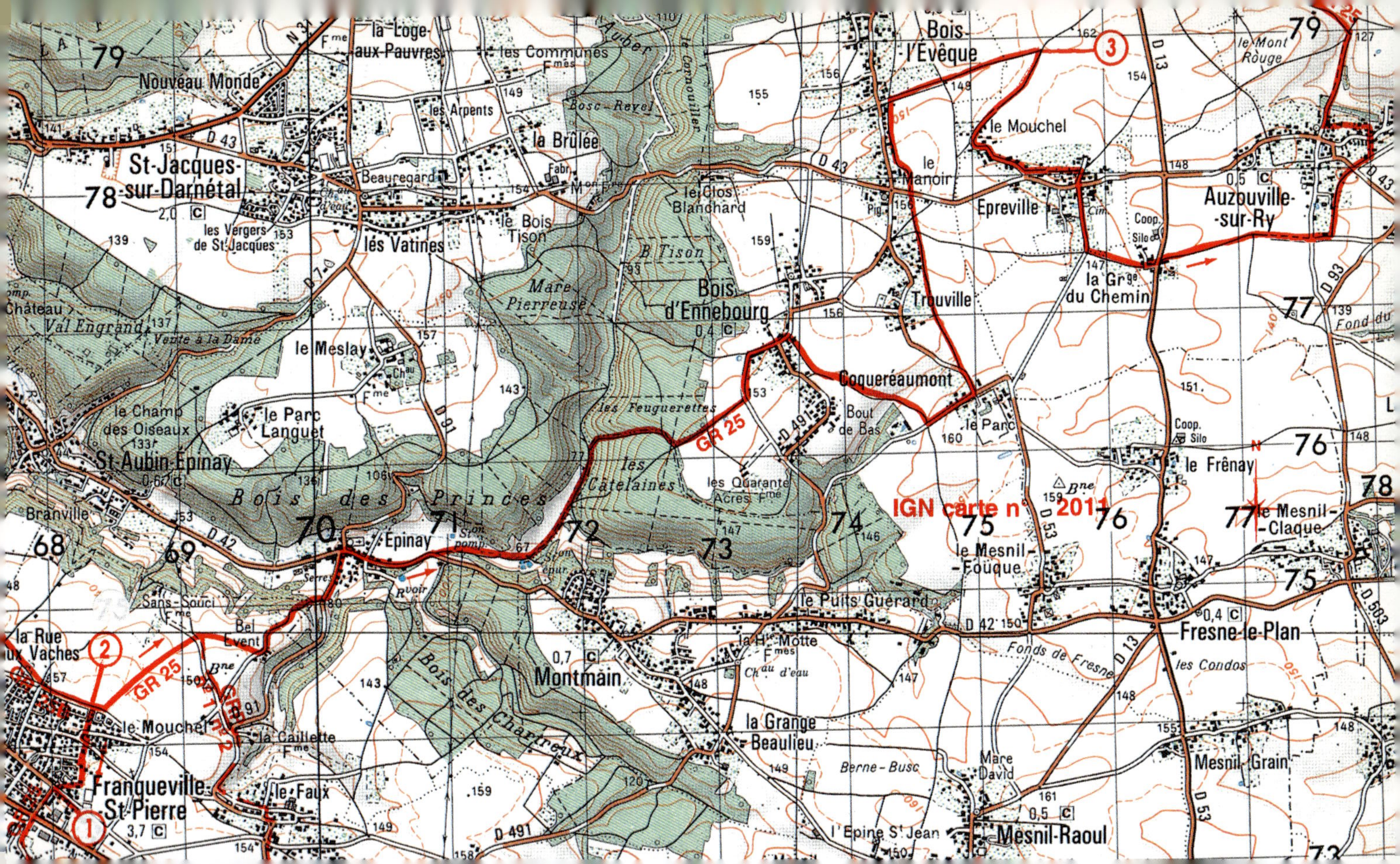

IGN carte n° 2011
GR 25
Bois-l'Évêque
le Mouchel
Auzouville-sur-Ry
Epreville
le Manoir
la Grge du Chemin
Trouville
Bois d'Ennebourg
Coqueréaumont
le Parc
Bout de Bas
le Frênay
le Mesnil-Claque
le Mesnil-Fouque
Fresne-le-Plan
Mesnil-Grain
Mesnil-Raoul
le Puits Guérard
la Grange Beaulieu
Montmain
Bois des Chartreux
Bois des Princes
Epinay
les Câtelaines
les Feuguerettes
les Quarante Acres
St-Aubin-Epinay
le Parc Languet
le Meslay
les Vatines
St-Jacques-sur-Darnétal
Nouveau Monde
la Loge-aux-Pauvres
les Communes
les Arpents
la Brûlée
Beauregard
le Bois Tison
le Clos Blanchard
Mare Pierreuse
Val Engrand
le Champ des Oiseaux
Branville
Franqueville-St-Pierre
la Rue aux Vaches
Bel Event
la Caillette
le Faux
l'Epine St Jean
Mare David
Berne-Busc
Fonds de Fresne
les Condos

GR 25 (n° 14)
Du Crevon au Robec

Franqueville-Saint-Pierre

🏠 🏬 ⛺ 🛒 ☕ 🍴 🚌 *(bus urbain, ligne 13)*

① *Balisage blanc-rouge :* de l'église Saint-Pierre, s'engager à gauche dans une sente le long du cimetière puis dans l'allée du Mouchel. Tourner à gauche et aussitôt à droite et suivre une sente débouchant dans la rue des Manets. Tourner à gauche puis à droite, utiliser les rues Charles-Péguy et de la Bergerie.

② *Jonction avec le GR 25 B :* tourner à droite dans la rue des Champs-Fleuris, s'engager à gauche dans un chemin de terre qui coupe la voie d'accès à la ferme Sans Souci et rejoint la ferme Bel Event. Longer à gauche (Nord) les clôtures, utiliser la D 91 à gauche jusqu'au bourg d'Epinay. Tourner à droite sur la D 42 et, après 750 m, dans un virage, continuer tout droit (Est) par un chemin qui suit le fond d'un vallon *(ancienne voie impériale)*. Longer (Nord-Est) le bois des Câtelaines et, au premier croisement, bifurquer à droite (Est) pour traverser le bois. Sur le plateau, emprunter une voie goudronnée à gauche. Atteindre le village de

7 km • 1 h 45 • Bois-d'Ennebourg

Au carrefour, utiliser la D 491 à gauche et, dans une courbe, poursuivre à droite dans le premier chemin de plaine. Emprunter à gauche la voie goudronnée ; 200 m plus loin, s'engager à droite dans un chemin de terre, couper la D 43, emprunter le chemin herbeux. Tourner à droite dans une rue, poursuivre en face par un chemin herbeux, passer un premier croisement de chemins et continuer en face sur 700 m.

③ Tourner à droite ; dans Le Mouchel, poursuivre par l'impasse de la Fontaine, puis celle du Coquetier se prolongeant en chemin herbeux. Suivre l'impasse du Buisson à droite, couper la D 43, passer devant l'église d'Epreville. S'engager dans le premier chemin à gauche qui coupe la D 13 à La Grange du Chemin. Poursuivre vers l'Est, traverser une autre route, continuer tout droit sur 200 m. Prendre à gauche un chemin qui coupe la D 43 et aboutir par une succession de ruelles à

8 km • 2 h • Auzouville-sur-Ry

🛏 🛒 ☕ 🍴 🚌

"Osulvilla". Au 13e, fief de l'abbaye de Saint-Ouen. Château des Lesques du 17e. Eglise Notre-Dame du 17e.

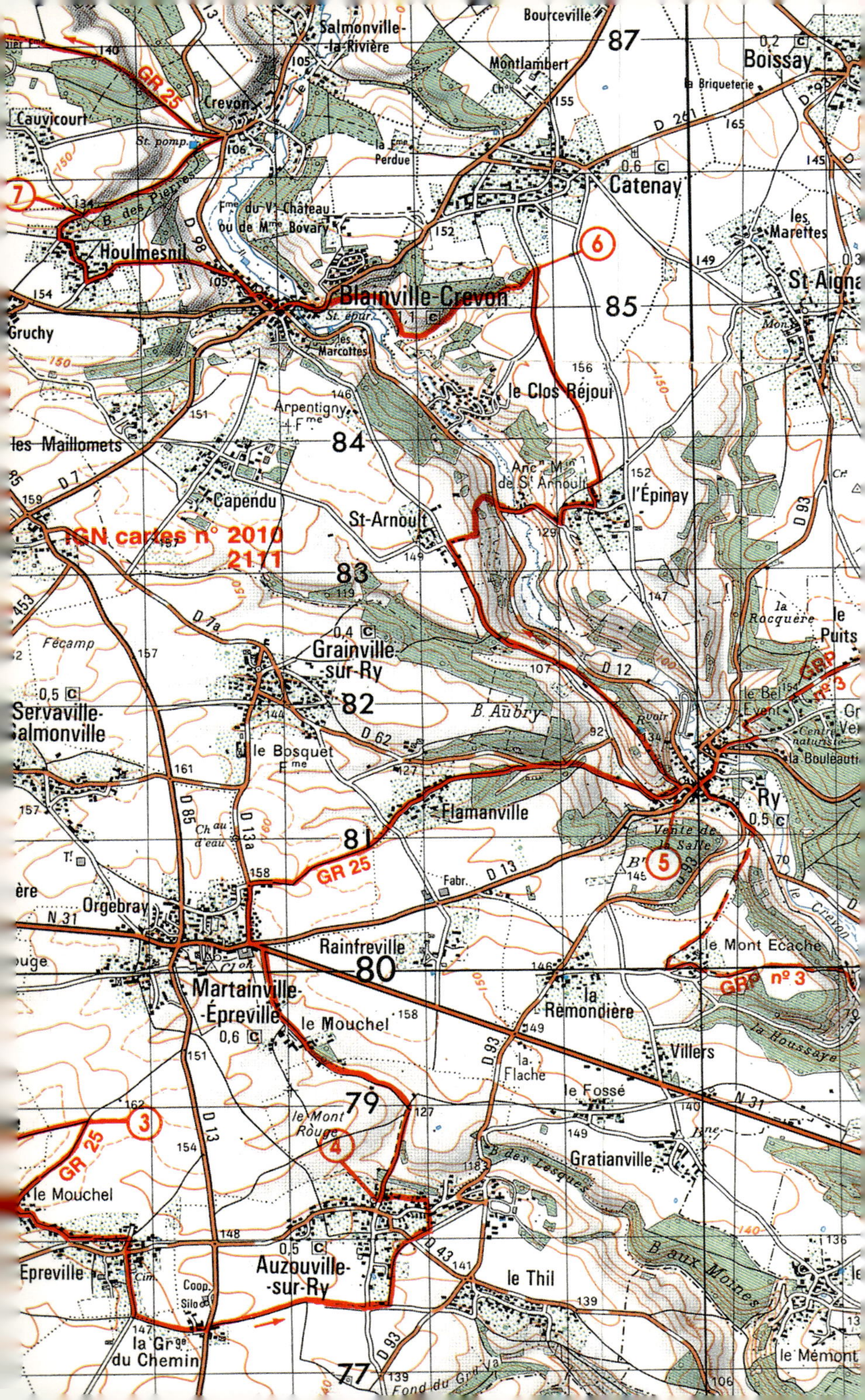

Bourceville
87
Boissay
Salmonville-la-Rivière
Montlambert
la Briqueterie
GR 25
Crevon
Cauvicourt
St. pomp.
la Fme Perdue
D 261
Catenay
7
B. des Pierres
Fme du Vx Château ou de Mme Bovary
les Marettes
Houlmesnil
D 98
6
St-Aignan
Blainville-Crevon
85
Gruchy
St. épur.
les Marcottes
le Clos Réjoui
Arpentigny Fme
les Maillomets
84
Anc. Min de St. Arnoult
l'Épinay
D 7
Capendu
D 93
IGN cartes n° 2010 2111
St-Arnoult
83
la Rocquère
le Puits
D 7a
Fécamp
Grainville-sur-Ry
D 12
GRP n° 3
Servaville-Salmonville
82
B. Aubry
le Bel Event
Centre naturiste
la Bouleauti
le Bosquet Fme
D 62
Flamanville
Ry
D 85
D 13a
Ch.au d'eau
81
Vente de la Salle
5
GR 25
Fabr.
D 13
Orgebray
N 31
Rainfreville
le Mont Écache
80
Martainville-Épreville
la Rémondière
GRP n° 3
le Mouchel
la Houssaye
D 93
la Flache
Villers
le Fossé
N 31
79
le Mont Rouge
3
4
D 13
B. des Lesques
Gratianville
GR 25
le Mouchel
Epreville
Auzouville-sur-Ry
D 43
B. aux Moines
Coop. Silo
le Thil
la Grge du Chemin
D 93
le Mémont
77
Fond du Gd Va

L'industrie locale (fabrication des chantepleures en cuivre) occupait toute la population d'Auzouville qui devint tant sédentaire que presque tous les habitants étaient parents. D'où le dicton de la contrée "les cousins d'Auzouville".

④ De l'église d'Auzouville-sur-Ry, emprunter (Nord) une route empierrée qui devient chemin de terre. Obliquer dans le deuxième sentier à gauche et, par Le Mouchel, rejoindre le village de Martainville-Epreville *(château du 15e ; Musée départemental des Arts et Traditions populaires)*. A l'entrée du village, suivre la D 13A en direction de Grainville-sur-Ry et, au premier croisement, tourner à droite dans un chemin de terre. Couper une petite route, traverser Flamanville, emprunter la D 62 sur 150 m et descendre par un chemin jusqu'à

7 km • 2 h • Ry

"Ricum" viendrait de gué. Eglise Saint-Sulpice du 12e avec porche Renaissance en bois sculpté. Musée des Automates (voir texte GRP n°2).

⑤ De l'église, s'engager (Nord-Ouest) sur un chemin empierré, puis emprunter une route jusqu'au hameau de Saint-Arnoult. Prendre à droite un chemin et descendre pour suivre ensuite la D 12 à droite sur 100 m. Passer devant l'ancien moulin de Saint-Arnoult. A l'entrée de l'Epinay, emprunter à gauche un chemin herbeux ; 400 m plus loin, tourner à gauche dans un chemin de terre se prolongeant en route.

⑥ Descendre à gauche par un chemin qui longe ensuite le Crevon, puis le franchit pour entrer dans

8 km • 2 h • Blainville-Crevon

Eglise Saint-Michel du 15e ; ancienne collégiale du 15e ; vestiges d'un château féodal.

Après le pont, prendre à droite une ruelle, passer devant l'église, utiliser la D 98 (Nord-Ouest) et emprunter la première voie à gauche longeant un lotissement. Franchir une barrière et traverser des cultures. Emprunter la route à droite, traverser Houlmesnil.

⑦ Dans le virage en angle aigu, s'engager à droite dans un sentier, suivre la lisière du bois des Pierres *(chaos de poudingue, vestiges de l'ère glacière)* et continuer jusqu'au carrefour dans le hameau de

3 km • 45 mn • Crevon

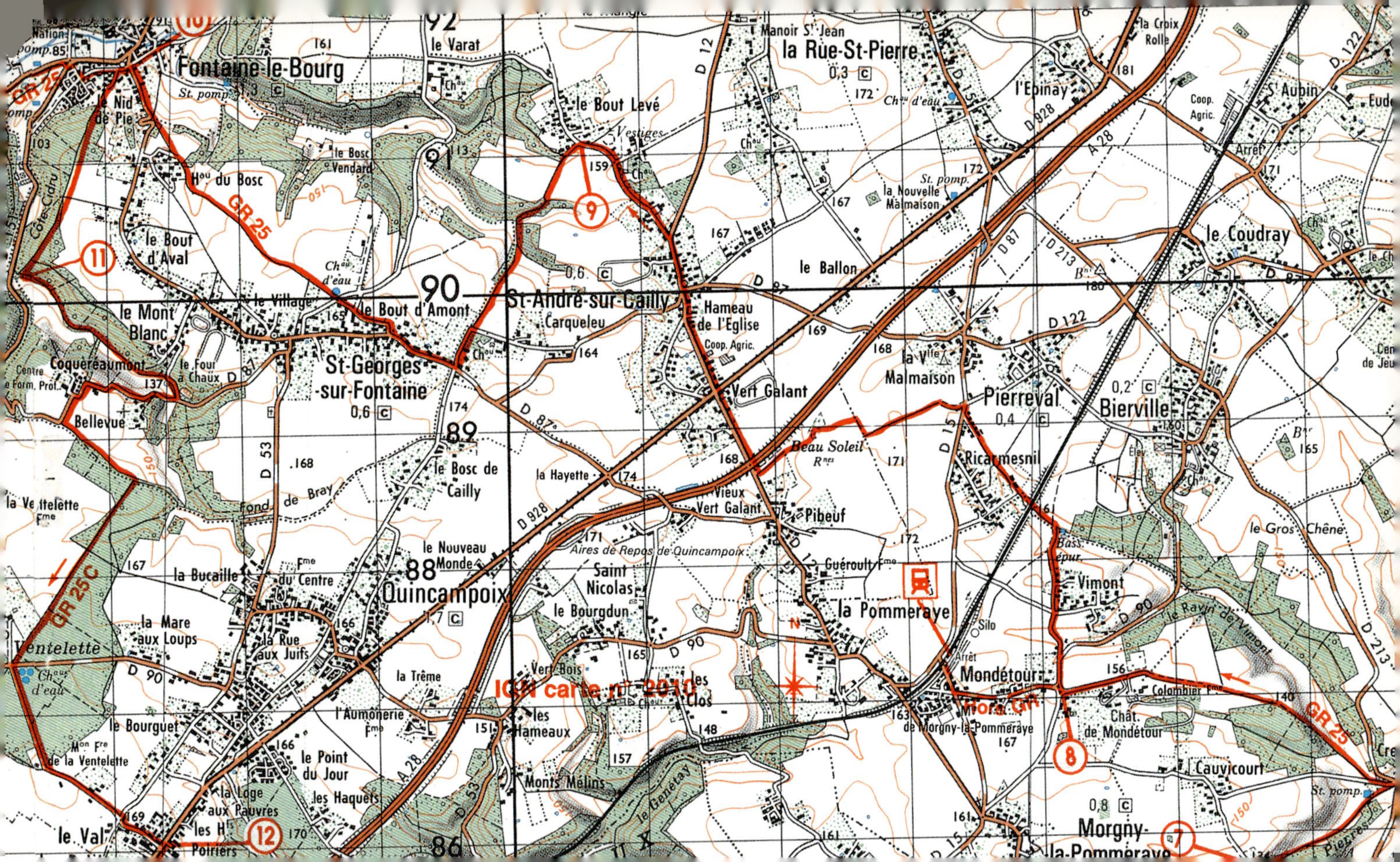

Fontaine-le-Bourg
le Varat
Manoir St Jean
la Rue-St-Pierre
l'Epinay
la Croix Rolle
St Aubin
le Bout Levé
le Nid de Pie
Hou du Bosc
le Bosc Vendard
GR 25
le Bout d'Aval
le Coudray
le Ballon
la Nouvelle Malmaison
le Mont Blanc
le Village
le Bout d'Amont
St-André-sur-Cailly
Carqueleu
Hameau de l'Eglise
Coop. Agric.
Coquéreaumont
le Four à Chaux
St-Georges-sur-Fontaine
Vert Galant
la Vve Malmaison
Pierreval
Bierville
Bellevue
Beau Soleil
Ricarmesnil
le Bosc de Cailly
la Hayette
Fond de Bray
la Ve Itelette
Vieux Vert Galant
Pibeuf
le Gros Chêne
le Nouveau Monde
Aires de Repos de Quincampoix
Guéroult Fme
Vimont
GR 25C
la Bucaille
Fme du Centre
Quincampoix
Saint Nicolas
le Bourgdun
la Pommeraye
le Ravin de Vimont
la Mare aux Loups
la Rue aux Juifs
Ventelette
la Trême
Vert Bois
IGN carte n° 2010
les Clos
Mondétour
Colombier Fme
l'Aumonerie Fme
les Hameaux
Hors GR
Chât. de Mondétour
de Morgny-la-Pommeraye
le Bourguet
Mon Fre de la Ventelette
le Point du Jour
les Haquets
Monts Mélins
le Genetay
Cauvicourt
la Loge aux Pauvres
les Hts Poiriers
le Val
Morgny-la-Pommeraye
9
11
8
12
7

Emprunter à gauche la petite route sur 150 m, tourner dans le premier chemin à droite, longer l'orée du bois, passer devant le château de Mondétour *(chapelle, pigeonnier)*.

⑧ Au carrefour *(en face, halte SNCF de Morgny)*, suivre à droite la D 90. A la bifurcation, suivre la petite route en face, traverser Vimont, poursuivre par un chemin descendant dans un vallon *(vestiges d'une tour de guet du "Chasse-Marée", transport du poisson par voiture hippomobile jusqu'au 19è siècle)*. Passer sous la voie de chemin de fer, emprunter à droite la D 15 et tourner à gauche sur un chemin de terre. Suivre à droite la D 12, passer sous l'A 28, couper la D 928 pour entrer dans

9 km • 2 h 15 • Saint-André-sur-Cailly

Ruines de théâtre romain ; église Saint-André du 11e (très remaniée) ; château.

Sortir de Saint-André en suivant la D 12 (Nord) ; à la première bifurcation, emprunter la voie de gauche, longer le château, passer à proximité des vestiges du cirque gallo-romain.

⑨ A la bifurcation suivante, s'engager à gauche sur une petite route qui se prolonge en chemin herbeux. Descendre dans le vallon boisé. Emprunter ensuite la D 87 à droite ; dans Saint-Georges-sur-Fontaine, bifurquer dans la première rue à droite, traverser la route et, au château d'eau, remonter le chemin du *"Chasse Marée"*. Suivre la D 53 à droite qui conduit à l'église de

7 km • 2 h • Fontaine-le-Bourg

Eglise Notre-Dame du 11e ; manoir du 16e ; ruines de château ; ancien moulin sur le Cailly ; colombier.

⑩ *Balisage blanc-rouge (GR 25C)* : à l'église, monter la rue du Pie qui se prolonge en chemin herbeux, pénétrer dans le bois.

⑪ Au Fond du Mont-Blanc, tourner à gauche, emprunter la petite route à droite puis la D 87 à droite. Après le Centre de formation, emprunter à gauche le chemin de terre, continuer à droite par la route forestière Saint-Georges. Traverser la D 90, continuer par la route ; au carrefour, poursuivre en face pour arriver au lieudit

8 km • 2 h • Les Hauts-Poiriers

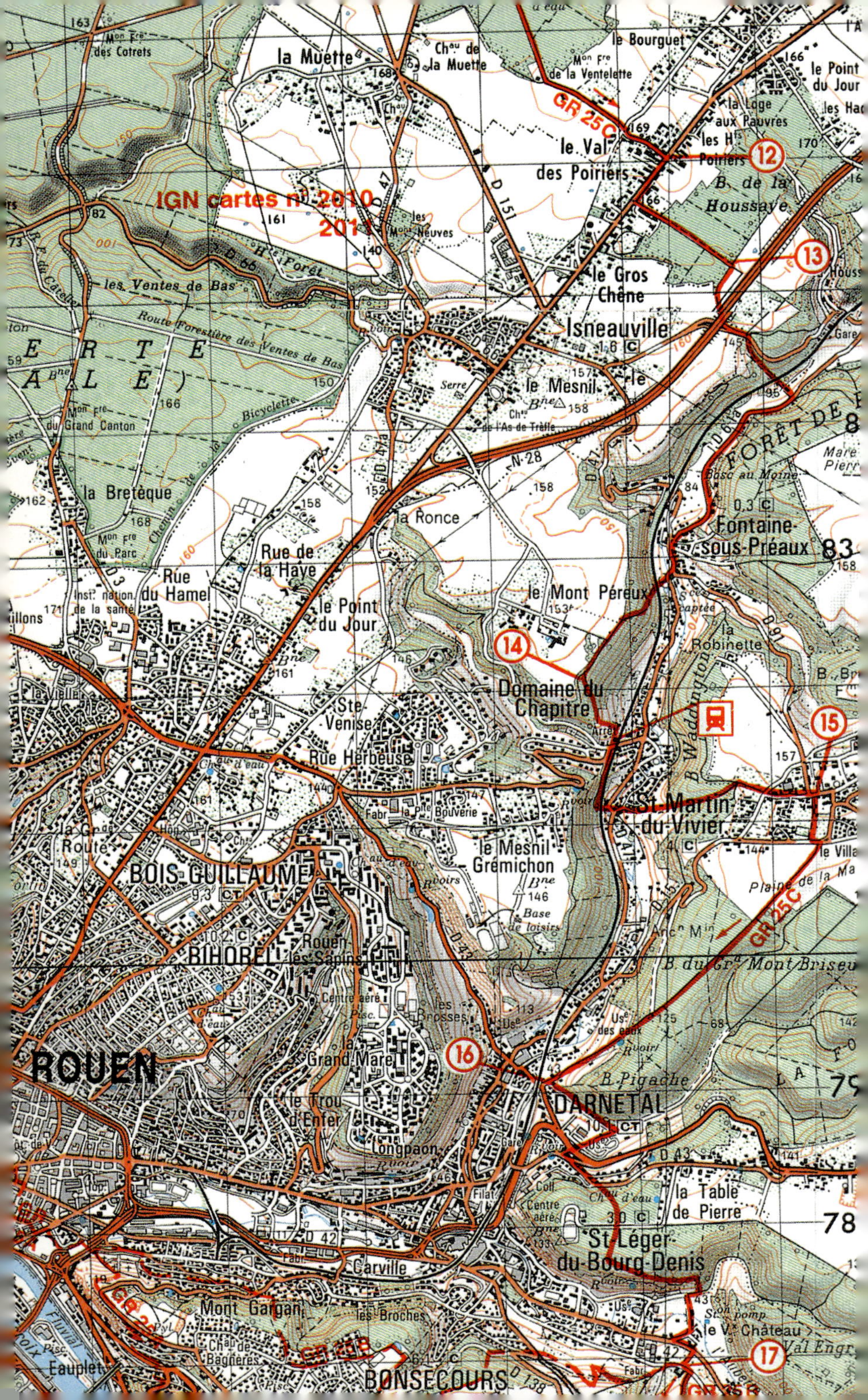
IGN cartes n° 2010
2011
GR 25C
ROUEN
BOIS-GUILLAUME
BIHOREL
DARNETAL
BONSECOURS
Isneauville
St-Martin-du-Vivier
Fontaine-sous-Préaux
St-Léger-du-Bourg-Denis
la Muette
le Val des Poiriers
le Gros Chêne
le Mesnil
la Ronce
le Mont Péreux
Domaine du Chapitre
Rue Herbeuse
Ste-Venise
le Point du Jour
Rue de la Haye
Rue du Hamel
la Bretèque
les Ventes de Bas
le Mesnil Grémichon
Rouen les Sapins
la Grand-Mare
le Trou d'Enfer
Longpaon
Carville
Mont Gargan
les Broches
Eauplet
la Table de Pierre
Forêt de
12
13
14
15
16
17

⑫ Emprunter la D 928 à droite sur 400 m puis suivre à gauche la rue de la Houssaye.

⑬ Tourner à droite, utiliser la D 61 à gauche, passer sous l'A 28 et descendre à droite dans la forêt. Passer sous la voie de chemin de fer, suivre à droite la D 61A pour entrer dans

4 km • 1 h • Fontaine-sous-Préaux

C'est à Fontaine-sous-Préaux que le Robec prend sa source.

A l'église, monter à droite par un étroit sentier qui passe sous la voie ferrée, suivre l'orée du bois à gauche, pénétrer à nouveau dans le bois et poursuivre en suivant la lisière.

⑭ A la fourche, descendre à gauche, longer la voie ferrée, couper la route, monter l'impasse de la Voûte et s'engager à gauche dans un sentier pentu ; passer sous la voie ferrée, tourner à droite et entrer dans

3 km • 45 mn • Saint-Martin-du-Vivier

Franchir le Robec et bifurquer à gauche dans la rue du Vivier. S'engager dans le chemin herbeux, couper une petite route.

⑮ Emprunter à droite le chemin des Pépinières. Utiliser la D 15 à gauche sur 50 m, prendre aussitôt à droite un chemin empierré *(chemin des Aniers)* qui descend dans le bois du Mont Briseuil et se prolonge par une route pour atteindre

6 km • 1 h 30 • Darnétal

Transports urbains Rouen - Darnétal, ligne n°2.

Eglise Saint-Ouen de Longpaon du 16e ; église Saint-Pierre de Carville du 16e avec litre funéraire des Montmorency ; motte féodale.

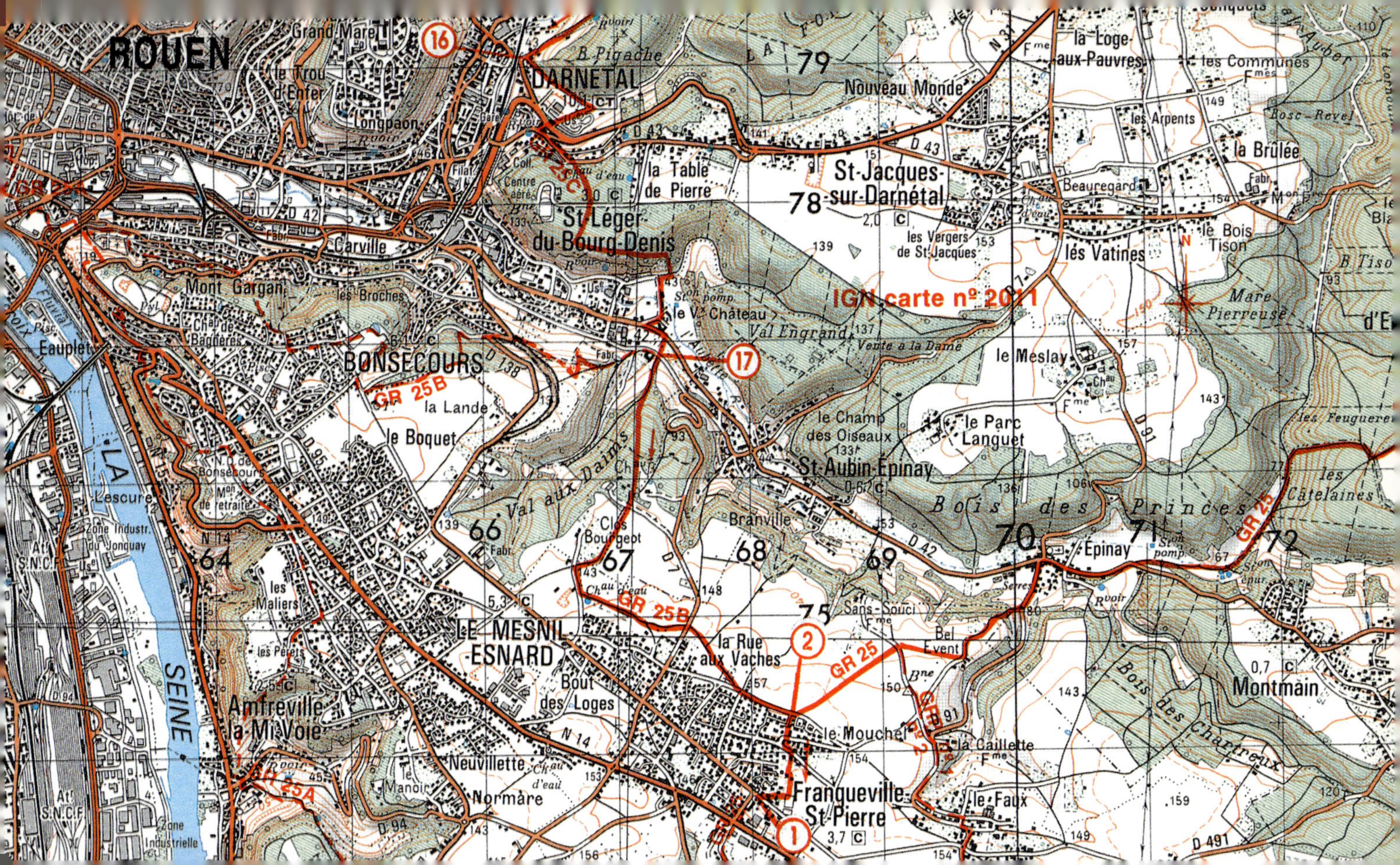

ROUEN
DARNETAL
St-Léger-du-Bourg-Denis
St-Jacques-sur-Darnétal
BONSECOURS
LE MESNIL-ESNARD
Franqueville-St-Pierre
St-Aubin-Epinay
Amfreville-la-Mi-Voie
IGN carte nº 2011
SEINE
GR 25
GR 25B
GR 25A
Mont Gargan
Carville
Eauplet
Lescure
Nouveau Monde
la Loge-aux-Pauvres
les Communes
les Arpents
la Brûlée
Beauregard
les Vatines
le Bois Tison
Mare Pierreuse
le Meslay
le Parc Languet
le Champ des Oiseaux
Val Engrand
Bois des Princes
Epinay
Branville
Clos Bourgeot
Val aux Daims
la Lande
le Boquet
la Rue aux Vaches
le Mouchel
Bel Event
Sans-Souci
la Caillette
le Faux
Montmain
Bois des Chartreux
les Catelaines
Bout des Loges
Neuvillette
Normare
le Manoir
les Maliers
Longpaon
le Trou d'Enfer
Grand Mare
la Table de Pierre
les Vergers de St-Jacques
le Vx Château
les Broches
Zone Industr. du Jonquay
Zone Industrielle

⑯ Avant le pont, s'engager à gauche (Sud-Est) dans un chemin empierré. Suivre la route, tourner à droite et monter à gauche les quelques marches sur le talus. Couper la N 31, monter en face une petite sente entre les maisons, tourner à gauche, poursuivre en montant la rue du Val Saint-Jacques et pénétrer à droite dans le bois du Roule par le tourniquet *(suivre le balisage)*. Quitter le bois en utilisant la route en face, franchir l'Aubette *(sur la gauche, le Vieux Château et son porche),* emprunter à gauche la D 42 ; 100 m plus loin, gravir le talus à droite et traverser le terrain herbeux.

▶ Par GR 25B, on peut rejoindre Rouen en 1 h 15 (5 km).

⑰ S'engager à gauche dans le chemin du Vert-Buisson, monter aussitôt à droite par le sentier du Val-aux-Daims et continuer par le chemin longeant les cultures. Tourner à gauche sur la petite route.

⑱ Près du château d'eau, se diriger à gauche et poursuivre en face par le chemin le long des cultures. Couper la D 7, continuer par le chemin traversant les cultures, longer le mur du cimetière, utiliser à gauche la rue des Champs-Fleuris et retrouver

8 km • 2 h • Franqueville-Saint-Pierre

La maison normande est petite et longue ou étroite et haute. Son toit toujours en pente, permet l'écoulement des pluies. Dans cette région sans pierres à bâtir, elle se contente d'assise de grès, à même le sol. Son ossature est en bois, en chêne de préférence, pour sa solidité. Cette charpente de poteaux verticaux, de linteaux horizontaux, de décharges obliques et de croisillons forme le colombage, badigeonné à l'huile de lin. Les intervalles (hourdis) sont comblés avec du torchis, mélange de paille, d'argile et de plâtre et passés à la chaux, ou bien, selon la région ou le rang du propriétaire, avec des briques, soigneusement alignées si elles doivent rester apparentes, ou avec une pierraille à silex montée au mortier.
Le toit, descendant très bas sur les maisons sans étage, fut, pendant des siècles, fait de chaume (tiges de blé ou de seigle). Aujourd'hui, il est plus souvent fait d'ardoises noires ou de petites tuiles rousses, quelquefois relevées par une lucarne ou un chien assis, et souvent il se prolonge par un auvent sur le côté où grimpe un escalier en bois. (Cette avancée du toit appelée "nez de veau" ou "queue de geai" aurait comme origine une forme de drakkar retourné. En effet, selon la tradition orale, les Vikings, ancêtres des Normands, utilisaient ce moyen pour se protéger des intempéries).
Si le toit est encore en chaume, sur le faîte, un joint d'argile tassé est planté d'une rangée d'iris dont les rhizomes se contentent de peu et évitent les infiltrations.

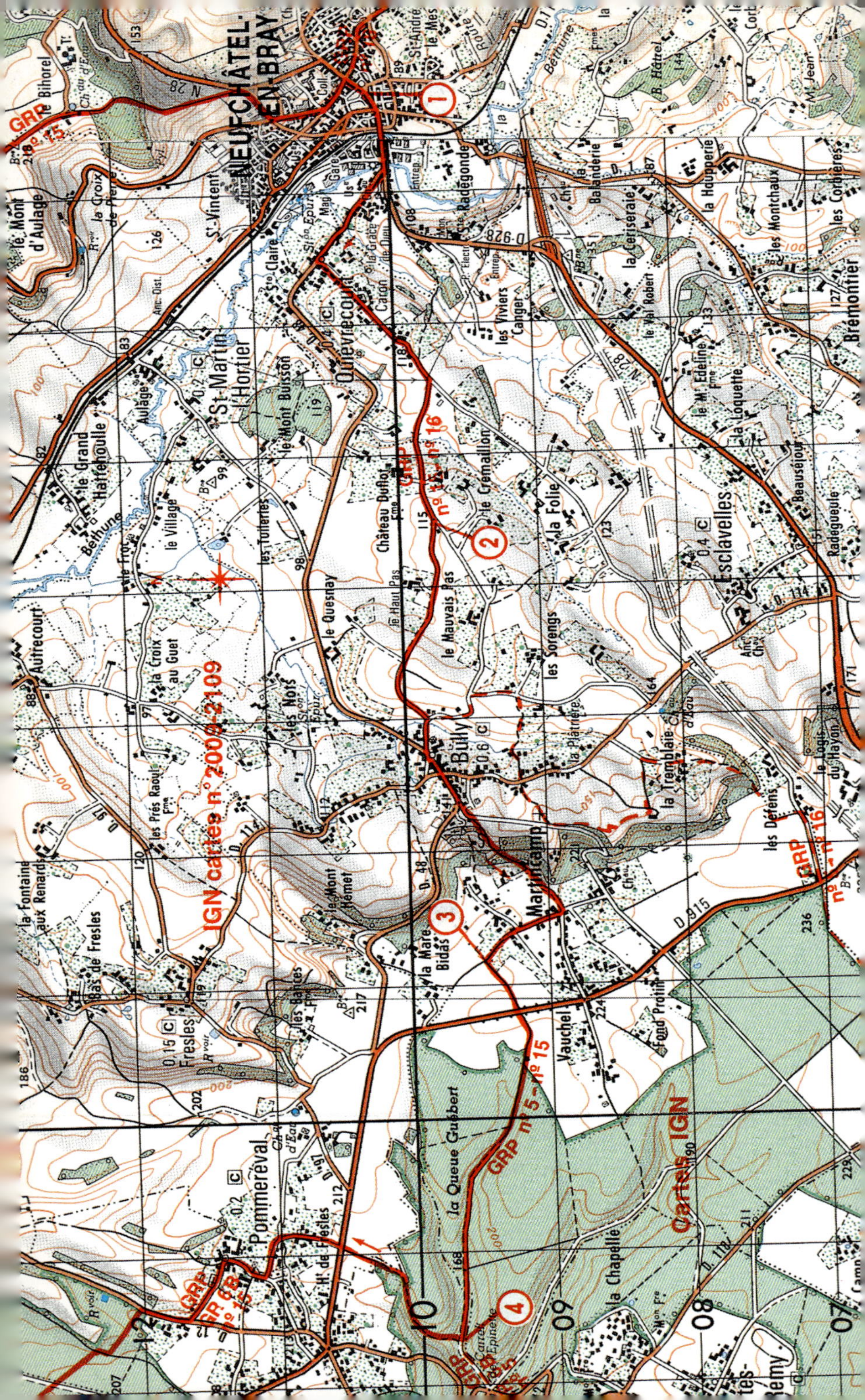

NEUFCHÂTEL-EN-BRAY
St-Vincent
Quièvrecourt
St-Martin-l'Hortier
le Mont Buisson
Aulage
le Grand Hattehoulle
Béthune
Autrecourt
la Croix au Guet
les Prés Raoul
IGN cartes n° 2009-2109
le Mont Hemet
le Quesnay
les Noës
Bully
Château Duflot
le Cremaillon
le Mauvais Pas
la Folie
les Sorengs
Esclavelles
la Loquette
Beauséjour
Radegueule
Brémontier
les Corbières
les Montchaux
la Hauipperie
la Ceriseraie
Balanderie
Radegonde
les Viviers
le Val Robert
le Mt Edeline
la Plâtrerie
la Tremblaie
les Défens
le Logis du Hayon
Mortemer
Martincamp
la Mare Bidas
Vauchel
Fond Profitin
la Queue Guébert
la Chapelle
la Fontaine aux Renards
Bas de Fresles
Fresles
les Baines
Pommeréval
GRP n° 15
GRP n° 15 - n° 16
GRP n° 5 - n° 15
GRP n° 16
GRP GR 6B n° 15
Cartes IGN
1
2
3
4

GRP n°15
Les fermes fortifiées

Neufchâtel-en-Bray

Eglise Notre-Dame du 12e (très remaniée) ; logis du 16e (musée Mathon) ; vestiges d'enceinte et motte du donjon d'un château du 12e.

① *Balisage jaune-rouge :* partir de l'église, descendre les Grande Rue Fausse-Porte et Grande Rue Saint-Pierre, puis bifurquer à droite dans la D 48. A l'église de Quièvrecourt, tourner à gauche puis à droite.

② Utiliser à droite une petite route se prolongeant en chemin puis à nouveau en route et poursuivre à droite pour entrer dans

6 km • 1 h 30 • Bully

Eglise Saint-Eloi du 13e, une des plus importantes du Pays de Bray par sa taille, son architecture et ses richesses intérieures.

Suivre la D 48 (Sud-Ouest). Au carrefour, bifurquer à gauche et monter par le premier chemin à droite. Au premier croisement dans le hameau de Martincamp, se diriger à droite et continuer par le chemin herbeux.

③ Tourner à gauche, couper la D 915, entrer dans la forêt.

④ Après 2,5 km, suivre à droite le chemin qui remonte un vallon. Couper la D 915 et se diriger vers l'église de

7 km • 1 h 45 • Pommeréval

"Pomereval", le val de la pommeraie. Bel ensemble architectural du 17e constitué par l'église et la ferme ; vestiges d'un château.

Mis à part les châteaux de Mesnières-en-Bray et de Merval, le Pays de Bray n'est pas visité en tant que zone possédant de grands sites ; pourtant, nombre de bâtiments et de curiosités contribuent à la richesse du patrimoine méconnu.

Les manoirs : peu de constructions sont antérieures au 16e siècle. La grande majorité ne remonte pas au delà du 17e. Les 18e et 19e siècles furent une période d'intense construction.
Le manoir est la résidence du gentilhomme, à mi-chemin entre la maison du paysan et le château du seigneur ; il forme une petite agglomération de bâtiments.
On peut voir (mais ce sont des propriétés privées) : la ferme de la Valouine à Osmoy-Saint-Valéry, le manoir des Tourpes à Bures-en-Bray, le château du Flot, le manoir du Randillon (à Rouvray-Catillon, siège du Centre de la Mémoire et de l'Identité du Pays de Bray) à titre d'exemple.
Le manoir de la Valouine : sa décoration est due à un judicieux emploi de la brique ; les couleurs sont alternées ; la disposition en arêtes de poisson, bandeaux ajourés, cordons, points... en est très habile.

Les presbytères : Le presbytère appartenait au seigneur qui proposait à l'évêque le curé de son choix. Un beau presbytère signale l'importance spirituelle du propriétaire seigneurial.
Des presbytères remarquables à Saumont-la-Poterie (1781), Bouelles (1736) - on voit la date

Les principaux éléments du patrimoine architectural

Détail de construction de maison en charpente. *Schéma Y. Lescroart.*

sur leurs murs - Brémontier, Le Fossé, Esclavelles, Fry.

Le puits brayon est une construction très élaborée. Une structure à colombages soutient un toit préservant la qualité de l'eau du puits et détermine un périmètre interdit aux étrangers, animaux ou humains.
Un puits très ancien est à voir à côté de la chapelle d'Augeville, hameau de Bocs-le-Hard.

Les fours à pain : "Le droit de cuire" était l'apanage des seigneurs et de abbés (les direc-

teurs d'abbayes étaient tous des seigneurs féodaux).
Fours à pain à Elbeuf en Bray, à Hellet (Croixdalle), à Molagnies (près de l'église).

Les colombiers : seul le seigneur possède le "droit de colombier". Après l'abolition des privilèges en 1789, il y eut une sorte de revanche de la part des paysans : les plus aisés en construisirent pour eux-mêmes.
Colombier : Béthencourt, Bois-le-Borgne
Pigeonnier : "le Bihorel" à Neuchâtel-en-Bray, Bouelles (le plus haut du Pays de Bray), Merval (au château).

Les celliers : il subsiste quelques celliers normands abritant les pressoirs à longue étreinte du 18e. Il s'agissait de pressoirs banaux, c'est-à-dire seigneuriaux et exclusifs, soumis à des redevances.

On peut citer notamment le pressoir de la ferme de Bray à Sommery.
Le pressoir géant de Grumesnil a été transféré à Forges-les-Eaux dans un cellier normand parfaitement reconstitué et visible dans le parc de l'hôtel de ville.
Le musée municipal de Neufchâtel-en-Bray abrite dans son jardin un pressoir complet.

Les croix de chemins : plusieurs milliers de ces croix furent élevées, particulièrement au cours du 18e siècle. De bois, quelquefois en pierre et le plus souvent en fer forgé, elles témoignent d'un artisanat très actif.

Les lavoirs : recouverts d'une charpente en bois, ils participent aujourd'hui au charme des villages tels que Haussez, Massy, Pommeréval.

Texte ACTPB.

Porche de l'église de Ry. *Photo Jean-Claude Charvieux.*

IGN carte n° 2009

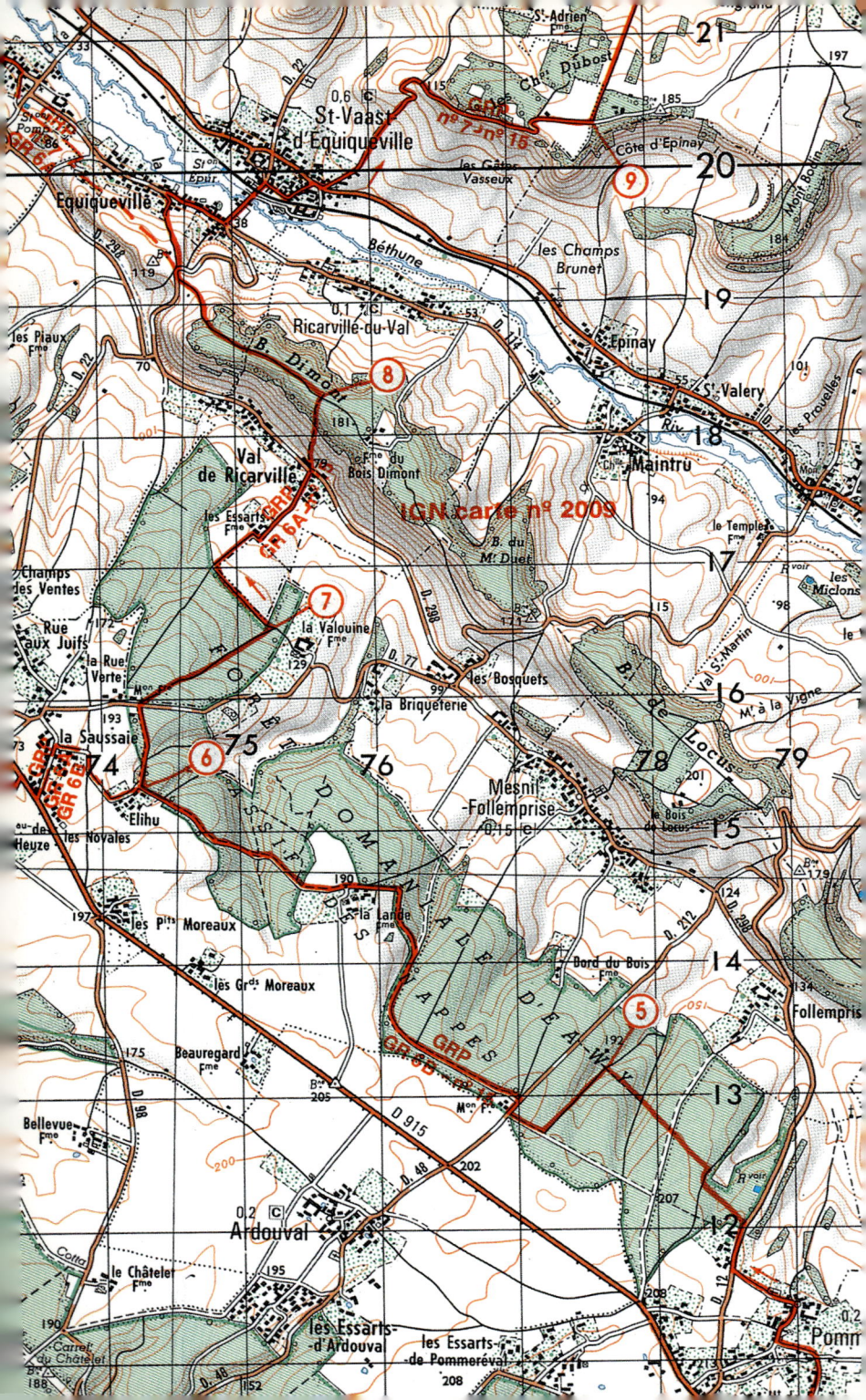

Emprunter la rue de l'Eglise, suivre la D 12 à droite, pénétrer à gauche dans la forêt des Nappes et *suivre le balisage.*

⑤ Tourner à gauche puis à droite, utiliser la D 212 à droite et tourner aussitôt à gauche pour entrer dans la forêt. Longer la ferme de la Lande.

⑥ *Jonction avec le GRP n°6 :* tourner à droite, couper la D 77 et suivre l'allée forestière.

▶ A droite, la ferme fortifiée de la Valouine, domaine privé : *bien refermer les barrières.*

> Les fermes fortifiées se rattachent à la grande famille des maisons rurales, tant par leur implantation (village ou plein champ) que par leur architecture, les techniques de construction utilisées, leur vocation (de tous temps exploitation agricole) et leur organisation (cour fermée). La Valouine (de valouine, petit vallon), ferme fortifiée de 1602, construite par le Sieur de Ricarville dans un vallon où aucun ruisseau n'affleure, à conservé un caractère féodal (escalier à double rampe flanqué de deux tours) et une architecture défensive.

⑦ Bifurquer à gauche, suivre l'orée de la forêt, puis emprunter à droite un large chemin à travers champs. Longer la ferme des Essarts, couper la D 298 et monter en forêt par le chemin dit "des Ecoliers" *(les enfants de Val de Ricarville empruntaient ce chemin à travers bois pour se rendre à l'école de Ricarville du Val).*

⑧ A la deuxième croisée des chemins, tourner à gauche, suivre la route à droite et descendre le chemin herbeux. Tourner à droite puis à gauche dans la rue du Stade, franchir la Béthune puis la voie ferrée et entrer dans

14 km • 3 h 30 • Saint-Vaast-d'Equiqueville

🛒 🍺 🚌

Eglise Saint-Vaast du 13e. Croix de pierre du 16e. Belle maison dite "de la Doyenne".

> **Hors GR : 30 mn • Freulleville**
>
> 🛏

Emprunter à droite la rue du Foyer, suivre la D 1 à droite sur 100 m puis la route Sainte-Agathe à gauche sur 2,5 km.

L'histoire du Pays de Bray

Autrefois, il y a bien longtemps, le Pays de Bray n'était qu'une vaste steppe. Ce n'est qu'à la fin du Paléolitique que la forêt se mit en place.

L'homme fit sa première apparition au cours du Néolithique, pour preuves en sont les traces d'habitations dans les environs de Londinières et de Neufchâtel-en-Bray.

Les maisons gauloises étaient faites de bois, de moellons crayeux et de bauge ou torchis. Ce procédé compose encore l'appareillage de nombreuse fermes normandes et picardes. La grande route passant par Beauvais et la vallée de l'Eaulne témoigne encore d'un axe qui aboutissait à Arques et à Dieppe.

La civilisation romaine est fortement présente dans les vallée de l'Eaulne et de la Béthune jusqu'à Forges-les-Eaux. Cette concentration romaine est liée à un réseau de communication assez dense dans les vallées, mais aussi à la présence de fer dans les sous-sols (Neuville-Ferrière, Forges-les-Eaux). Moellons crayeux et tuiles formaient les matériaux des villas romaines.

Jusqu'au 6e siècle, le Pays de Bray fut envahi tour à tour par des peuplades germaniques, les Vikings et les Saxons. Les Normands saccagèrent ce terroir à la fin du 9e siècle, pour finalement recevoir la future Normandie par le Traité de Saint-Clair-sur-Epte en 911. Dès cette époque, les paysans normands deviennent des hommes libres. Les incursions anglaises et la guerre de Cent Ans sont à l'origine d'une nouvelle période de pillages. Les buttes défensives dites "buttes aux Anglais" comme, par exemple, à la Ferté-Saint-Samson, font encore parler d'elles...

Le Moyen Age voit apparaître la culture du lin et le développement de l'industrie drapière en Normandie. Saint-Saëns fut l'un des plus grands centres textiles et exportait sa production vers Rouen. Cette période est également marquée par l'essor de la verrerie (Forges, Bully, Hellet, Lucy) et de la métallurgie (Forges, Neuville-Ferrière).

L'araire, les moissons, l'importance de l'élevage, la culture du pommier à cidre marquent les étapes d'une prospérité rurale croissante. Après les grandes famines des années 1651 et 1685, on assèche les marais et on les met en herbe. A partir du 18e siècle, le développement de l'élevage s'explique par la proximité des villes. Le marché de Gournay en Bray n'est qu'à vingt-deux lieues de Paris. Il va se développer fortement, approvisionnant la capitale en beurre, œufs et fromage, sans oublier le cidre et l'eau de vie. Le beurre est également expédié à Rouen et même à Londres.

Produits locaux. *Photo ACTPB.*

L'artisanat et l'industrie prospèrent également : ainsi, à Forges, on filait du coton pour les filatures rouennaises. Gournay, Neufchâtel et Saint-Saëns voient quant à elles se développer des tanneries au voisinage des eaux courantes. Au 19e siècle, les routes s'améliorent, les échanges s'accroissent, on importe du blé dans le Pays de Bray qui augmente en conséquence ses surfaces en herbe. Malheureusement la manutention humaine disparaît et l'exode rural ne cessera d'augmenter.

La concurrence agricole et ses contraintes font que le Pays de Bray restera essentiellement rural et spécialisé dans la production de lait et de ses dérivés : beurre et fromage.

Un enfant du pays est d'ailleurs célèbre : il s'agit du *"petit-suisse"*, élaboré à Gournay par Charles Gervais.

Texte fourni par l'ACTPB.

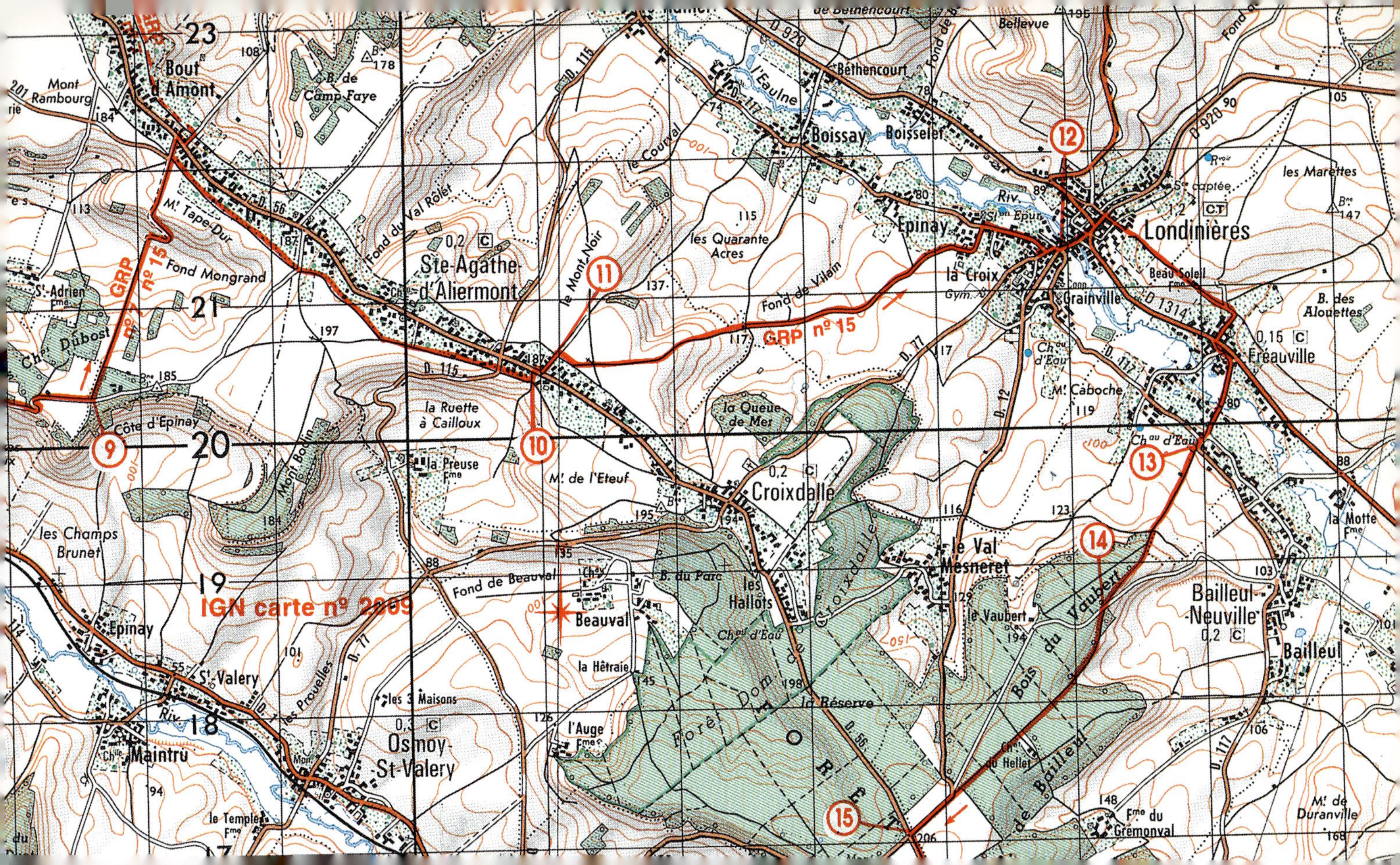

Bout d'Amont
Mont Rambourg
B. de Camp-Faye
Mt Tape-Dur
Fond Mongrand
GRP nº 15
St-Adrien Fme
Chel Dubost
Côte d'Epinay
Fond du Val Rolet
Ste-Agathe-d'Aliermont
le Mont Noir
la Ruette à Cailloux
la Preuse Fme
Mont Bolin
les Champs Brunet
Mt de l'Eteuf
IGN carte nº 2009
Epinay
St Valery
Maintru
le Temple Fme
les Prouelles
les 3 Maisons
Osmoy-St-Valery
Fond de Beauval
Beauval
la Hêtraie
l'Auge Fme
le Courval
les Quarante Acres
Fond de Vilain
la Queue de Mer
Croixdalle
B. du Parc
les Hallots
Forêt Dom. de Croixdalle
la Réserve
FORET
l'Eaulne
Béthencourt
Boissay
Boisselet
Epinay
la Croix
Grainville
Bellevue
Londinières
Beau Soleil Fme
B. des Alouettes
les Marettes
Fréauville
Mt Caboche
le Val Mesneret
le Vaubert
Bois du Vaubert
de Bailleul
Bailleul-Neuville
Bailleul
la Motte Fme
Fme du Grémonval
Mt de Duranville

⑨ S'engager à gauche dans un long chemin entre pâturages et lisière de bois *(dans les champs - prononcer camps - Dubost, les Allemands implantèrent une rampe de lancement de V1)*. Traverser la D 201 et, 100 m plus haut, utiliser le chemin à droite, couper deux routes.

⑩ Tourner à gauche, emprunter la D 56 à droite puis le chemin de la Boissay à gauche.

⑪ Au croisement, suivre à droite la route se prolongeant en long chemin caillouteux. Emprunter la D 117 à droite.

⑫ Tourner à gauche pour franchir l'Eaulne et entrer dans

13 km • 2 h 20 • Londinières

🏠 🏨 🛒 ☕ ✕ ℹ️ 🚌

Une voie romaine reliant Dieppe et Beauvais traversait la commune. Au 19e, l'abbé Cochet découvrit une importante nécropole mérovingienne contenant plus de quatre-cents squelettes.

Passer devant l'église, prendre à droite la rue de Clais se prolongeant en chemin empierré, poursuivre par la route, couper la D 1314, longer l'église de Fréauville à gauche, franchir l'Eaulne, passer deux intersections.

⑬ S'engager en face dans le chemin de terre. Poursuivre en sous-bois, utiliser la route à droite.

⑭ Retrouver le chemin aussitôt à gauche. Tourner à gauche et atteindre le

⑮ **6 km • 1 h 30 • carrefour des D 12 et D 56**

L'Eaulne prend sa source à Mortemer, à 136 m d'altitude. Elle se jette dans la Béthune, en aval de Martin-Eglise après avoir parcouru 40 km et reçoit sur sa rive droite le ruisseau la Héanne et le Bailly-du-Bec. Elle fit jadis tourner de nombreux moulins et fait toujours le bonheur des pêcheurs. Elle emprunte une dépression anticlinale parallèle au Pays de Bray et offre un paysage verdoyant qui le prolonge de façon heureuse.

IGN cartes n° 2009-2109

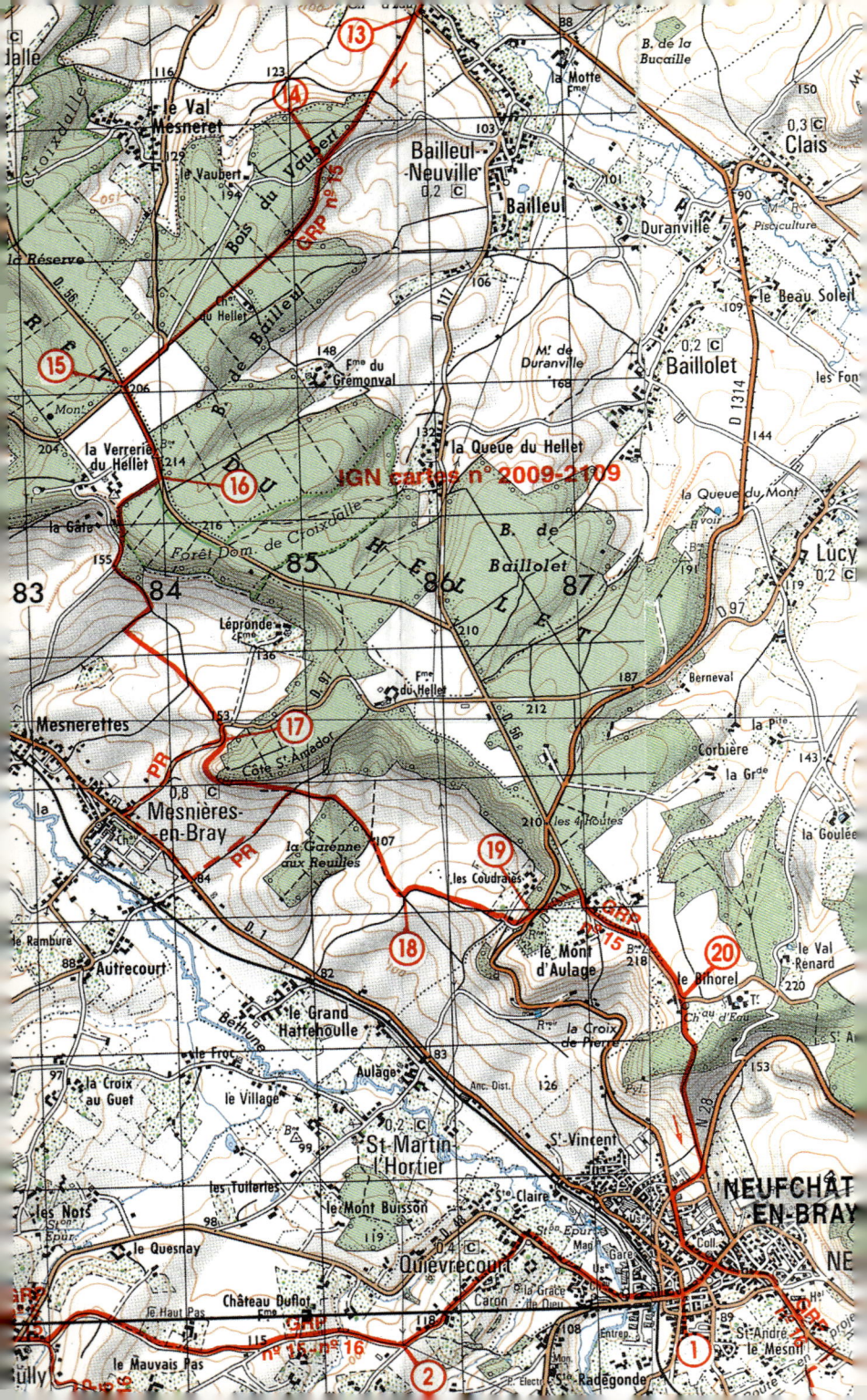

Emprunter à gauche la D 56.

⑯ A l'orée de la forêt de Croixdalle, s'engager dans le sentier à droite et, à la bifurcation des chemins, descendre en face. Utiliser la route à gauche et le chemin aussitôt à gauche en bordure de forêt. Tourner ensuite à droite puis à gauche, utiliser à droite la

3 km • 45 mn • D 97

> **Hors GR : 2,5 km • château de Mesnières-en-Bray**
>
> 🏠

Le château de Mesnières offre ses beautés Renaissance, uniques dans le département.
Il introduit dans notre région le charme, l'élégance du 16e siècle, venus en droite ligne de Rome. Le château d'aujourd'hui, construit de 1500 à 1550, succède à celui qui fut démantelé lors de la guerre de Cent Ans et l'occupation anglaise dans la région en 1450.
Cet unique représentant de "château de la Loire" en Haute-Normandie est une réussite totale. Harmonie des hautes tours, escalier monumental introduisant à la cour d'honneur, délicatesse des médaillons aux sujets mythologiques, majesté des hauts toits d'ardoise, tout imprime ici le cachet de la mesure et de l'équilibre.

---

⑰ S'engager aussitôt à gauche dans le sentier botanique.

⑱ A la troisième croisée de chemins, tourner à gauche ; dans le virage du sentier, poursuivre plein Est puis monter à droite vers le bois.

⑲ Traverser la D 1314, s'engager dans le chemin en sous-bois, utiliser la D 56 à droite.

⑳ Au château d'eau, emprunter à droite la petite route empierrée qui se prolonge en chemin. Contourner le lycée Georges Brassens, puis descendre à gauche vers

12 km • 3 h • Neufchâtel-en-Bray

IGN carte nº 2109
NEUFCHÂTEL-EN-BRAY
GRP nº 16
Bouelles
Nesle-Hodeng
la Montagne
Neuville-Ferrières
St-Saire
Graval
Grattenoix
Dranville
Portmort
Sausseuse-Mare
Flamets
Cornemesnil
les Hallais
les Hattingues
la Mare aux Daims
Bois de Mácmont
Bival
la Corbière
Bernimont
Toupray
Hodeng
Bethléem
les Quesnets
Mont Ricart
la Vallée
St Jean
l'Epinette
Frié Mary
les Tuyas
le Frais Agneau
la Butte
Beau Soleil
le Chêne Foireux
Bellaunaie
Dambec
la Croix des Mazis
le Pont de Canche
les Corbières
la Béthune
Plaine du Château
Plaine du Mln à Vent
les Fossettes
B. du Mont de Campagne
Bois Humechon
Fme de Guitry
N 29
D 1314
D 56
D 135
D 117
D 102
D 60
D 36
D 119

GRP n°16
La vallée de la Béthune

Neufchâtel-en-Bray

🏠 🏛 🛏 ⛺ 🛒 ☕ 🍴 ℹ️ 🚌

Eglise Notre-Dame du 12e (très remaniée) ; logis du 16e (musée Mathon) ; vestiges d'enceinte fossoyée ; motte du donjon d'un château du 12e.

① *Balisage jaune-rouge :* partir de l'église, tourner à droite et suivre les rues Denoyelle, des Fontaines, de Gaillefontaine, passer sous l'A 28 et s'engager aussitôt à droite dans une petite route empierrée se prolongeant en chemin herbeux. A la bifurcation des chemins, poursuivre en face puis utiliser la petite route à gauche. Suivre la D 1314 à droite sur 1 km.
② Emprunter à gauche un chemin herbeux, couper la route et utiliser aussitôt le chemin à droite descendant vers Bouelles (*à remarquer : l'église du 11e avec nef en bois du 16e, le presbytère de 1736 et, dans le cimetière, une croix du 16e ; le plus haut colombier du Pays de Bray*). Couper la route, poursuivre à gauche, traverser la D 7 et contourner l'église de

6,5 km • 1 h 35 • Nesle-Hodeng

☕

Nesle, du gaulois "Nigella", terre nouvelle ; Hodeng, de "husidun", la maison sur la hauteur. Eglise Saint-Pierre-de-Nesle du 12e ; devant l'église, croix du 16e.

Poursuivre en face par le chemin herbeux. Utiliser la petite route à droite ; avant la bifurcation, tourner à gauche dans un chemin herbeux et encore à gauche sur une petite route. Dans le virage, s'engager sur un sentier sous la futaie. Emprunter successivement à droite une petite route, la D 56 et une autre route.

③ Obliquer à gauche dans un chemin herbeux, emprunter la D 102 à droite pour entrer dans

8,5 km • 2 h • Beaussault

🛒 ☕

Eglise Saint-Germain du 12e.

La haie en Pays de Bray

En Pays de Bray, c'est l'élevage bovin qui occupe exclusivement l'espace. Pour tenir veaux, vaches, bœufs et quelquefois taureaux, les éleveurs ont utilisé le plus possible la haie et ses arbustes épineux.

Présente sur les chemins avec toujours une rigole d'écoulement, cette haie très variée avait et a toujours une fonction de clôture :

Elle n'est pas présente sur les crêtes car la haie dans ce pays de bocage n'a pas fonction majeure de brise-vent. Elle a pour but de garder les animaux à l'herbage, les piqûres sur le mufle sont le moyen de décourager leur gourmandise. Epine, houx, aubépine, prunellier, cerisier de Sainte-Lucie ont été plantés soit en bourrage entre les arbres de haut jet, soit seuls avec de gros fils d'acier pour faire corps en liant les arbustes entre eux. Ce n'est qu'au début du siècle que l'invention du fil barbelé a permis d'amplifier l'utilisation d'arbustes plus doux comme le charme, le noisetier ou l'aulne.

En marchant, vous pouvez encore découvrir "les jalons de grand-père" : il s'agit de morceaux de bois d'un mètre, bien croisés, enfoncés en terre entre les arbustes en pied de haie. Ce sont les "jalons" longtemps utilisés par les éleveurs brayons pour décourager leurs animaux de passer la tête hors de la haie, car, c'est bien connu, « l'herbe du voisin est la meilleure à moins que les vaches n'aient une curiosité exacerbée ». Le modernisme du fil électrique a, là encore, remplacé ce travail de patience qui consistait à manier la serpe avec habileté dans le jeune bois de charme ou de noisetier. Ces jalons n'avaient qu'une durée limitée. Au bout de quatre ou cinq ans, ils pourrissaient. C'est pourquoi il devient de plus en plus rare aujourd'hui d'en observer.

Sans entretien, la haie meurt sous les parasites. Ciseau manuel ou broyeur tracté, il faut choisir ! mais une haie doit être taillée tous les ans. Elle supporte peut-être qu'on l'oublie une année mais certainement pas trois ans. Les clématites, les ronces, les églantiers l'étouffent alors par le haut ; les orties, les chardons occupent tout l'espace du pied. Il faut couper le lierre des arbres de haut jet. Un drôle de boulot !

Si le modernisme agricole a oublié la haie, les initiatives des autorités territoriales prises en faveur de la sauvegarde des haies du Pays de Bray nous permettent d'espérer que nous trouverons des volontaires pour leur entretien, la "taille douce" offrira aux randonneurs la vision d'un paysage bocager qui pourrait redevenir un élément économique de la vie paysanne. La haie protège de la divagation du bétail, favorise le nichage des oiseaux, la production de bois d'œuvre et de combustibles, les fruits, les baies, les herbes dont on tire des remèdes contre les maladies...

Jean-Michel Dallier.

L'habitat rural brayon est dispersé et les bourgs principaux que sont Gournay-en-Bray, Forges-les-Eaux, Neufchâtel-en-Bray et Saint-Saëns se partagent la prééminence sur un pays sans réelle "capitale".

Les maisons sont en briques, puisque l'argile et le bois abondent, ou bien en torchis, ce mélange de paille et d'argile que l'on pose à la main sur une ossature. Dans quelques villages, la pierre est utilisée, ce qui ajoute à la variété.

Le château de Mesnières-en-Bray, construit à la Renaissance, le château de Merval, du début du 17e siècle, la collégiale de Gournay-en-Bray, avec ses chapiteaux romans, l'abbatiale de Sigy-en-Bray, la chapelle de Beuvreuil, comptent parmi les monuments les plus remarquables, accessibles au visiteur.

Le Musée du Pays de Bray, à Neufchâtel, présente les arts et traditions normands dans une magnifique demeure du 16e siècle, tandis que la ferme de Bray, à Sommery, réunit pressoir, moulin et autres bâtiments

Tour du château de Mesnières.
Photo ACTPB / CDT 76.

Patrimoine

comme un musée de plein air. Ces deux sites sont souvent le cadre d'expositions.

Les musées de Forges-les-Eaux sont consacrés à la Résistance et à la Déportation, aux maquettes de véhicules de transport hippomobile et à la faïence dont la présence au Pays de Bray s'explique par l'abondante ressource en argile fine. Et le tout nouveau musée de la Pomme à Rosay vous séduira par sa fraîcheur.

Texte ACTPB.

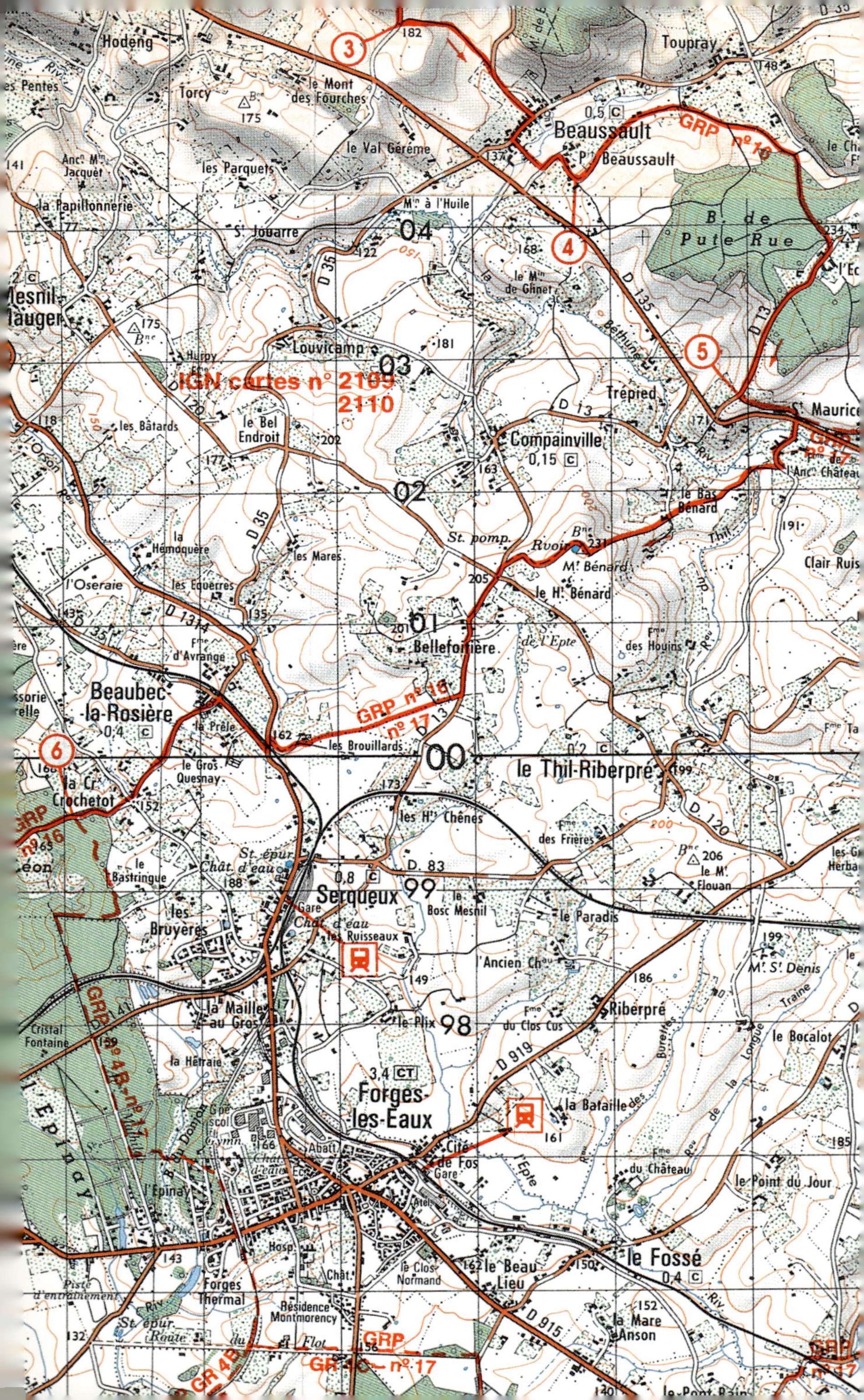
IGN cartes n° 2109
2110
Hodeng
Torcy
le Mont des Fourches
Beaussault
Toupray
P. Beaussault
GRP n° 16
B. de Pute Rue
le Val Géréme
les Parquets
Anc. M. Jacquet
la Papillonnerie
St Jouarre
Mesnil-Mauger
Louvicamp
le M. de Ghnet
Trépied
St Maurice
Compainville
le Bel Endroit
les Bâtards
la Hémoquère
les Mares
les Equerres
l'Oseraie
Bellefoitière
le Bas Bénard
Mt Bénard
le Ht Bénard
Clair Ruis
des Houins
Beaubec-la-Rosière
la Prêle
GRP n° 16
n° 17
les Brouillards
le Thil-Riberpré
la Cr. Crochetot
le Gros Quesnay
les Ht Chênes
des Frières
le Mt Flouan
le Bastringue
Serqueux
le Bosc Mesnil
le Paradis
les Bruyères
les Ruisseaux
l'Ancien Châu
Mt St Denis
Riberpré
le Bocalot
la Maille au Gros
le Plix
du Clos Cus
Cristal Fontaine
la Hétraie
Forges-les-Eaux
la Bataille
Cité de Fos
du Château
le Point du Jour
l'Epinay
Forges Thermal
le Clos Normand
le Beau Lieu
le Fossé
la Mare Anson
Résidence Montmorency
GRP
GR 4B
GR 4C - n° 17
D 135
D 13
D 35
D 120
D 1314
D 83
D 919
D 915

Utiliser la D 35 à droite, emprunter à gauche la première rue après la mairie, tourner à gauche puis à droite.

④ S'engager dans le chemin à gauche, entrer dans la forêt, tourner à droite, suivre l'orée du bois de Pute Rue ; à la fourche, bifurquer à droite puis suivre la D 13 à droite.

⑤ Emprunter le chemin herbeux à gauche, couper la D 135, franchir la Béthune, utiliser le premier chemin à droite se transformant successivement en route, en chemin et en route. Suivre la D 13 à gauche sur 1,2 km, obliquer à droite sur la route, poursuivre par le chemin puis la route, franchir la voie ferrée et continuer à droite pour entrer dans

11 km • 4 h • Beaubec-la-Rosière

Du scandinave "Belbech", beau ruisseau et Rosière, qui doit son nom aux nombreux roseaux de ce territoire humide où naissent plusieurs rivières dont l'Epte et l'Andelle. Devant l'église, croix de pierre de 5 m du 13e (monument historique).

Tourner à gauche, longer l'église, couper une route *(à droite à 200 m, piste de lancement de V1 de 1944).*

En l'an 1050 naît, en Normandie, le fromage de Neufchâtel, doyen des quatre fromages normands. C'est dans la laiterie de la ferme brayonne qu'il se prépare, de manière artisanale.
Par emprésurage, le lait de vache est d'abord laissé à coaguler. Le caillé obtenu est égoutté dans des "berceaux" posés sur des tables appelées faisselles. Le gâteau de caillé est mis à presser pendant douze heures. Vient ensuite le stade de la "vaccination" : la pâte est ensemencée avec un fromage bien fleuri puis malaxée jusqu'à parfaite homogénéité.
Le fermier prépare alors les moules ou "gailles" et procède au salage. La briquette, le carré, la bonde ou "bonbard". Une double bonde et le cœur étaient jadis réservés aux jours de fêtes. Posés sur les clayettes du hâloir, les fromages sont retournés chaque jour. Dans les caves voûtées où règne une température constante de 12°C, le Neufchâtel se met peu à peu à fleurir. Au bout de cinq à sept jours apparaît la fine moisissure duveteuse. Le Neufchâtel en cœur « cette forme originale est le fruit d'une idée ingénieuse des jeunes fermières. Pour déclarer leur amour aux soldats anglais qui combattirent pendant la Guerre de Cent Ans, et dont elles ne pouvaient se faire comprendre, elles moulèrent le fromage en forme de cœur ».

Source : CDT Seine-Maritime.

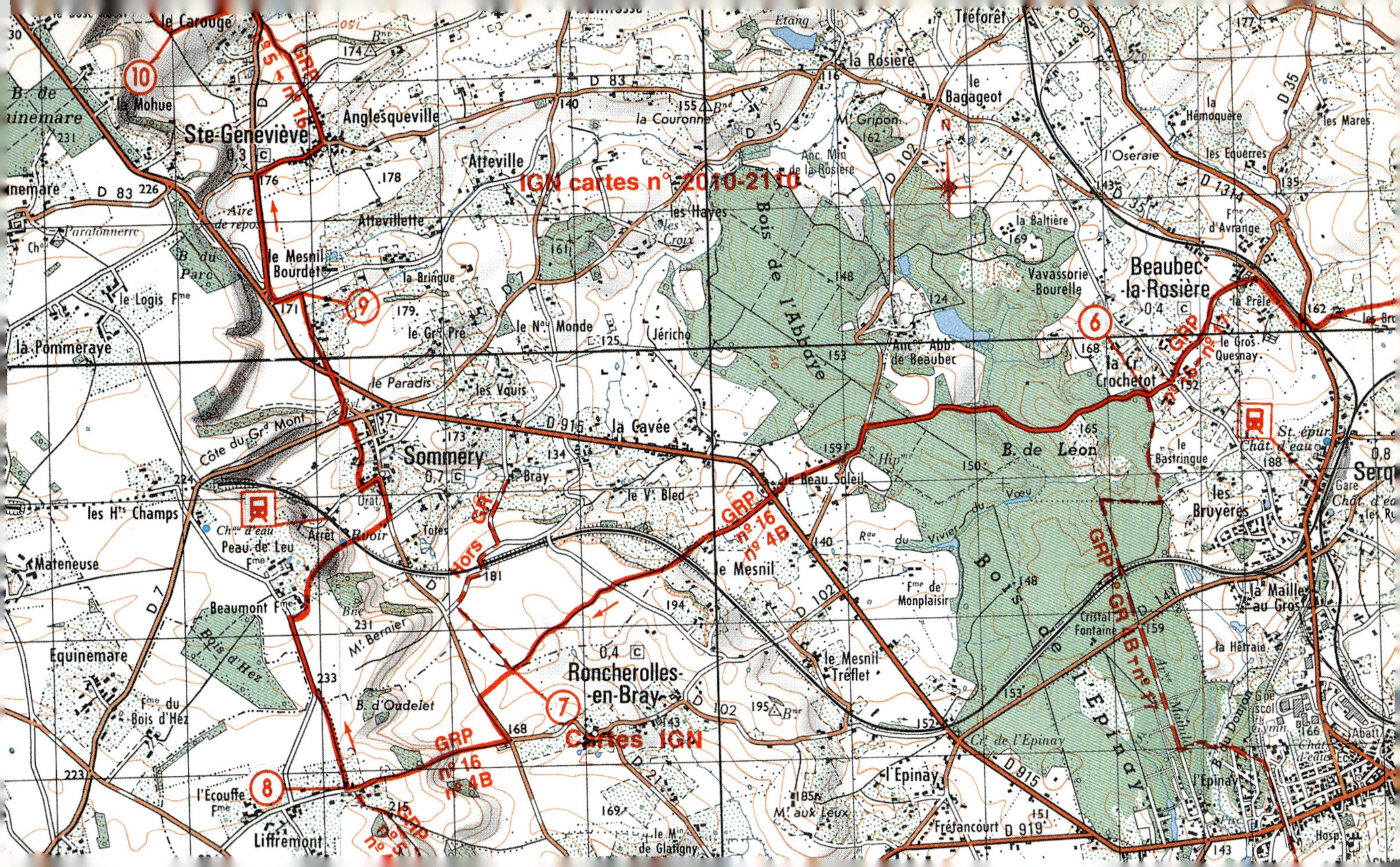
IGN cartes n° 2010-2110
Cartes IGN
GRP n° 5 - n° 15
GRP n° 16 - n° 4B
GRP - GR 4B - n° 17
GRP - GR - n° 17
hors GR
GRP n° 5
Ste-Geneviève
Anglesqueville
Atteville
Attevillette
le Mesnil Bourdet
la Bringue
le Grd Pré
le Nau Monde
Jéricho
le Paradis
les Vauis
la Cavée
Sommery
Bray
le Vx Bled
le Beau Soleil
Bois de l'Abbaye
Bois de l'Epinay
B. de Léon
Beaubec-la-Rosière
la Rosière
Tréforêt
le Bagageot
la Couronne
la Baltière
Vavassorie Bourelle
la Cr. Crochetot
le Gros Quesnay
la Prêle
le Bastringue
les Bruyères
la Maille au Gros
la Hêtraie
l'Epinay
Fréfancourt
M. aux Leux
le Mesnil Tréflet
le Mesnil
Fme de Monplaisir
Cristal Fontaine
Roncherolles-en-Bray
B. d'Oudelet
Mt Bernier
Beaumont Fme
Bois d'Hez
Fme du Bois d'Hez
Equinemare
l'Ecouffe Fme
Liffremont
Peau de Leu Fme
les Hts Champs
Mateneuse
la Pommeraye
le Logis Fme
B. du Parc
la Mohue
le Carouge
les Mares
la Hémoquère
l'Oseraie
les Equerres
Fme d'Avrange
Anc. Abb. de Beaubec
Anc. Min de la Rosière
Mt Gripon
les Hayes
les 3 Croix
Côte du Grd Mont
Aire de repos
Serq
D 915
D 919
D 102
D 83
D 35
D 1314
D 7
D 21
10
9
8
7
6

⑥ Atteindre une intersection.

> **Par GRP n° 17 : 1 h 15 • Forges-les-Eaux**
>
> 🏠 🏢 🛏 ⛺ 🛒 ☕ ✕ ℹ️ 🚌 🚆

Poursuivre tout droit. Emprunter la D 102 à gauche, longer l'ancien hippodrome, bifurquer à droite sur une petite route empierrée et descendre en face dans un chemin herbeux. Tourner à gauche, couper la D 915, continuer sur le chemin empierré, franchir la voie ferrée, couper la petite route et s'engager dans une cavée.

▶ A 2 km (30 mn) : ferme de Bray *(chambre d'hôte)*.
Domaine agricole avec demeure du 16e, maison de maître du 18e, moulin à roue à augets sur le Sorson, four à pain, pigeonnier, cave voûtée et pressoir complet à longue étreinte de 1802.

⑦ A la croisée des chemins, poursuivre en face puis emprunter la D 1 à gauche. Au cimetière tourner à droite pour monter le chemin empierré.

⑧ *Jonction avec le GRP n°5 :* tourner à droite dans un chemin herbeux puis utiliser la route. Avant la ferme Beaumont, prendre à droite, franchir une clôture, descendre en suivant la lisière du bois, traverser le champ en diagonale (Nord-Est), franchir une autre clôture, couper la voie ferrée et utiliser la D 1 à gauche jusqu'à l'église de

12 km • 3 h • Sommery

🏠 🛒 ☕ ✕ 🚆

"Sommeri", nom d'origine celtique voulant dire fontaine (nombreuses sources au pied de la "cuesta" dont celle du Sorson. Eglise Saint-Vaast du 17e.

A l'église, prendre la route à gauche puis le premier chemin à droite, emprunter la D 7 à gauche, longer le cimetière, traverser la D 915, utiliser une route se transformant en chemin herbeux.
⑨ Emprunter la petite route à gauche puis la D 1 à droite. Au croisement, tourner à droite, passer devant l'église de

3,5 km • 50 mn • Sainte-Geneviève

🛒 ☕

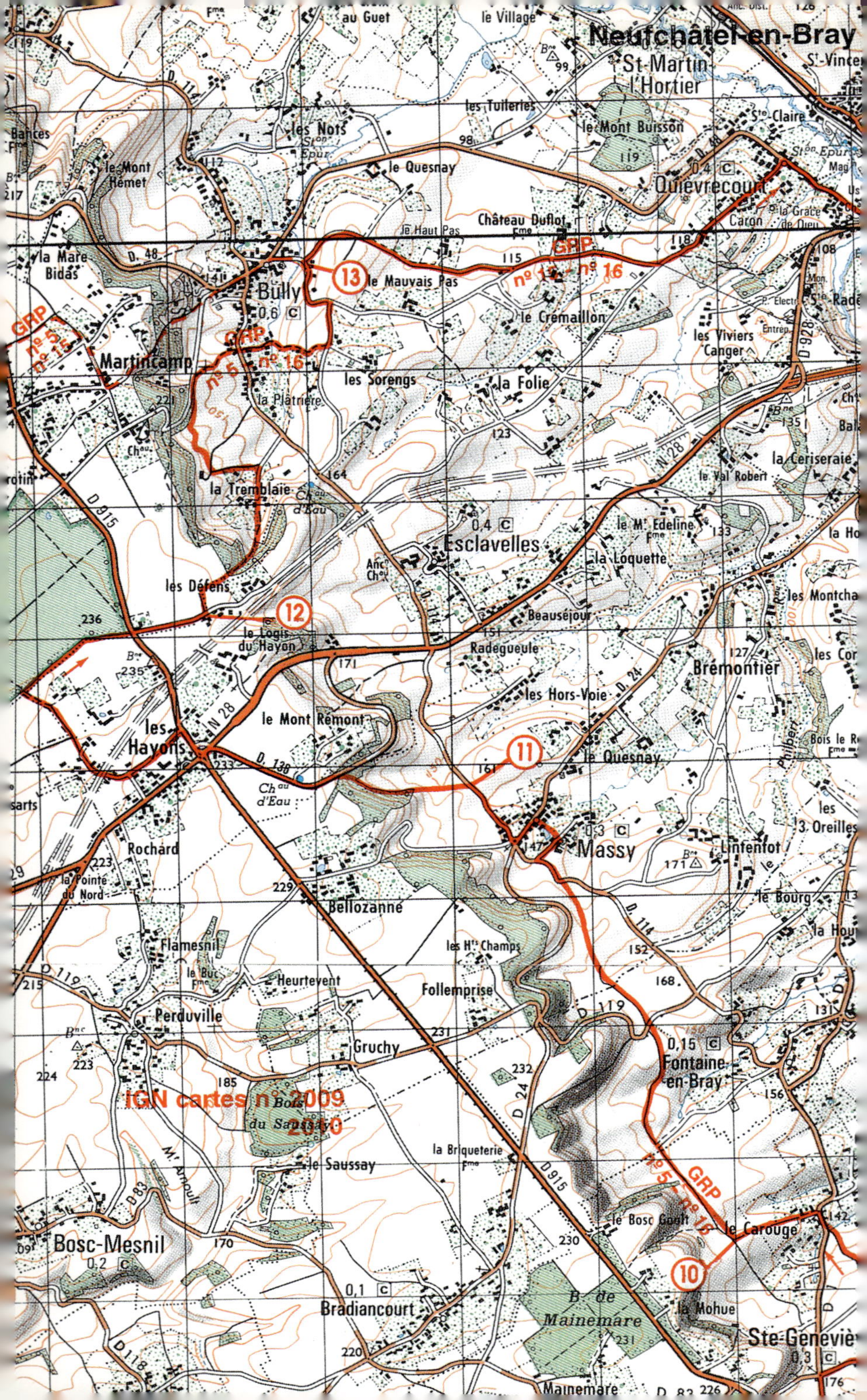

Neufchâtel-en-Bray
St-Martin l'Hortier
au Guet
le Village
les Tuileries
le Mont Buisson
Ste-Claire
les Nots
le Quesnay
Quièvrecourt
le Mont Hémet
Bances
Château Duflot
le Haut Pas
Caron
la Grâce de Dieu
la Mare Bidas
Bully
le Mauvais Pas
GRP nº 5 - nº 16
le Cremaillon
les Viviers
Canger
GRP nº 5 nº 15
Martincamp
GRP nº 5 nº 16
les Sorengs
la Folie
la Plâtrière
la Ceriseraie
le Val Robert
la Tremblaie
Esclavelles
le Mt Edeline
la Loquette
les Défens
le Logis du Hayon
Beauséjour
Radegueule
les Montchaux
Brémontier
les Hors-Voie
le Mont Rémont
les Hayons
le Quesnay
Bois le Roi
Massy
les 3 Oreilles
Linfenfot
Rochard
la Pointe du Nord
Bellozanne
le Bourg
les Hts Champs
Flamesnil
le Buc
Heurtevent
Follemprise
Perduville
Gruchy
Fontaine-en-Bray
IGN cartes nº 2009 2010
Bois du Saussay
le Saussay
la Briqueterie
GRP nº 5 - nº 15
le Bosc Gouh
le Carouge
Bosc-Mesnil
Bradiancourt
B. de Mainemare
la Mohue
Ste-Geneviève
Mainemare
10
11
12
13

Poursuivre à gauche, utiliser à nouveau la D 1 à droite sur 100 m et tourner à gauche.

⑩ A la bifurcation, tourner à droite, couper la D 119. Plus loin, utiliser la D 114, tourner à droite, descendre un chemin à gauche, franchir le gué, tourner à gauche pour passer devant l'ancien lavoir et monter les escaliers menant à l'église de

5,5 km • 1 h 10 • Massy

Eglise Saint-Pierre de style roman avec litre au sommet du chœur.

Se diriger à gauche et, au carrefour, utiliser la D 114 à droite.

⑪ Prendre le chemin à gauche, longer l'orée et monter dans le bois, emprunter la D 136 à gauche. Au carrefour suivre la D 915 à droite et s'engager dans le premier chemin à gauche. Passer sous l'A 28, poursuivre en longeant l'orée de la forêt, tourner à droite, couper la D 915 et utiliser une petite route.

⑫ Emprunter un chemin à gauche, descendre à droite dans le bois, franchir une clôture, traverser l'herbage, franchir une autre clôture et à la bifurcation, tourner à gauche puis à droite en suivant les clôtures. Utiliser la route à droite puis le premier chemin herbeux à droite, couper la D 114, franchir le Bully, monter le chemin en cavée, suivre à gauche la rue des Sorengs et à gauche la route de Quièvrecourt pour arriver à l'entrée de

9 km • 2 h 15 • Bully

🛒 ☕ 🍴

"Buslei" cité en 1060. Château du Flot du 16e. Eglise Saint-Eloi en gothique primitif du 13e. Village natal de Mornay dit "le pape des Huguenots".

⑬ *Jonction avec les GRP n°5 et 15 (le centre du village est à gauche) :* emprunter à droite une petite route qui se prolonge en chemin puis à nouveau en route. Bifurquer deux fois à gauche et après l'église de Quièvrecourt, emprunter la D 48 à droite. Utiliser la D 928 à gauche et suivre la rue de la Fausse-Porte pour entrer dans

6 km • 1 h 30 • Neufchâtel-en-Bray

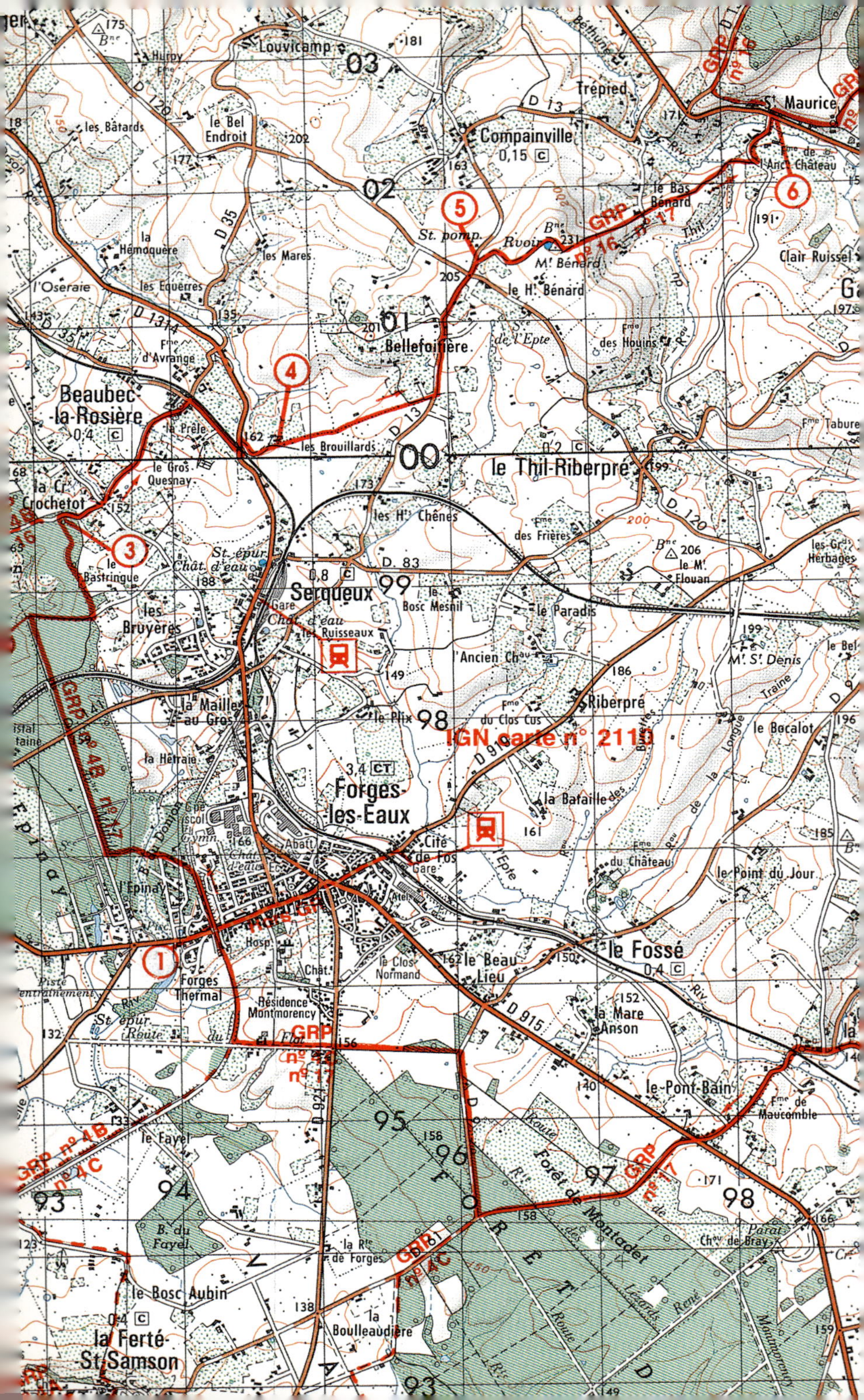
Louvicamp
Hurpy
les Bâtards
le Bel Endroit
Trépied
St Maurice
Compainville
l'Anc. Château
le Bas Bénard
GRP nº 16 nº 17
St. pomp.
Rvoir
Mt Bénard
le Ht Bénard
Clair Ruissel
la Hémoquère
les Mares
l'Oseraie
les Equerres
Bellefoitière
Ste de l'Epte
Fme des Houins
Fme d'Avrange
Beaubec-la-Rosière
la Prêle
les Brouillards
le Thil-Riberpré
Fme Tabure
le Gros Quesnay
la Cr. Crochetot
les Ht Chênes
Fme des Frières
le Mt Flouan
les Gr. Herbages
le Bastringue
Chât. d'eau
St. épur
Serqueux
Bosc Mesnil
le Paradis
les Bruyères
Gare
Chât. d'eau
les Ruisseaux
l'Ancien Chau
Mt St Denis
Riberpré
la Maille au Gros
le Plix
Fme du Clos Cus
le Bocalot
IGN carte nº 2110
la Hêtraie
Forges-les-Eaux
la Bataille
Epinay
Cité de Fos
Gare
Fme du Château
le Point du Jour
l'Epinay
Hosp.
Chât.
le Beau Lieu
le Fossé
Forges Thermal
le Clos Normand
Résidence Montmorency
la Mare Anson
Piste entraînement
St. épur
le Pont-Bain
Fme de Maucomble
GRP nº 4B nº 4C
le Fayel
Forêt de Montadet
GRP nº 17
B. du Fayel
la Rte de Forges
Chau de Bray
le Bosc Aubin
la Ferté-St Samson
la Boulleaudière
GRP nº 4C
FORÊT D'EAWY

GRP n°17
La boucle des sources

Forges-les-Eaux

Voir texte GRP n° 4B.

① *Balisage jaune-rouge :* partir de l'ancienne gare thermale *(gîte).* Emprunter l'ancienne voie ferrée (Nord) sur 800 m, monter à gauche, poursuivre par la rue de la Grande-Demoiselle et descendre en face dans le bois. Passer entre les deux lacs, remonter en face dans la forêt, suivre à droite l'avenue Mathilde, couper la D 141 et franchir la voie ferrée.

② Tourner à droite. Avant l'orée du bois, bifurquer vers le Nord.

③ Emprunter à droite la petite route *(à 200 m, piste de lancement de V1).* Couper une route, longer l'église de

6 km • 1 h 30 • Beaubec-la-Rosière

Tourner à droite et franchir la voie ferrée. Utiliser la D 1314 sur 30 m. Se diriger à droite.

④ Avant la ferme, s'engager à droite dans un sentier en cavée, suivre la D 13 à gauche, couper la D 120.

⑤ Obliquer aussitôt à droite sur une petite route qui se prolonge par un chemin. Utiliser la route à gauche, couper la D 135.

⑥ Emprunter un chemin empierré à droite, contourner par la gauche l'église du

6 km • 1 h 30 • hameau de Saint-Maurice

Eglise du 11e siècle.

Les faïences de Forges

C'est à la présence en abondance de couches d'argile blanche, grise ou bleue, que l'on doit l'essor de cette activité. Dès l'occupation romaine, l'industrie de la poterie prit naissance dans le Pays de Bray et prospéra pendant des siècles, empruntant aux forêts proches le bois servant à la cuisson.

Les potiers anglais qui venaient se fournir en argile blanche de qualité ont introduit au 18e siècle la production de faïence fine. L'un d'eux, Georges Wood, fonda en 1797 la première faïencerie. Au 19e, leur activité fut importante et soutenue par celle des fabriques de pipes dont la production suivait le développement pour le goût du tabac.

On distingue deux sortes de faïences : la première en argile mélangée à du silex calciné, broyé très fin, se compose d'assiettes de forme octogonale, de plats, de bols et tasses, de soupières,... Elle est de facture fine et lisse, supportant, pour de belles pièces, une délicatesse d'ornements égale à celle des plus nobles faïences. Les motifs en sont souvent les faits marquants de l'époque. Par la suite, et pour les grandes séries, les artistes se sont inspirés de sujets naïfs et populaires très gais : fleurs, fruits, légumes et oiseaux, petits paysages, chaumières,... dans des couleurs vives telles que le vert, le bleu ou le jaune et qui débordent de fraîcheur et de verve.

A côté de ces faïences "de la Grande Epoque", une autre production se développa. De qualité inférieure par manque de décorateurs qualifiés, elle est à base d'argile mais blanche. L'envers des pièces est généralement couvert de vernis noir (les culs noirs) et l'ornementation en est plus naïve, souvent plus grossière, d'une inspiration parfois rouennaise (Rouen pauvre) ou auxerroise. De nombreux témoins restent de cette époque intéressante.

Plus tard, les grandes manufactures modernes portèrent un coup fatal à cette production qui s'éteignit dans les dernières années du 19e siècle.

Par bonheur, un artisan-potier, M. Alexandre Audel, a repris la tradition et produit à Forges-les-Eaux, dans l'atelier "Aux deux gouttes d'eau" des pièces reprenant des décors anciens, soit pour des reproductions fidèles, soit pour inspirer la création de modèles et de décors nouveaux. Son atelier se visite.

On peut admirer de très jolies pièces de faïence "Vieux Forges" au petit musée qui se trouve au premier étage de l'hôtel de ville de Forges-les-Eaux ainsi qu'au musée du Pays de Bray à Neufchâtel-en-Bray et au musée départemental de la céramique, à Rouen.

Texte ACTPB.

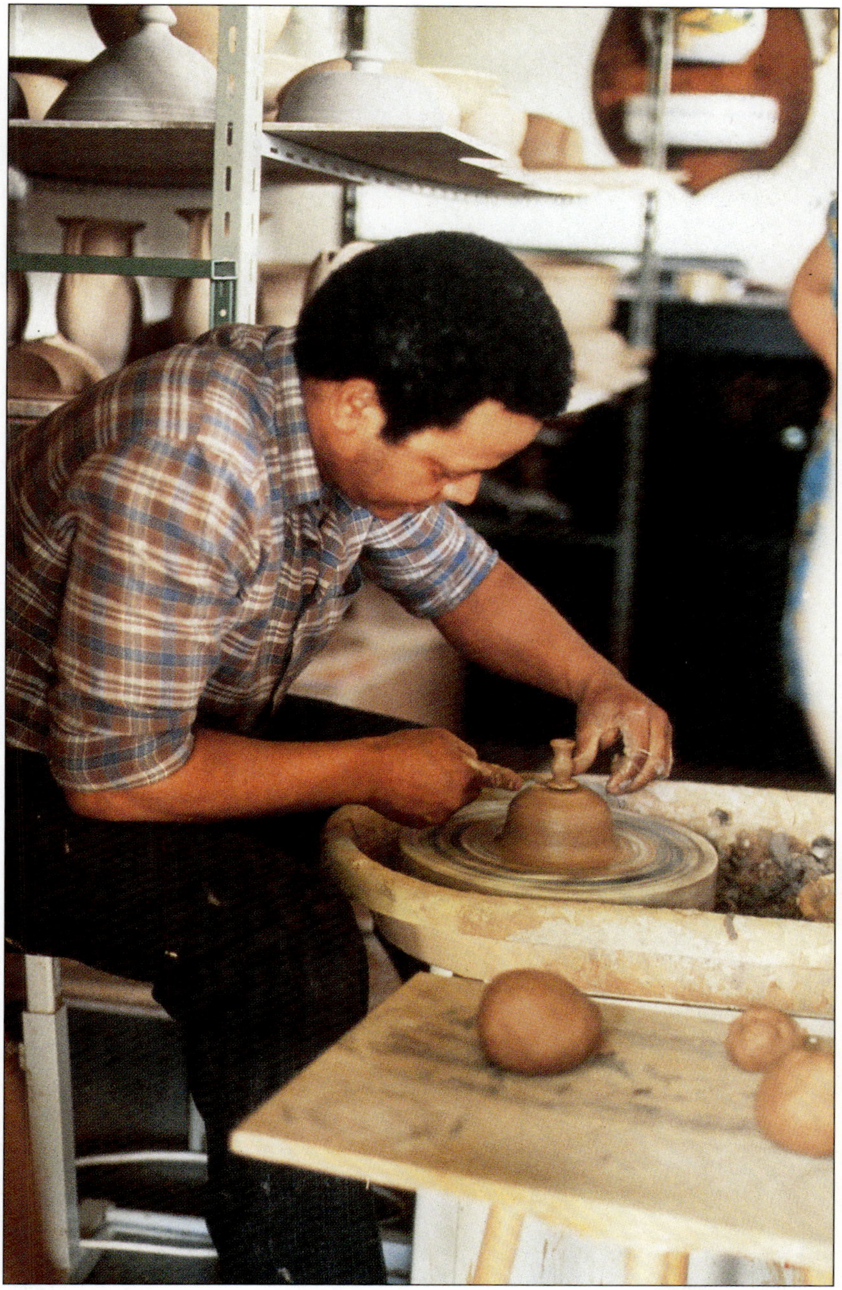

IGN cartes n° 2109 2110

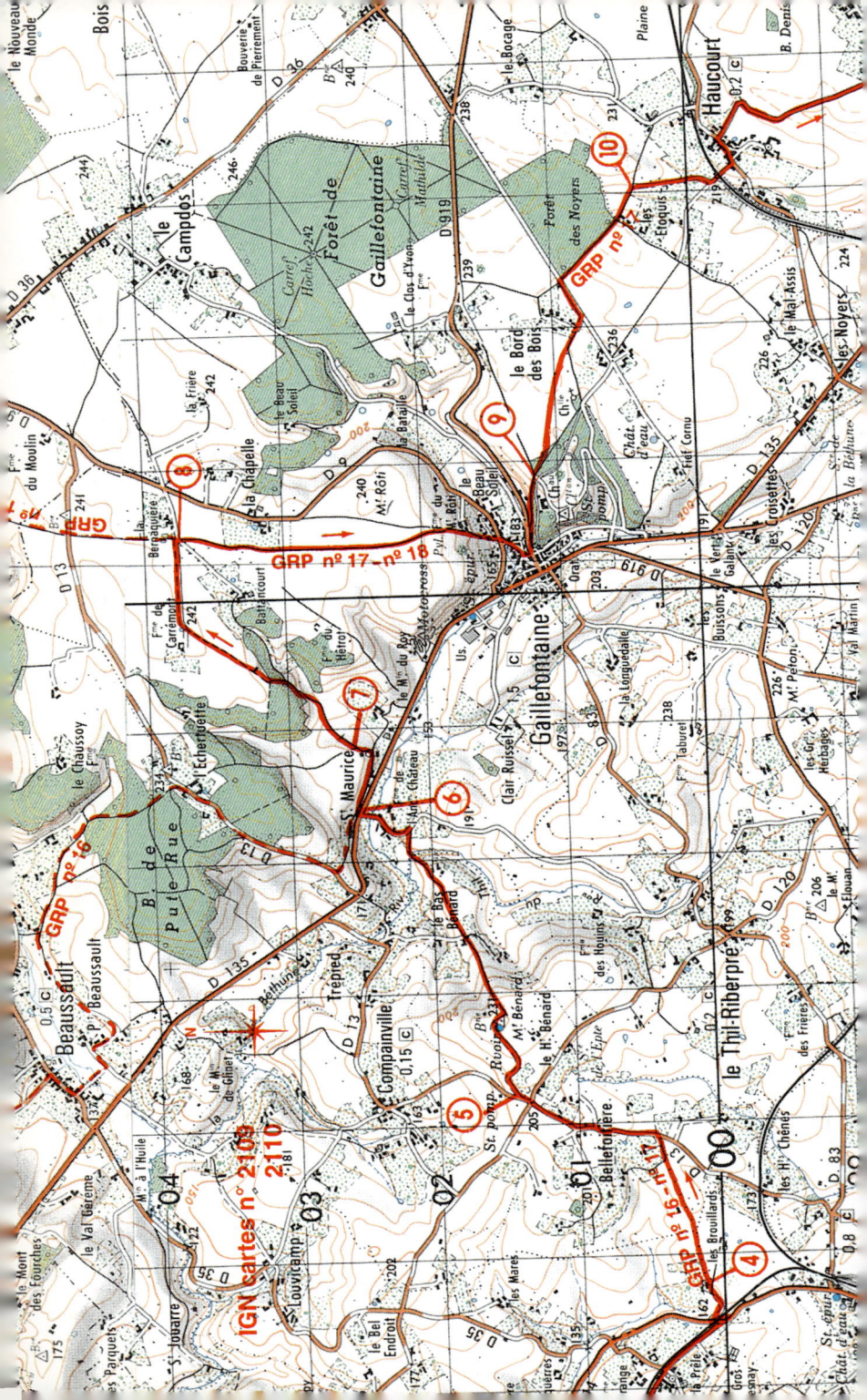

GRP n° 16 - n° 17
GRP n° 17 - n° 18
GRP n° 16
GRP n° 7

⑦ A la fourche, utiliser le chemin de droite, suivre la route à droite.

⑧ *Jonction avec le GRP n°18 vers Aumale :* à l'entrée du domaine de Battancourt, tourner à droite pour suivre le "chemin du Chasse-Marée" *(voiture attelée de quatre à six chevaux qui transportait le "pescaille" (poisson) de mer, de Dieppe à Paris soit 35 lieues (160 km) en 12 h).*
Couper la D 9 et se diriger vers

5 km • 1 h 10 • Gaillefontaine

Eglise Notre-Dame du 13e dont les ventaux du portail proviennent de l'abbaye de Beaubec. Au Moyen Age, siège d'un bailliage avec droit de Haute, Moyenne et Basse-Justice.

De l'église, suivre vers l'Est la rue Dubus, contourner les halles et monter les escaliers à droite.

⑨ A la croisée des chemins, se diriger à droite. Poursuivre par le chemin, traverser les cultures en diagonale, pour retrouver le chemin. Utiliser la route à gauche, tourner à droite et s'engager dans la forêt des Noyers par une large allée à droite. Poursuivre par le chemin en face.

⑩ Prendre le premier à droite se prolongeant en chemin revêtu. Franchir la voie ferrée, utiliser la D 129 à gauche pour entrer dans

4 km • 1 h • Haucourt

Le marquis de Mailly-Haucourt, natif de Haucourt, maréchal de France en 1783, défendit Louis XVI à la journée du 10 août 1792 et malgré ses 84 ans, fut guillotiné le 25 mars 1794.

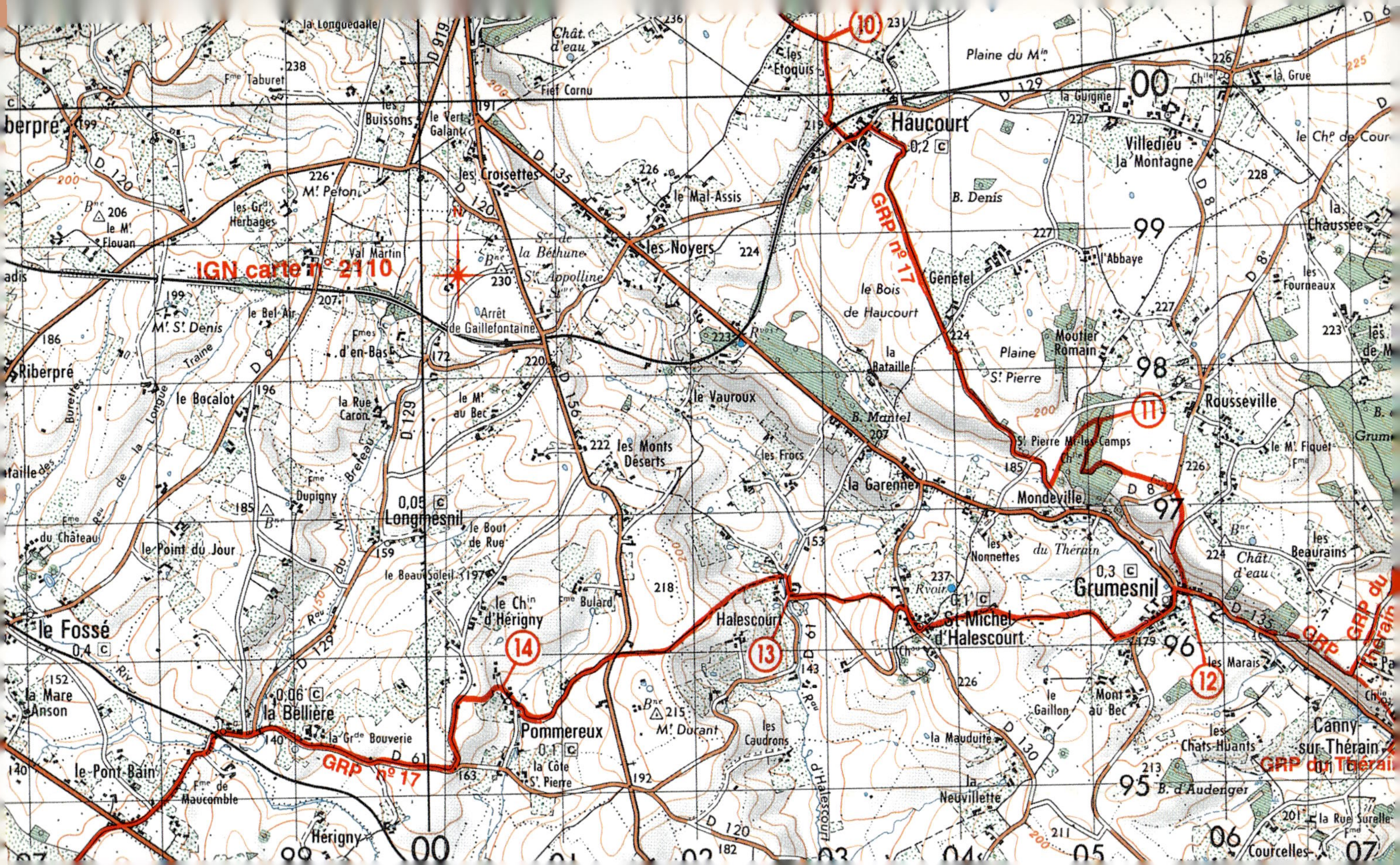

IGN carte nº 2110
GRP nº 17
GRP du Thérain
Haucourt
Villedieu la Montagne
Rousseville
Mondeville
Grumesnil
St Michel d'Halescourt
Halescourt
Pommereux
Longmesnil
la Bellière
le Fossé
Canny sur Thérain
les Noyers
la Garenne
le Vauroux
les Monts Déserts
les Croisettes
Arrêt de Gaillefontaine
Hérigny
le Pont Bain
Riberpré
la Mare Anson
10
11
12
13
14

Emprunter la deuxième rue à droite, passer près de la chapelle Saint-Pierre-Mi-Chés-Camps *("située au milieu des champs")* du 11e. Couper la route et utiliser à gauche le premier chemin herbeux.

⑪ Au carrefour des chemins, utiliser celui de droite puis la D 8 à gauche. Au calvaire *(de Justine)* s'engager dans un chemin herbeux à droite, suivre la petite route à droite et dans le virage, retrouver le chemin à gauche.

▶ Possibilité de jonction avec le *GRP de la Vallée du Thérain* pour rejoindre en 30 mn Canny-sur-Thérain (Oise) : suivre la D 135 à gauche puis le premier chemin à gauche longeant les cultures puis le cimetière.

⑫ Suivre la D 135 à droite et, plus loin, la D 8 à gauche, franchir le Thérain et entrer dans

6 km • 1 h 30 • Grumesnil

Eglise Saint-Pierre du 13e.

Passer devant l'église ; au calvaire utiliser à droite le chemin du Gaillon puis celui du Poirier-Marie Pilé ; suivre la route à droite, longer l'église de

2,5 km • 40 mn • Saint-Michel-d'Halescourt

Château d'Halescourt. Eglise de pierre grise du 12e.

Emprunter la D 61 à gauche puis descendre le premier chemin à droite. Utiliser la D 61 à droite.

⑬ Au croisement, se diriger à droite, utiliser le chemin à gauche, couper la D 156, passer devant le lavoir, longer l'église de

3,5 km • 45 mn • Pommereux

"Pomereus", lieu planté de pommiers.

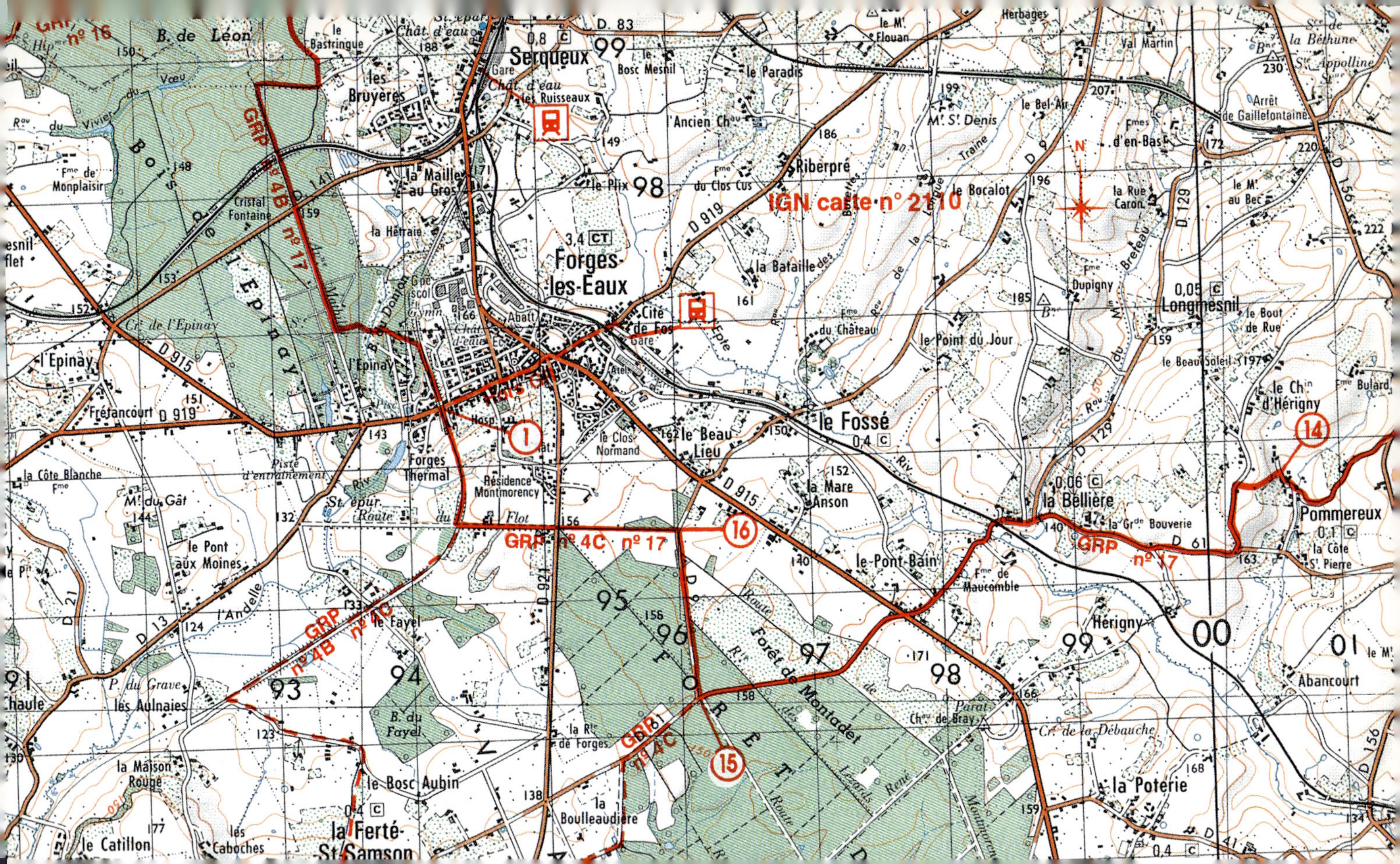

IGN carte n° 2110
GRP n° 4B n° 17
GRP n° 4C n° 17
GRP n° 17
GRP n° 4B n° 4C
GRP n° 4C
n° 16
Serqueux
Forges-les-Eaux
le Fossé
la Bellière
Pommereux
Longmesnil
Riberpré
le Bocalot
la Rue Caron
le Paradis
le Bosc Mesnil
les Bruyères
la Maille au Gros
le Plix
la Bataille
le Point du Jour
le Beau Lieu
la Mare Anson
le Pont Bain
Hérigny
Abancourt
la Poterie
Forêt de Montadet
le Fayel
B. du Fayel
le Bosc Aubin
la Ferté-St-Samson
la Boulleaudière
les Aulnaies
le Catillon
la Maison Rouge
Frèfancourt
l'Epinay
Bois de l'Epinay
B. de Léon
Forges Thermal
Résidence Montmorency
le Clos Normand
Cité de Fos
Cristal Fontaine
la Hétraie
le Pont aux Moines
M. du Gât
la Côte Blanche
le Bastringue
Fme de Monplaisir
le Ch. d'Hérigny
Arrêt de Gaillefontaine
Val Martin
D 915
D 919
D 921
D 61
D 129
D 156
D 83
D 13
D 21
D 41

⑭ S'engager à gauche dans la "sente à paniers" *(ainsi appelée car elle permettait le passage d'une personne munie d'un panier à chaque bras)*. Emprunter la route à gauche puis la D 61 à droite.

▶ Le tracé du GR risque d'être modifié dans ce secteur. Un itinéraire de remplacement est actuellement à l'étude pour éviter le long passage sur la D 61.

Longer l'église de

2,5 km • 40 mn • La Bellière

Autrefois lieu de pèlerinage : à la Saint-Blaise, contre les maux de gorge et à la Saint-Roch contre les épidémies.

Franchir la voie ferrée puis l'Epte, couper la D 915 et continuer par la D 61.

⑮ *Jonction avec le GRP n°4C :* suivre la D 9 à droite.

⑯ Utiliser le chemin à gauche, couper la D 921, passer devant la ferme du Flot et utiliser l'ancienne voie ferrée à droite pour arriver à

15 km • 4 h • Forges-les-Eaux

🏠 🏨 🛏 ⛺ 🛒 ☕ 🍴 ℹ️ 🚌 🚆

Le Pays de Bray ne tire pas son nom d'un pur hasard. "Bray" signifiait "boue" en langage celtique, le mélange de la terre et de l'eau. Même si elle n'est pas toujours visible, l'eau est omniprésente dans le Pays de Bray. Elle se manifeste par les multiples sources au cœur de la Boutonnière et à la limite des cuestas, qui donnent naissance à un chevelu dense de ruisseaux et de rus. Ce réseau irrigue les prairies grasses et, par leur confluence, les régions attenantes sillonnées par la Béthune, l'Andelle, l'Epte et le Thérain.
En dehors de ces rivières qui prennent leur source dans la Boutonnière, le reste du pays, moins humide, est également traversé par la Varenne et l'Eaulne, et plus ponctuellement par l'Yères. La présence de l'eau a directement marqué les paysages du Pays de Bray en créant des milieux particulièrement humides aux caractéristiques bien spécifiques (sols agricoles hydromorphes, marais, tourbières...).
Elle a également influencé la répartition de l'habitat et les productions agricoles essentiellement bocagères.

IGN cartes n° 2109 2110

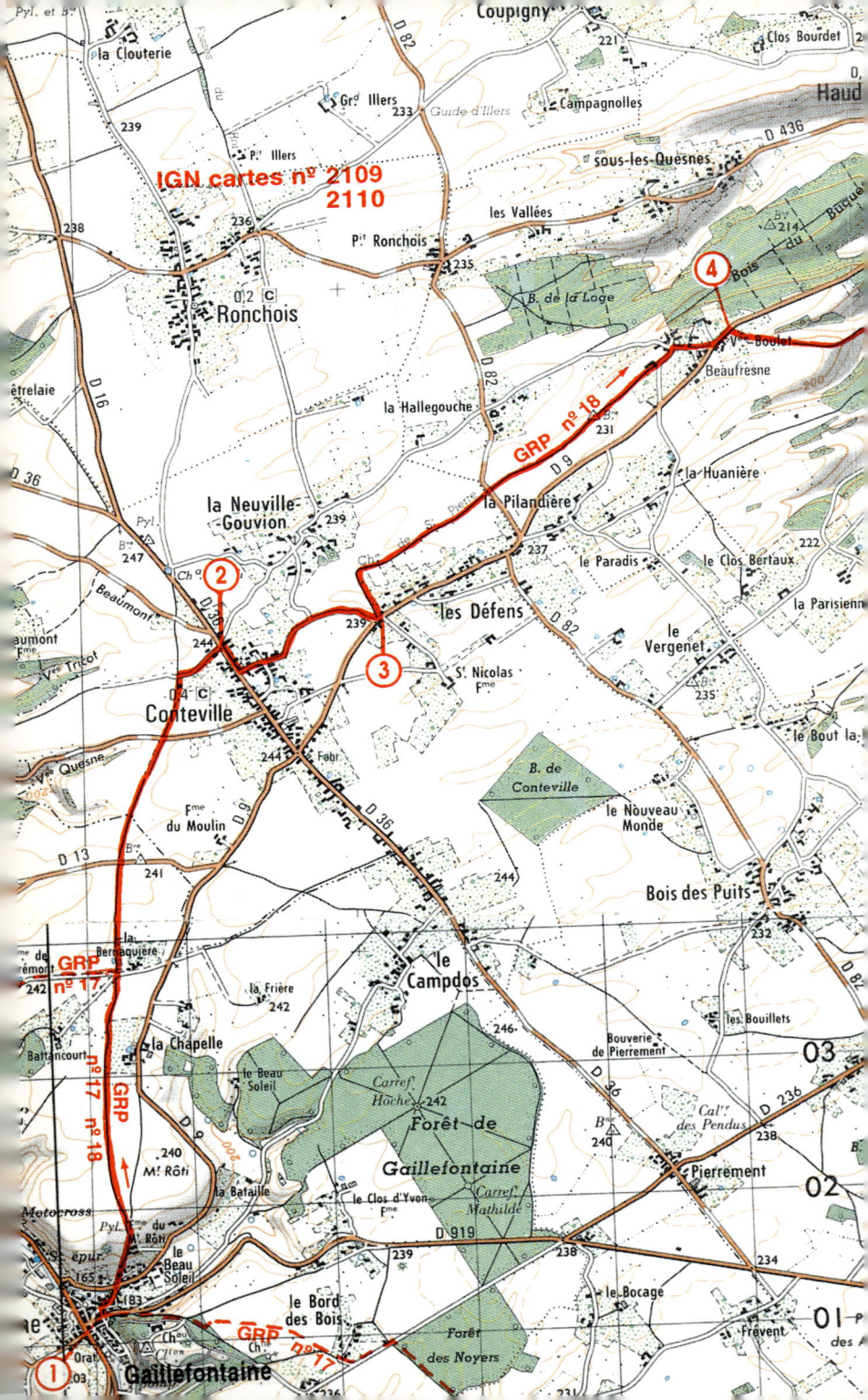

GRP n°18
Liaison Gaillefontaine - Aumale

Gaillefontaine

① *Balisage jaune-rouge :* partir de l'église (Est), tourner à gauche, couper la D 9, utiliser la petite route puis le chemin de terre. A la bifurcation, suivre à gauche le "Chemin du Chasse-Marée", couper trois routes et, à la croisée des chemins, se diriger à droite pour entrer dans

6 km • 1 h 30 • Conteville

Eglise Saint-Nicolas du 18e.
Raoul de Conteville suivit Guillaume le Conquérant à la bataille d'Hastings.

② Utiliser la D 36 à droite ; à la chapelle, tourner à gauche ; suivre la D 9 à gauche.

③ Bifurquer aussitôt dans le chemin à gauche. Couper la D 82, emprunter la route suivante à gauche, passer devant un vieux puits couvert, suivre la D 9 à gauche.

④ S'engager aussitôt à droite dans le chemin empierré. Traverser l'herbage en prenant les poteaux pour points de repère *(bien refermer les barrières)*, pénétrer en face dans la forêt, retrouver le sentier et monter à gauche. Poursuivre par le chemin empierré à gauche et traverser le hameau de

6 km • 1 h 30 • Haudricourt-au-Bois

Suivre la route à gauche, tourner à droite sur un chemin qui franchit un ruisseau.

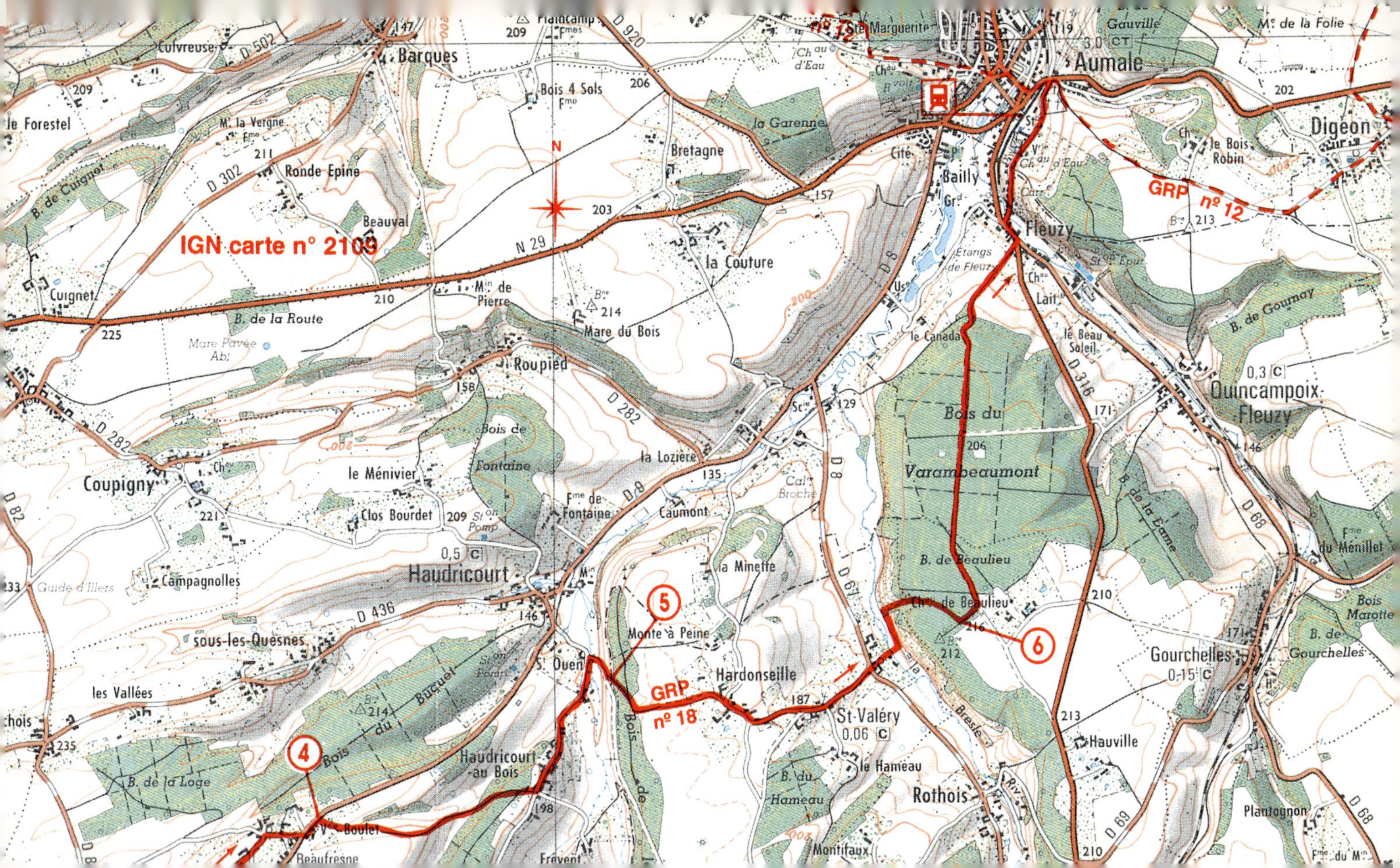
IGN carte n° 2109
GRP n° 12
GRP n° 18
Aumale
Digeon
Fleuzy
Quincampoix-Fleuzy
Gourchelles
Hauville
Rothois
St-Valéry
Hardonseille
Monte à Peine
la Minette
Caumont
la Lozière
Haudricourt
Haudricourt au Bois
St Ouen
sous-les-Quesnes
les Vallées
Coupigny
Campagnolles
Clos Bourdet
le Ménivier
Bois de Fontaine
Roupied
Mare du Bois
la Couture
Bretagne
Bois 4 Sols
Barques
Culvreuse
le Forestel
Ronde Epine
Beauval
Cuignet
B. de la Route
Mare Pavée
B. de la Loge
Bois du Buquet
Vve Boulet
Beaufresne
Frévent
Bois du Varambeaumont
B. de Beaulieu
Chée de Beaulieu
B. de la Dame
B. de Gournay
le Bois Robin
Bailly
la Garenne
le Canada
Etangs de Fleuzy
le Beau Soleil
Plantognon
Bois Marotte
B. de Gourchelles
Ste Marguerite
Gauville
Mt de la Folie
Bresle
N 29
D 8
D 282
D 436
D 316
D 68
D 69
D 920
D 302
D 502
D 82
4
5
6

⑤ *On pénètre dans l'Oise :* bifurquer dans le premier chemin à gauche se prolongeant en route. A la fourche, suivre le chemin de gauche, couper la D 67, tourner aussitôt à droite, longer la chapelle de Saint-Valéry, franchir le gué, suivre à gauche le sentier parallèle à la Bresle et monter à droite dans la forêt.

⑥ A l'orée de celle-ci, tourner à gauche, puis s'engager à gauche dans l'allée forestière passant entre une Vierge et le château et la suivre sur 3 km. Utiliser la D 316 à gauche puis à droite le chemin de la Verrerie, franchir le Ménillet *(on quitte l'Oise)* et entrer dans

9 km • 2 h 15 • Aumale

Eglise d'Aumale. *OT d'Aumale.*

IGN carte n° 2011

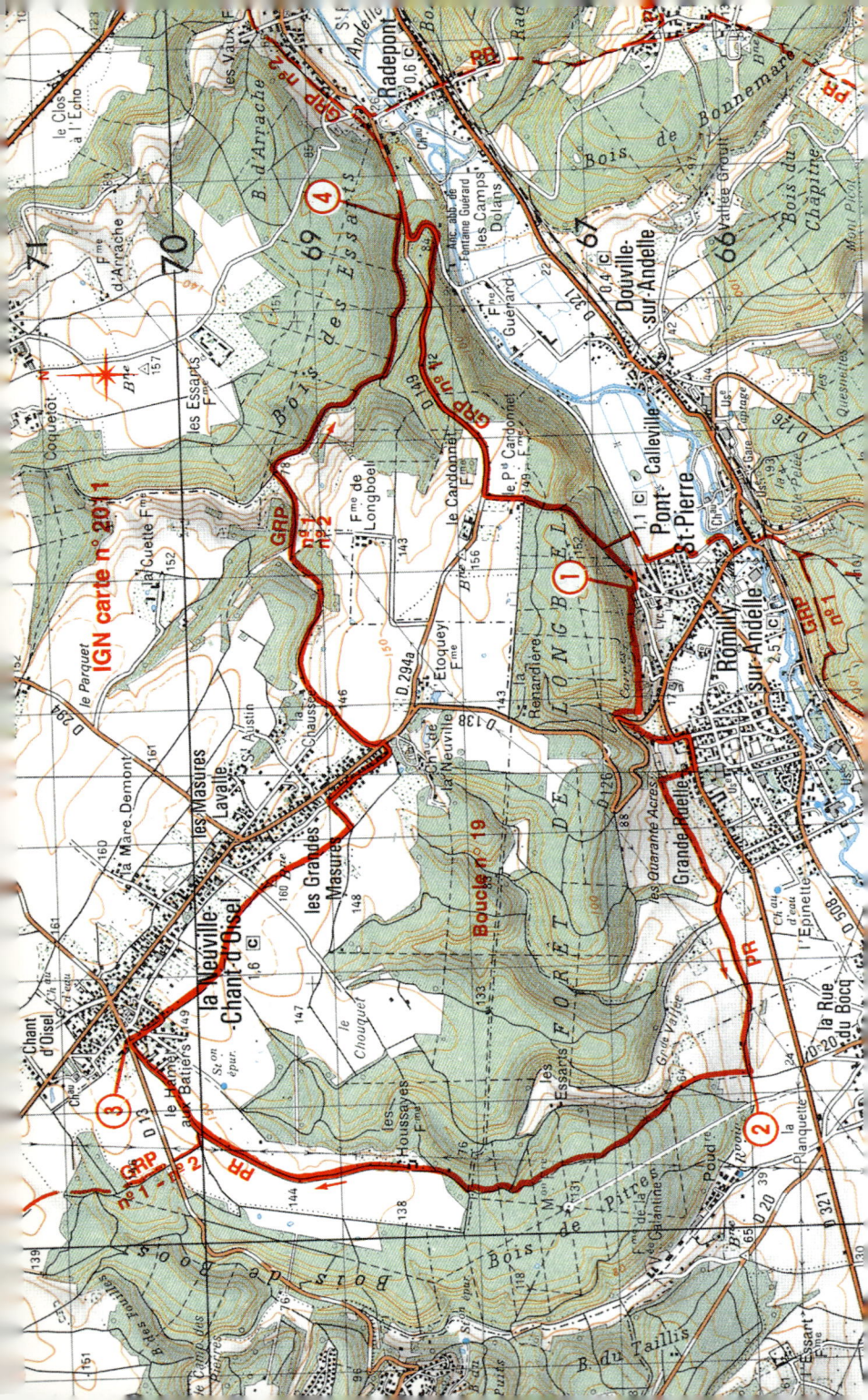

Boucle n° 19

Boucle n°19
Circuit de Longboel

Pont-Saint-Pierre (Eure)

Châteaux des 15e et 18e. Eglise du 12e (boiseries).

① *Balisage jaune :* partir du cimetière en longeant le mur Nord et monter en sous-bois. Poursuivre à gauche en suivant les clôtures, le sentier passe au pied d'une statue votive puis serpente sous la futaie *(panoramas sur la vallée de l'Andelle).* Traverser une carrière, couper la D 126 et rejoindre Romilly-sur-Andelle.
Longer l'église, poursuivre par la D 321 *(à remarquer sur la droite successivement un colombier rond et un carré),* tourner à droite dans la rue du Chêne-d'Hiver et monter le chemin longeant clôtures et cultures. Emprunter à droite le chemin empierré et poursuivre plein Ouest.
② S'engager à droite dans un sentier en cavée longeant le bois de Pitres. A la deuxième bifurcation, tourner à gauche puis à droite et plus loin *(on entre en Seine-Maritime),* emprunter à droite une large allée. Passer devant la ferme des Houssayes et suivre la route pour arriver à

10 km • 2 h 30 • La Neuville-Chant-d'Oisel

Eglise Notre-Dame du 13e ; château de la Neuville.

③ *Balisage jaune-rouge :* à la fourche avec la D 13, suivre à droite la rue du Vivier se prolongeant en chemin de terre, couper une route, emprunter le chemin suivant à gauche puis la rue des Jardins à droite. Passer devant le château de la Neuville *(château de J. Anquetil),* utiliser la D 294 à gauche, aussitôt à droite la chaussée du Roi puis descendre en suivant la rue de la Cuette dans un vallon au nom inquiétant de Fosse au Diable.
④ Emprunter la D 149 à droite ; à la fourche, prendre à gauche. Après le virage *(500 m plus bas, ancienne abbaye de Fontaine-Guérard : voir texte GRP n°1),* utiliser le chemin montant à droite et, à mi-côte, tourner à droite et retrouver la D 149. Poursuivre à gauche ; au transformateur, prendre à gauche et descendre le sentier pour retrouver

13 km • 3 h 20 • Pont-Saint-Pierre

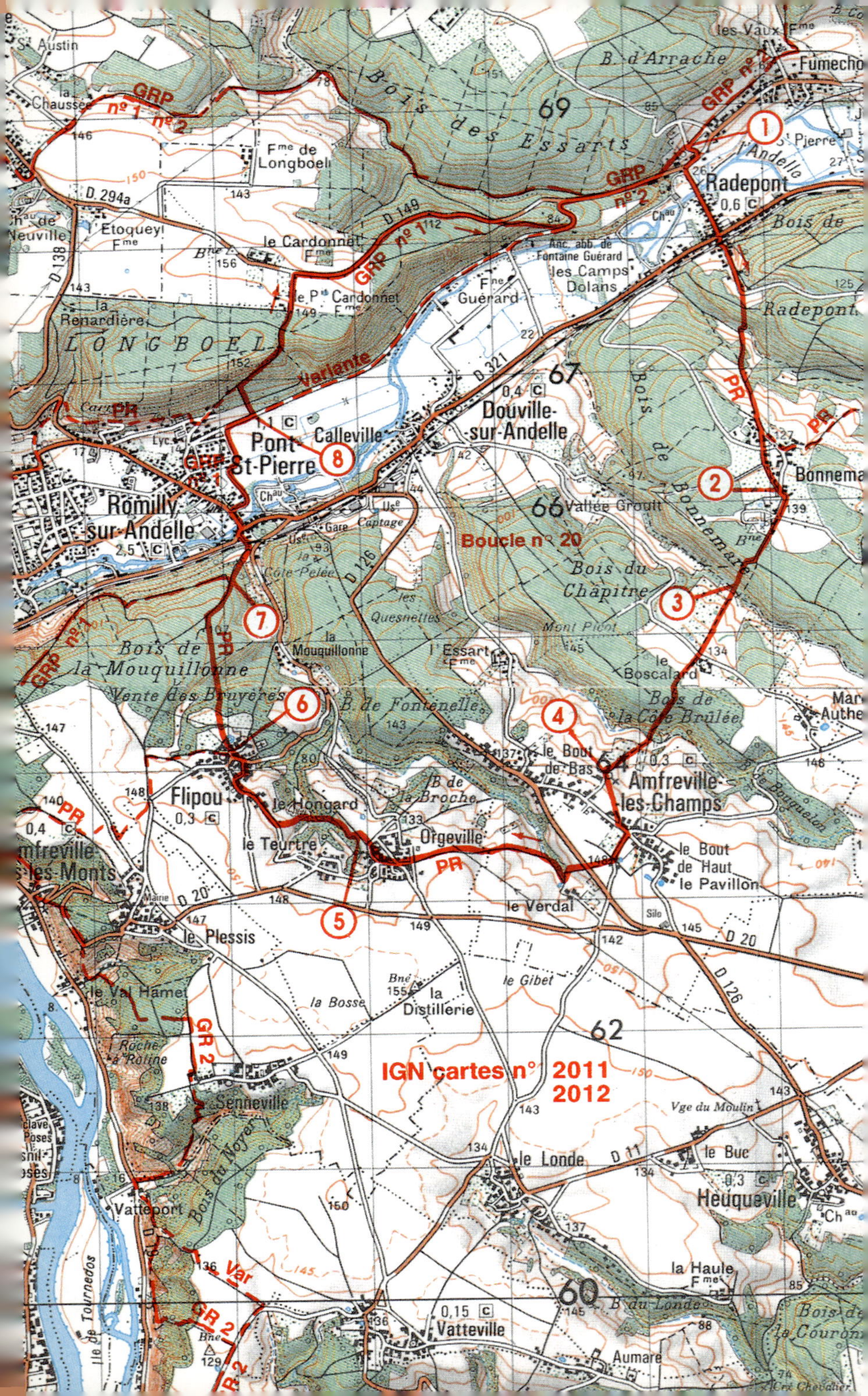

IGN cartes n° 2011
2012
Boucle n° 20
1
2
3
4
5
6
7
8
GRP n° 1 n° 2
GRP n° 2
GRP n° 1
GRP n° 1
Variante
PR
GR 2
Var
Bois des Essarts
B. d'Arrache
les Vaux Fme
Fumechon
Radepont
St Pierre
l'Andelle
Bois de Radepont
Fme de Longboel
la Chaussée
St Austin
Etoquey Fme
Chau de Neuville
le Cardonnet Fme
le Pt Cardonnet Fme
Anc. abb. de Fontaine Guérard
les Camps Dolans
Fme Guérard
la Renardière
LONGBOEL
Pont-St-Pierre
Calleville
Douville-sur-Andelle
Romilly-sur-Andelle
Bois de Bonnemare
Bonnemare
Vallée Grouit
Bois du Chapitre
Mont Picot
le Boscalard
Bois de la Côte Brûlée
la Côte Pelée
les Quesnelles
Essart Fme
la Mouquillonne
Bois de la Mouquillonne
Vente des Bruyères
B. de Fontenelle
B. de la Broche
le Bout de Bas
Amfreville-les-Champs
le Bout de Haut
le Pavillon
Flipou
le Hongard
le Teurtre
Orgeville
le Verdal
Amfreville-les-Monts
le Plessis
le Val Hamet
la Bosse
la Distillerie
le Gibet
Roche à Roline
Senneville
Bois du Noyer
Vatteport
le Londe
le Buc
Heuqueville
Vge du Moulin
la Haule Fme
B. du Londe
Vatteville
Aumare
Ile de Tournedos
Poses
D. 294a
D. 149
D. 138
D. 321
D. 126
D 20
D 11

Boucle n°20
Circuit de la Fontaine-Guérard

Radepont

🏠 🛒 ✕

Château de Bonnemare du 16e (monument historique). Château de Radepont du 19e.

① *Balisage jaune :* descendre l'escalier en face de l'église, passer devant le château, couper la D 321 puis la voie ferrée et monter le sentier. A une fourche, poursuivre à droite et franchir une barrière avec une chicane pour entrer dans Bonnemare.

② Emprunter à droite le chemin de Douville *(sur la gauche, four à pain)*, utiliser la route à droite, passer devant le château et descendre le sentier en sous-bois.

③ A l'orée de la forêt, traverser un pré équipé de passe-clôtures et poursuivre en longeant les cultures. Couper une route, pénétrer en sous-bois et à l'orée, monter à droite et passer devant l'église d'Amfreville-les-Champs.

④ Emprunter le sentier herbeux, tourner à gauche puis à droite dans la rue des Perelles, s'engager à droite dans un chemin herbeux, couper la D 126 et descendre un chemin bifurquant bientôt à droite. Dans le hameau d'Orgeville, passer devant les ruines de la chapelle, utiliser la route de Pont-Saint-Pierre puis le chemin de terre à gauche.

⑤ Tourner aussitôt à gauche, descendre en sous-bois, emprunter la route à droite. Dans Flipou, utiliser la rue des Iris, tourner à gauche, contourner l'église et à la croisée des chemins suivre à droite le sentier herbeux.

⑥ Traverser le bois de la Mouquillonne, descendre à droite.

⑦ *Balisage jaune-rouge (GRP n°1) :* entrer dans Pont-Saint-Pierre. Franchir l'Andelle, emprunter à droite l'allée du château *(15e et 18e)*, utiliser à droite la route bordée de tilleuls.

⑧ S'engager à gauche dans un sentier ; tout en haut, tourner à droite et utiliser la D 149 à droite sur 1,7 km. Monter un sentier à droite, descendre à gauche vers la route, tourner à gauche, utiliser la D 149 à droite puis un sentier herbeux à gauche montant vers l'église de

19 km • 5 h • Radepont

Château de Bonnemare

Château de Bonnemare.
Photo Hélène Guermonprez / CDT Eure.

En 1231, sous le règne de Saint Louis, une première chapelle est dédiée à saint Christophe. Vers 1570-80, sous les règnes de Charles IX et Henri III, Nicolas Leconte de Draqueville, président au parlement de Rouen et propriétaire depuis 1555, fait construire le château actuel, son pavillon d'entrée et sa chapelle toujours dédiée à saint Christophe.

L'architecture de ces bâtiments est tout à fait caractéristique de la "Renaissance Française" ou "Seconde Renaissance" : retour à l'antique colonnes et pilastres doriques et coniques, sobriété de la décoration sculptée.

Les bâtiments de ferme du 17e, couverts en petites tuiles plates, aux murs de briques, moellons crépus et soubassements en silex ont été construits en 1668 par Edmond de Fieux, fils d'Etienne de Fieux, conseiller du Roy, contrôleur général de la gabelle (impôt sur le sel), mort en 1649.

L'abbaye de la Fontaine-Guérard

Les ruines de l'abbaye de Fontaine-Guérard se présentent dans un cadre verdoyant, au pied des coteaux de la rive droite de l'Andelle. Devant les ruines, une source très abondante jaillit qui lui valut son nom.
Fondée en 1185 par Robert de Leicester dit "Robert aux Blanches Mains", les moniales appartenaient presque toutes à la noblesse locale. La première abbesse fut Ida, sacrée en 1253 par Eudes Rigaud, archevêque de Rouen. Saint-Louis donna aux religieuses le droit de péage. Vendue à la Révolution comme bien national, les pierres servirent à la construction du pont et des usines.

Les ruines présentent la magnifique unité de l'art ogival normand. L'abbaye avait été construite suivant le plan cistercien. Au sud de l'église, un bâtiment restauré présente un escalier en pierre donnant accès au dortoir, vaste salle éclairée des

Ci-dessus : Abbaye de la Fontaine-Guérard, entrée de la salle capitulaire. *En haut à droite :* Abbaye de la Fontaine-Guérard, salle capitulaire. *Photos Jean-Claude Charvieux.*

deux côtés par de petites meurtrières et surmontée d'une voûte en charpente. Au rez-de-chaussée, la salle capitulaire comporte neuf compartiments de voûte retombant sur quatre piliers centraux. A l'extrémité du bâtiment se trouve la salle de travail des moniales qui évoque la salle des Chevaliers de l'abbaye du Mont-Saint-Michel, séparée en deux nefs par une élégante colonnade.

En avant de l'église, la chapelle expiatoire Saint-Michel, édifiée au 15e siècle en mémoire de Marie de Ferrière, assassinée par son mari.

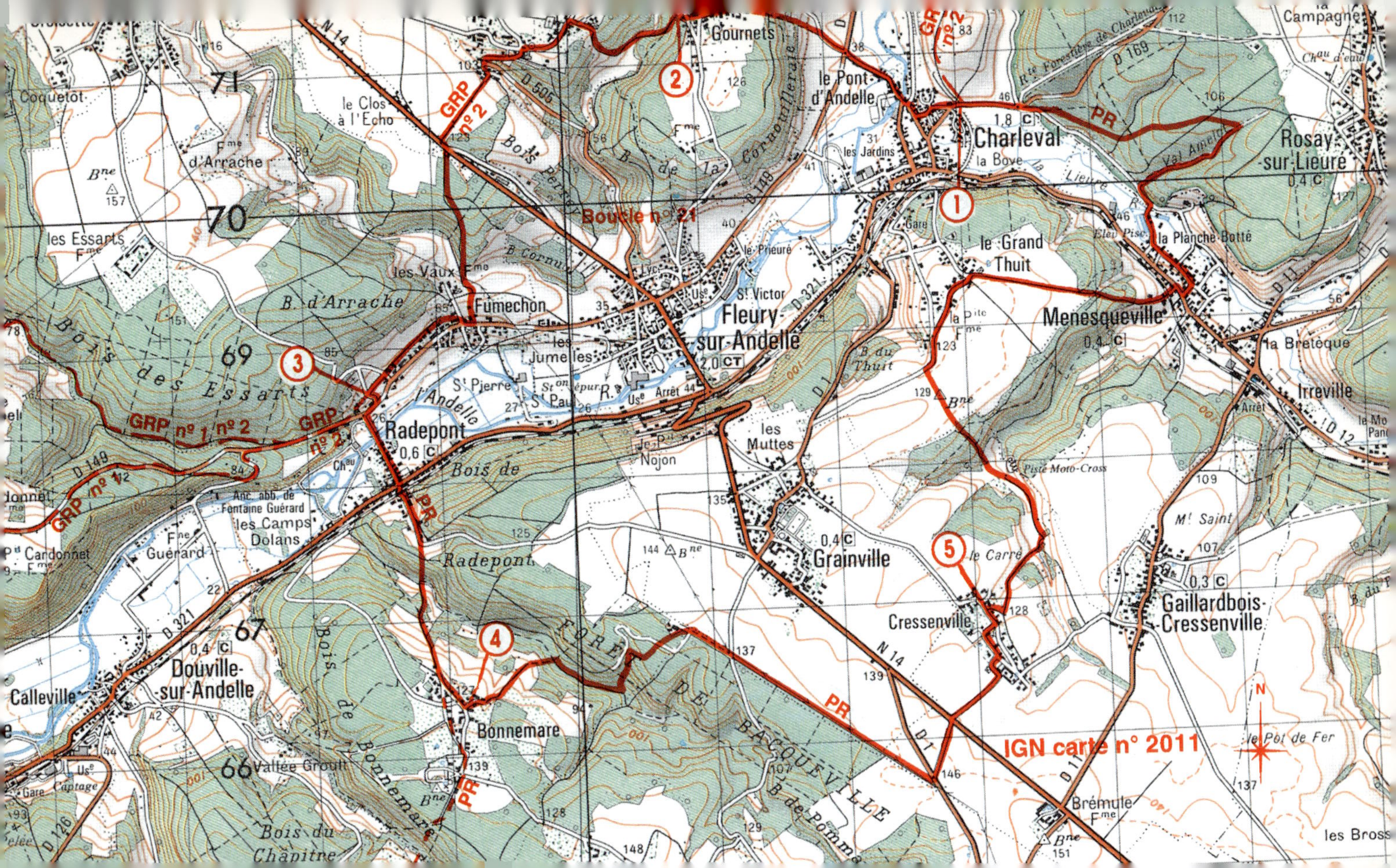
Charleval
Rosay-sur-Lieure
le Pont-d'Andelle
Gournets
Fleury-sur-Andelle
Menesqueville
le Grand Thuit
Radepont
Fumechon
Grainville
Cressenville
Gaillardbois-Cressenville
Douville-sur-Andelle
Bonnemare
Irreville
Calleville
Coquetot
Boucle n° 21
GRP n° 2
GRP n° 1 / n° 2
PR
IGN carte n° 2011
Bois des Essarts
Forêt de Bacqueville

Boucle n°21
Circuit du Bois de Bacqueville

Charleval

① *Balisage jaune-rouge (GRP n°2) :* du cimetière, partir vers l'Ouest. Utiliser le D 1 à droite, franchir le carrefour et, dans le virage, monter le sentier à gauche. Dans le hameau des Gournets, longer la place, utiliser la rue en face et tourner à droite.

② Bifurquer à gauche, poursuivre par la route, tourner à gauche, passer le château de Vandrimare et descendre à gauche. Gravir la côte de l'Essart et emprunter à droite la rue se prolongeant en chemin. Suivre la N 14 à gauche et s'engager aussitôt à droite dans un chemin. Couper une route, poursuivre par le chemin jusqu'à l'église de Radepont.

③ *Balisage jaune :* descendre l'escalier, longer le château pour entrer dans

8 km • 2 h • Radepont

Couper la D 321 puis la voie ferrée et monter le sentier. A la croisée des chemins, descendre en face et, à la fourche, se diriger à droite. Utiliser la chicane à droite de la barrière, traverser le hameau de Bonnemare, passer deux intersections.

④ Tourner à gauche dans le chemin de Grainville. A la croisée des chemins, descendre à gauche dans la forêt de Bacqueville *(suivre le balisage)*. Utiliser la route à droite, couper une route et suivre le chemin sur 1,7 km. Traverser les D 1 et N 14. Dans Cressenville, utiliser la route des Andelys puis à gauche celle de Grainville.

⑤ S'engager dans le sentier à droite. Tourner à gauche, suivre les clôtures de la réserve de chasse. A la sortie du bois, poursuivre en face, utiliser la route à droite puis le chemin du Grand Thuit et, au carrefour, s'engager à droite dans un chemin longeant une ferme. Franchir la voie ferrée, emprunter la D 321 à droite, tourner aussitôt à gauche, suivre les rues Planche-Botte à gauche puis de la Truite à droite. Tourner à gauche, entrer dans le bois par la deuxième allée à droite. Avant le haut de la côte, tourner à gauche et utiliser le premier sentier à gauche *(suivre le balisage)*. En sortant du bois, utiliser la route à droite ; au croisement, tourner à gauche pour entrer dans

17 km • 4 h 30 • Charleval

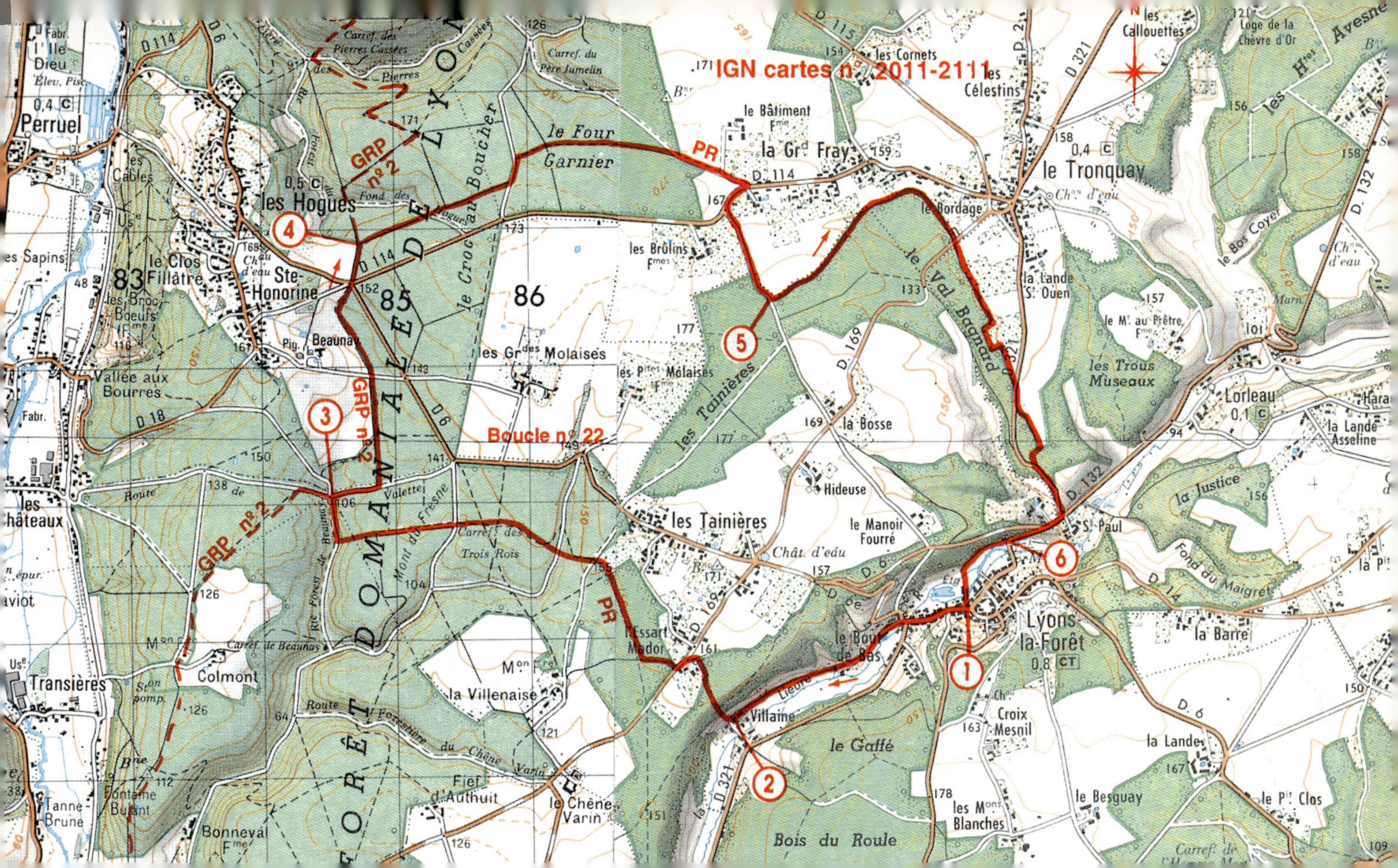
IGN cartes n° 2011-2111
Boucle n° 22
PR
GRP n° 2
1
2
3
4
5
6
Lyons-la-Forêt
Forêt Domaniale de Lyons
le Four Garnier
le Croc au Boucher
le Val Bagnard
les Tainières
les Hogues
Ste-Honorine
Beaunay
les Grdes Molaises
la Grd Fray
le Tronquay
le Bordage
la Bosse
Hideuse
le Manoir Fourré
Villaine
le Gaffé
Bois du Roule
les Mons Blanches
Croix Mesnil
la Lande
la Barre
la Justice
Lorleau
St-Paul
l'Essart Mador
la Villenaise
le Chêne Varin
Fief d'Authuit
Colmont
Transières
Perruel
le Clos Fillâtre
Vallée aux Bourres
les Cornets
les Célestins
les Callouettes
le Bâtiment
les Brûlins
les Trous Museaux
la Lande S. Ouen
le Mt au Prêtre
Carref. des Trois Rois
Carref. de Beaunay
Carref. des Pierres Cassées
Carref. du Père Jumelin
Mont du Fresne
D. 114
D. 321
D. 6
D. 132
D. 169
D. 14
D. 18
D. 115

Boucle n°22
Circuit du Val Bagnard

Lyons-la-Forêt

🏠 ⛺ 🛒 ☕ 🍴 ℹ️ 🚌

Site classé au cœur de la forêt, le bourg a conservé la majorité de son décor du passé (17e et 18e), maisons anciennes à colombages ou de briques, halles au toit immense ; hôtel de ville : siège d'un ancien bailliage avec sa salle du tribunal (monument historique). Eglise Saint-Denis à l'intéressante statuaire de bois et de pierres.
Collection d'objets et documents du Pays de Lyons à la mairie (se renseigner au SI).

① *Balisage jaune :* partir des halles, suivre la direction de l'église, franchir la Lieure ; juste avant l'église, emprunter à gauche le chemin de la Fontaineresse et poursuivre par un chemin de terre ombragé.

② A la fourche, monter à droite le sentier de la chapelle Saint-Jean. Tout en haut, bifurquer à gauche, contourner la chapelle, utiliser la D 169 à gauche sur 50 m, la traverser pour entrer dans la forêt. Rester sur le sentier de gauche ; à la croisée des chemins, suivre l'allée de droite ; après la courbe serrer à droite et s'engager dans le sentier longeant un pré. Couper une route, obliquer légèrement à gauche puis vers la droite, couper une autre route et remonter jusqu'au carrefour des Trois Rois. Poursuivre en face sur 600 m. Utiliser à droite le route forestière de Beaunay.

③ *Balisage jaune-rouge (GRP n°2) :* emprunter à droite la route de Valette, tourner à gauche (Nord) sur 2 km en lisière de forêt ; passer le carrefour des D 114 et D 6.

④ *Balisage jaune :* 300 m après le carrefour, suivre à droite une allée longeant une parcelle en régénération, utiliser la route forestière à gauche sur 250 m, suivre à droite le chemin empierré. Utiliser la route forestière à droite pour sortir de la forêt. A La Grand'Fray, suivre la D 114 à droite puis une petite route à gauche.

⑤ A l'orée de la forêt, s'engager à gauche dans le sentier en lisière, couper la D 169 et poursuivre en lisière du Val Bagnard. Descendre la D 321 sur environ 100 m pour prendre à gauche un sentier parallèle à celle-ci. Suivre à nouveau la D 321 en direction de Lyons-la-Forêt jusqu'au virage en angle droit.

⑥ S'engager à droite dans le sentier de promenade n°1. Passer devant le square des Trois-Moulins, tourner à gauche puis à droite pour rejoindre

20 km • 5 h • Lyons-la-Forêt

Index des noms de lieux

Alizay 27	Grumesnil 183
Argueil 43, 47, 57	Guerville 123
Arques-la-Bataille 89	Londinières 163
Aumale 125, 131, 189	Le Petit-Berneval 93
Auzouville-sur-Ry 33, 145	Lyons-la-Forêt 199
Beaussault 167	Martin-Eglise 83, 89, 95
Beauvoir-en-Lyons 137	Martainville-Epreville 33
Bellencombre 81	Mauquenchy 71
Bézancourt 141	Melleville 109, 121
Blainville-Crevon 147	Montroty 143
Blangy-sur-Bresle 115	Neufchâtel-en-Bray ...155, 165, 167, 175
Boos 23, 39	Neuf-Marché 133, 143
Bouvaincourt-sur-Bresle 107	Neuville-Chant-d'Oisel (La) 23, 39, 191
Bois-Héroult 45	Nolléval 43, 139
Buchy 61, 71	Notre-Dame-d'Aliermont 85
Bully 65, 155, 175	Penly 91
Charleval 37, 197	Pierrecourt 119, 127
Criel-sur-Mer 91, 99, 101	Pommeréval 79, 155
Darnétal 151	Pont-Saint-Pierre 25, 191
Dieppe 93	Radepont 37, 193, 197
Envermeu 83, 97	Ry 33, 41, 45, 147
Eu 105, 113	Saint-André-sur-Cailly 149
Fontaine-le-Bourg 149	Saint-Aubin-le-Cauf 87
Forges-les-Eaux 51, 53, 59, 173, 177, 185	Saint-Léger-aux-Bois 127
Foucarmont 127	Saint-Saëns 61
Franqueville-St-P. 23, 29, 31, 39, 145, 153	Saint-Vaast-d'Equiqueville 159
Gaillefontaine 181, 187	Sommery 69, 173
Gamaches 109, 115, 123	Tréport (Le) 101
Grandcourt 121	Vandrimare 37
Grandes Ventes (Les) ... 73, 79, 81	Vascœuil 35, 41

La loi du 1er juillet 1992 n'autorisant aux termes des articles L 122-4 et L 122-5, d'une part, que les copies ou reproductions strictement réservées à l'usage privé du copiste et non destinées à une utilisation collective, et, d'autre part, que les analyses et courtes citations dans un but d'exemple et d'illustration, toute représentation ou reproduction intégrale ou partielle, faite sans le consentement de l'auteur, de ses ayants droit ou ayants cause est illicite.
Cette représentation ou reproduction, par quelque procédé que ce soit, constituerait donc une contrefaçon sanctionnée par les articles 425 et suivants du Code pénal.
Les extraits de cartes figurant dans cet ouvrage sont la propriété de l'Institut Géographique National. Leur reproduction dans cet ouvrage est autorisé par celui-ci.
Le tracé de l'itinéraire sur les fonds de cartes IGN est la propriété de la FFRP.
Les expressions "GR" et "GR de Pays", ainsi que les marques de couleur blanc-rouge et jaune-rouge qui jalonnent les itinéraires sont des marques déposées à l'Institut national de la propriété industrielle (INPI).
L'utilisation sans autorisation des marques et logos déposés ferait l'objet de poursuites en contrefaçon de marques par la FFRP.

1ère édition : juillet 1996
Auteur : FFRP-CNSGR
© FFRP-CNSGR 1996 - ISBN 2-85-699-652-3 © IGN 1996
Dépôt légal : 07/96
Compogravure : MCP
Impression : Jouve